教育部人文社会科学重点研究基地重大项目“中国古典文艺美学的现代价值研究”结题成果

广东省教育厅人文社会科学研究重点项目“现代文艺学视野中的中国古代文论”研究成果

暨南大学“211 工程”第三期建设项目“比较文艺学与海外华文文学”资助

庄子的『古典新义』与中国美学的现代建构

ZHUANGZI DE GUDIAN XINYI YU ZHONGGUO MEIXUE DE XIANDAI JIANGOU

侣同壮 著

中国古典文艺美学的现代价值研究丛书

主编 蒋述卓 刘绍瑾

暨南大学出版社
JINAN UNIVERSITY PRESS
中国·广州

图书在版编目（CIP）数据

庄子的“古典新义”与中国美学的现代建构/佀同壮著. —广州：暨南大学出版社，2013. 7
（中国古典文艺美学的现代价值研究丛书）
ISBN 978 -7 -5668 -0671 -0

Ⅰ. ①庄… Ⅱ. ①佀… Ⅲ. ①庄周（前369—前286）—美学思想—研究 ②美学—研究—中国—现代 Ⅳ. ①B83 ②B223. 55

中国版本图书馆 CIP 数据核字（2013）第 164873 号

……………………………………………………………………………

《庄子的“古典新义”与中国美学的现代建构》

著　　者： 佀同壮
策划编辑： 史小军
责任编辑： 李　艺　刘　曦
责任校对： 刘　璇
地　　址： 中国广州暨南大学
电　　话： 总编室（8620）85221601
营销部（8620）85225284　85228291　85228292（邮购）
传　　真：（8620）85221583（办公室）　85223774（营销部）
邮　　编： 510630
网　　址： http：//www.jnupress.com　http：//press.jnu.edu.cn
排　　版： 广州市天河星辰文化发展部照排中心
印　　刷： 佛山市浩文彩色印刷有限公司
开　　本： 787mm ×960mm　1/16
印　　张： 17. 25
字　　数： 282 千
版　　次： 2013 年 7 月第 1 版
印　　次： 2013 年 7 月第 1 次
定　　价： 38. 00 元

总序

新时期以来，在现代性的策动下，我国文艺理论、美学界出现了观念多元化和形态多样性的发展态势。怎样建设立足本土、面向未来的文艺美学新形态，成为学术界关注的热点。近年来，“中国古代文论的现代转换”、“西方文论的中国化”更成为文艺理论界两大关注焦点。“中国古代文论的现代转换”这一论题的实质在于：如何运用中华民族自身的文论传统资源作为内在的基础和文化命脉，面对全球化程度日益加强的现实语境，处理好文论建设的现代性与民族性的关系，创造出既有现代思维高度、又具有民族性的新的文论形态。到目前为止，学术界对这一重大问题的研究成果已有不少，有些达到了较高水平。但总体来看，更多的是宏观上、倡导式的，在理论方法上兜圈子，鲜有把那些意识和方法运用到文论、美学建设的实际中的扎实之作。

因应理论上的挑战和学术界的趋势，我们较早地进入了这方面的思考和研究。其中一个重要的基础性工作，就是在2005年由北京大学出版社出版，由蒋述卓、刘绍瑾、程国赋、魏中林等编著的《二十世纪中国古代文论学术研究史》一书。如果说“一切历史都是当代史”的话，那么古人的文艺思想在本质上都具有当代性。但是这种“当代性”内涵只有在不断的历史阐释活动中才能展现出来。20世纪的中国古代文论研究，正是在现代学术规范、现代文艺思想的“当下视阈”中对古典文论文本的阐释过程。这一阐释过程体现出来的也正是“历史语境”和“当下语境”的“视界融合”。20世纪的学术史，不是对过去了的研究历史的简单追述，而是对学术转型时期学术思想、学术理路的反思，从那段学术历史的回顾与反思中能预测未来的可能方向。

在这个既有的基础上，我们在2005年，由蒋述卓教授领衔，以其山东大学文艺美学研究中心兼职研究员的身份，成功申报了教育部人文社会科学重点研究基地重大项目——“中国古典文艺美学的现代价值研究”。现在奉献给读者的，就是这个重大项目的结题成果。

“中国古典文艺美学的现代价值研究”这套丛书从古今对接、中西对话的宽广视野，深入探讨中国古典文艺美学的现代价值和当代意义，研究中国古代文论参与现代文艺理论建设的可能性和发展方向。以这一主题为中心，通过整体考察、专题研究、个案分析相结合的方式，把历史沉思与理论探究结合起来。具体来说，该丛书以如下四本论著来展开论述：

其一，《古今对话中的中国古典文艺美学》。这是撰著者蒋述卓、刘绍瑾近年来对他们赖以起步的中国古代文论、中国古典文艺美学研究的拓展和深化，也是我们主编的这套丛书所涉及课题的理论反思和方法建构，主要探讨了实现古今对话的基本途径，从学术史上回顾了中国古典文艺美学的现代化历程，并从文化视野上观照中国古典文艺美学的民族精神。我们主张以开阔的比较视野和对话意识，立足本土，探寻中国文艺美学的“源头活水”，超越中国当代文论的无根性危机。只有获得了深厚宽广的本民族母体支撑的思想文化建设，才能获得精力弥满、取之不尽的力量源泉。该书为本丛书建立了基本的框架和理论视阈。

其二，《通向现代的中国古典文艺美学范畴》。该书是蒋述卓、刘绍瑾近年来自己撰著或组织暨南大学文艺学博士生完成的一部富有特色的古典文艺美学范畴研究著作，主要研究现代文艺批评、现代文艺美学建构中存活的中国古典文艺美学范畴、概念、术语，分析它们的古典意义及其在现代的生成、延展甚至误读。古典美学范畴研究成果斐然，但走出围墙、打通现代的范畴研究，则是本书的一种新的尝试。从20世纪20年代提出用科学的方法“整理国故”，到50年代开始提倡的“古为今用”，再到90年代热炒的“现代转换”，这方面的理论、方法提出了不少，但现在最需要的是扎实的、具体的实践。在现阶段，一些畅谈中国美学值得继承的优良传统的宏观论述固然有其价值，但从问题、范畴、概念入手，探讨其古今对接的可能性的具体个案研究，尤为需要。通过这一系列走出围墙、打通现代的范畴研究，中国古典文艺美学那种一以贯之、生生不息而又不断创化的精神，于斯可见。

其三，《移动的诗学——中国古典文论现代观照的海外视野》。该书由李凤亮教授在暨南大学任教期间主持撰写，深入而系统地研究了海外华人学者在中西、古今对接上的经验，为我们思考中国古典文艺美学的创造性转化提供了一个重要的参照。学界此前的相关研究，主要以大陆文艺理论界的实践和经验作为总结对象，而忽略了海外。海外华人学者（含在海外求学且经常往返海外的台港学者）作为一种学术群落，其文化身份之于中国传统，具有“自我”与“他者”、“看”与“被看”兼而有之的色彩，具有与纯粹的大陆学者不同的文化立场、思维方式和阐释视野。他们往往“置身于”西方文化中心和最新文艺理论思潮的“现场”，吸收并参与这些理论思潮的起伏与讨论，但同时又始终不忘对中国传统的“根”的体认和再造。这样，他们就能把中国古典诗学和中国传统美学放到中西比较的大视野下，以西方最新的理论为参照进行开掘与阐发。这样的结果，不仅有力地彰显了中国古典美学的世界意义和价值，而且从某种程度上实现了中国传统文艺思想的现代阐释和创造性转化。

其四，《庄子的“古典新义”与中国美学的现代建构》。该书由佀同壮在暨南大学文艺学博士学位论文基础上扩展而成，是一个古典文艺美学现代生发的个案研究。该书系统研究了20世纪的庄子美学研究与阐释，着力探讨古典的庄子怎样通过现代阐释进而参与到中国美学的现代进程中来。通过对这一在古典时期有重要影响的传统文艺美学个案现代生发的考察，揭示出古典向现代转化及重新生成的价值意义与实际可能。“古典新义”一语采自闻一多《古典新义》一书，不仅意在提示闻先生及其前辈先贤对庄子美学现代阐发的开创之功，也隐然展示了该著作者站在前人肩膀上继续开拓的用意和雄心。

刘彦和曾言为文之用心：“方其搦翰，气倍辞前；暨乎篇成，半折心始。”毋庸讳言，我们的研究和工作还有很多不尽如人意之处。中国古典文艺美学现代价值的发掘、现代文艺学建设中传统文论的参与，既是一个理论命题，又具有鲜明的实践品格。与其说它是目的，不如说是过程，是一个丰富的、具体的、鲜活的展开过程。实现中国文论的古今对接、揭示古典文艺美学的当代价值和现代意义、强调新世纪中国文艺美学建设返本开新的重要性和必要性，这是我们的一种努力方向，但这一方向更应凸显其开放性、进行时和多元途径。考虑及此，我们这套丛书的“不尽如人意之处”，也许会成为学界同仁深入肌理、探骊得珠的引玉之砖了！

最后，本丛书的立项与写作，得到了山东大学文艺美学研究中心及谭好哲教授的支持，在此特致谢忱！同时，本丛书的出版还得到了暨南大学“211 工程”第三期建设项目“比较文艺学与海外华文文学”的资助。暨南大学出版社总编史小军教授、本丛书的责任编辑李艺女士，都对该丛书的出版付出了智慧与辛劳。值此丛书出版之际，我们谨向上述各位表达最诚挚的敬意和感谢！

蒋述卓　刘绍瑾

2012 年 2 月 10 日于暨南园

前言：庄子美学的百年历程

对庄子思想的阐释，自晋代向秀、郭象以来，一直是学术研究的一大热点。古典时代或以玄解庄，或以儒评庄，或以佛注庄，庄子的意义不断得到新的生成和发展。进入20世纪，庄子这一“古典”又获得了一种“新义”——美学。本书题目中所用的“古典新义”即取自1948年开明书店版《闻一多全集》的一个类目，其意盖为以新的眼光烛照古典，俾其焕发新的意义，闻一多所写的关于《庄子》的一段话就分明透露了这层意思：“庄子的著述，与其说是哲学，毋宁说是客中思家的哀呼……他这思念故乡的病意，根本是一种浪漫的态度，诗的情趣。”[①] “古典新义”其实并非闻一多的原话，而是朱自清所加，但这种称谓无疑十分契合闻一多的此类研究。以新的标准重新估定传统的价值素来是朱自清躬身实践的，所以“古典新义”也可以视为朱自清与闻一多的知音之言。以美学的眼光观照庄子，也使古老的庄子透显出了新的光彩。

说庄子思想是美学，并不在于庄子美学与西方美学的相似或相合，而主要在于庄子所谈到的人生修养极大地影响了后世文学和艺术的创造，深刻地启迪了文学和艺术理论，造就了中国特色的审美心态。如“虚静”、“心斋”、“坐忘”等修养功夫实契于后世文艺欣赏与创造者的心理特征，“象罔得珠”的寓言形象地标画出艺术心灵的非功利特点，“指与物化”的说法则对艺术技巧提出了较高的要求，“自然”、“天”、“真”等一直是后世文艺创作的美学追求，也是文艺理论家一直高倡的美学原则，《庄子》传达出的时空观也为后世文学和绘画提供了迥异于西方的美学视点。所以，庄子美学实是一种美学精神，是庄子的言论向美、向艺术生成的巨大

---

① 朱自清等辑：《闻一多全集·乙集·古典新义》，(上海) 开明书店1948年版，第282页。

可能性。徐复观认为庄子的美学精神是“中国艺术精神主体”，其与西方美学所呈现的艺术精神“在若干方面，有不期然而然的会归”①，实乃深得“庄子美学”之意趣。正是这种“不期然而然的会归”使庄子思想成为中国学人接受西方美学的一种“期待视野”，从20世纪初中国学人对西方美学的初步接受到新时期以来的中国美学研究，庄子思想都在或隐或显地发挥着作用。一方面，庄子思想借不断演进的西方美学的触媒不断地生发出新的意义；另一方面，庄子思想所形成的期待结构一直贯穿于中国美学现代建构的历程中，成为一条重要的纲维和线索。展开一百余年来庄子美学发展的历史图卷，不难发现庄子美学思想生生不息的生命符码。

相应于一百余年来的风云变幻，庄子美学思想的研究也大致呈现三个阶段。

（一）第一阶段：20世纪前50年

这一阶段，庄子美学思想基本上处于一种“潜研究”状态，即庄子尚未作为独特个案受到系统的美学发掘，主要表现在王国维、鲁迅、郭沫若、朱光潜、宗白华等学者在对西方美学、文艺思想引进与阐发的过程中，并非刻意地与庄子思想相印证从而形成的庄子思想的美学转换。他们的筚路蓝缕之功虽然没有完成中国美学的体系性构建，却给后来学人启示了一种研究路向。另外，一些文学批评史著作对庄子文艺思想的论述也透露出庄子研究的美学信息。

王国维是较早接触西方美学的卓越代表之一。他在诗文中经常化用庄子的语言，思想上也与庄子有几分接近。其《人间词话》“境界”说的“真”观念与主要发源于庄子的“真”的美学理想有一种潜在的继承关系。王国维倾心于叔本华的“理念”论，但他对“理念”论的接受是建立在中国传统美学资源陶养而成的“前理解”基础之上的，其中对庄子“真”观念的潜在继承即是一个重要方面。鲜有人注意到，王国维的画论也包含有对庄子美学精神的理解。鲁迅与庄子的关系因他对庄子之“毒”的疾视而广受关注。其实，鲁迅有对庄子的批判，也有对庄子的顺承。他不但常使用庄子的语汇，而且思想上也能见出庄子的影响。就文艺观念而言，他的“纯文学”观就与庄子的“无用之用”说有渊源关系，只不过没有吸收庄

① 徐复观：《中国艺术精神》，华东师范大学出版社2001年版，第79页。

子“无用之用”的“逍遥”本旨，仅汲取了“无用之用”的语言逻辑；鲁迅“心”的文艺观对庄子思想也有一种潜在的继承。郭沫若也在不少地方曾明确表示过他喜欢庄子，因而“郭沫若与庄子”的关系也颇受学界瞩目。“泛神论”、“文艺的非功利观”、“自然流露”说等方面均能见出郭沫若与庄子的渊源。值得注意的是，郭沫若在与庄子的关系中开出了一块王国维、鲁迅都未曾着意的领域，即有意识地将庄子与现代美学、文艺联系起来。王国维、鲁迅虽也多有提及庄子，但在美学思想方面对庄子的继承多因我们的阐发而显，他们并没有主动地将他们的文艺、美学观念与庄子思想结合起来，所以庄子美学精神在王国维、鲁迅身上的延续可以说是庄子美学在现代的“潜运”。郭沫若以“泛神论”称述庄子，把庄子的“没功利心”称为“艺术的精神”，并将这些认识融汇到文学创作中，实际上把庄子美学这股潜流引出了地表。当然，相对于后来学界对庄子美学的专门研究，郭沫若此举也仅仅是提供了一种信息。朱光潜、宗白华两位同庚同寿，他们有太多的相似点，如在中国现代美学界的声望均颇为隆盛，他们的美学观念都与庄子有密切的关系，他们也都曾明确地将庄子思想融汇到现代美学视野中来。朱光潜以老庄道家思想阐释他从克罗齐那里得来的美学核心观念——“形象的直觉”，在一定程度上把西方美学中国化了，而“形象的直觉”与庄子的美学观念更为契合；兼容中西美学理想的“人生的艺术化”也能在庄子“鱼相与忘于江湖”的隽语中找到价值皈依。宗白华注重在中西比较中对中国绘画理论的整理与阐发．而庄子美学实是后世艺术表现及艺术理论的源头，宗白华美学因而不可避免地具有庄子思想的底色；中国绘画“静”境的达到与“空白”的运用也都是从庄子那里得到了深刻启示。

文学批评史方面，先后有陈钟凡（1927）、郭绍虞（1934）、方孝岳（1934）、罗根泽（1934）、朱东润（1937）、傅庚生（1946）（以初版时间先后为序）等六位学者的文学批评史行世，而只有郭著和罗著较为明确地提到了庄子。然就郭、罗两位的论述来看，他们所引庄子的原文大致相同，但观点有所差异：郭论由“自然”而言“神”（“神化”、“神遇”），并认为“神”的观念极大地影响了后世文评；罗论亦重“自然”，其所谓“艺术创造论”其实与郭之“神化”论并无二致，只是在“艺术创造论”之外又加了“写作方法论”、“书文糟粕论”，前者以“虚构”名《庄子·

寓言》篇所说的写作方法，后者则着实与郭著论鉴赏时所需的“神遇”态度唱了反调。此外，初版于1939年的朱维之的《中国文艺思潮史略》，不仅有专章“老庄底艺术论”，而且在有关的中国文学批评史、中国文学思潮史著作中，最早以南北文化之不同、浪漫和现实之分野来标示道、儒之分野，强调南北文化、儒道思想这一“奔迸于中国文艺根底的两大主潮”①。另据《中国古代文论研究论文集》②，这期间以“老庄”名篇的文艺论文仅三篇，即杨树芳的《老庄思想与六朝唐宋文学之影响》（《协大艺文》1期）、陈东阜的《老子庄子文艺思想》（《庸报》1941年2月14日）、李戏鱼的《老庄的思想和艺术理论》（《自强月刊》1卷第3期）。

20世纪前期对庄子美学的研究虽然基本处在发轫阶段，且缺乏系统的观照，但它所起的作用丝毫不能忽视。可以说，它给后来的庄子美学研究造成了一种“路径依赖”，这种“路径依赖”导致的一个明显结果就是，庄子美学在后来正常的学术研究中一直被置于一个非常高的地位。相应地，在中国美学的现代建构中，庄子代表的道家美学所开启的美学维度也是其他各种美学流派难以匹敌的。

（二）第二阶段：1949—1978年

这一时期的庄子美学研究由于政治原因出现了分途，大陆为一脉，港台及海外华人学界为一脉，但没有并进。大陆由于特殊的政治原因，对庄子基本采取了否定的评价，除了几本文学批评史之外，对于庄子美学思想的研究大致阙如。港台及海外学界则接续了前五十年的传统，并据其中西学术前沿的优势将庄子美学研究向前推进了一大步。

大陆这一时期的文学批评史共有四本，郭绍虞的改编本、罗根泽的再版本（包括从未出版的第三册《两宋文学批评史》），另有两本新著——黄海章著的《中国文学批评简史》（广东人民出版社1962年版）、刘大杰主编的《中国文学批评史》（中华书局上海编辑所1964年版）。除罗根泽的再版本外，其余三著都习染了时代色彩。郭著首先确定庄子的“唯心论者”身份，而对其文艺观点的肯定似乎成了“余事”，他历来称赏的“神

---

① 朱维之：《中国文艺思潮史略》，（上海）开明书店1946年版，第10页。

② 中国人民大学古代文论资料编选组编：《中国古代文论研究论文集》，上海古籍出版社1989年版。

化”境界也要竭力以实践的观点破除“神秘”性。刘著首先指出庄子的“反文艺”特色，但亦能做到辩证地看待，肯定其对后世文艺的影响。“神化的境界”一论与郭著大同小异，“浪漫风格的表述”算是特殊之处了。黄著论述较简，没有提出新异的观点。这一时期只出现两篇有关散文的论文：邹云鹤的《试论〈庄子·内篇〉散文的艺术特征》（《江汉学报》1963 年第 2 期）、胡念贻的《论庄子的散文》（人民文学出版社 1964 年版《文学研究集刊（第 1 辑）》）。

港台及海外这段时间出现了两位对庄子文艺思想研究产生重要影响的人物——徐复观和叶维廉。这两位学者国学基础均比较深厚，又具有相当的西学视野，他们采取比较的方法论庄似乎已成必然。徐复观于 1966 年出版的《中国艺术精神》（台湾学生书局）以近百页的篇幅专论庄子，并与西方诸多哲学、美学家如康德、卡西尔、海德格尔等作了沟通参证，特别指出了庄子的“心斋”与审美心理学及现象学的汇通。叶维廉尽管没有许多专论庄子的文章（《道家美学论要》是比较著名的一篇），但其比较诗学中具有浓厚的庄子情结。在叶维廉这里，现象学与庄子的比较更为深入，他拈出“真实世界”一语作为连接二者的媒介，并通过这一媒介论证了中国古典诗学通于世界的可能。另一位美籍华裔学者刘若愚虽没有像叶维廉那样特别看重庄子，但在其《中国文学理论》一书中也论到了庄子思想与现象学的相通之处。

这一时期，台湾尚有一批学者从其他角度将西学与庄子相比较。施友忠的《从文学批评观点读庄子》（《中外文学》1974 年第 3 卷第 7 期）把庄子与浪漫主义批评家华兹华斯、拜伦的某些说法以及他所说的黄唐主义者（primitivists）相类比；古添洪的《直觉与表现的比较研究》（见东大图书公司 1976 年版《比较文学的垦拓在台湾》），以克罗齐直觉与表现的观点阐释庄子谈艺的寓言；陈慧桦的《庄子的词章与雄伟风格》（见台北黎明文化事业股份有限公司 1977 年版《中国古典文学比较研究》）认为《庄子》的词章体现了西方美学上所称的“雄伟”（sublime）风格；华谷月的《人生八苦，等待唯空——探〈等待果陀〉》（《明报》月刊 1970 年第 5 卷第 7 期）和胡菊人的《浅谈荒谬剧与道家思想》（《现代文学》1977 年复刊号）则沟通了《庄子》与西方荒诞派戏剧。这些不同角度的解读极大地拓展了庄子美学的理解空间。

（三）第三阶段：1979 年以来

大陆与港台及海外华人学界在经过了三十余年的分离之后终又走向了合流，但这种“合流”只是就庄子美学思想研究的深度、广度及自由度而言的，而并非研究方法与视域的全方位重合。事实上，由于政治形态、研究方法等因素的影响，大陆与港台及海外华人学界仍保持了各自一定的特色。

大陆的这一时期可以说是庄子美学思想研究的勃发期，压抑了许久的学术热情于此间找到了突破口，加之西学汇入与激发，于是一发而不可收。考量这一阶段，则又可分为三个时期：

1. 20 世纪 70 年代末至 80 年代初

这是“拨乱反正”期，通过论辩，基本上能够辩证地看待庄子及其学说，而不是简单地冠以“唯心主义”、“虚无主义”的定评了事。这种学术现状自然为庄子美学思想的研究开了绿灯，施昌东的《先秦诸子美学思想述评》（中华书局 1979 年版）和张少康的《先秦诸子的文艺观》（上海文艺出版社 1981 年版）可为代表。

2. 20 世纪 80 年代中期至 90 年代中期

这十余年的庄子美学思想研究有几个标志性事件，其一是美学热对庄子美学研究的促发。20 世纪 70 年代末开始升温的美学热于 80 年代中期达到了高潮，产生了李泽厚、刘纲纪主编的《中国美学史》（中国社会科学出版社 1984 年版）与叶朗的《中国美学史大纲》（上海人民出版社 1985 年版）两个重要成果，二著都有相当的篇幅论述庄子。其他一些单篇论文如樊公裁的《庄子的美学思想》（《哲学研究》1981 年第 9 期）、陈约之的《庄子谈艺言美》（《文学评论》1982 年第 1 期）、张文勋的《老庄的美学思想及其影响》（上海古籍出版社 1983 年版《古代文学理论研究》第 8 辑）、吴调公的《庄子美学思想平议》（《人文杂志》1984 年第 3 期）等也能体现这一热度。其二是徐复观的《中国艺术精神》1987 年在大陆的刊行。徐复观对庄子美学的理解在当时的大陆学坛颇有开风气之先的作用，广受大陆学者欢迎，时至今日，其影响越来越显著。

3. 20 世纪 90 年代中期以来

这一时期难以找到标志性事件，因为庄子美学研究走向了多元发展，走向了全面繁荣。存在论美学、生存论美学、生态美学、审美文化等都在庄子这里找到了落脚点并取得了丰硕成果。

1979 年以来的三十余年时间，庄子美学研究可谓全面丰收，主要表现在：

1. 论文数量急剧增多

粗略算来，以“庄子”、“庄周”或“老庄”名篇的美学论文有 700 余篇，这还不包括以“道家”名篇的美学论文，大大超过了此前 80 年相关论文的总量。其中 20 世纪 90 年代中期以来的论文数量即轻取了这一时期论文总量的半壁江山，盛况可谓空前。

2. 中国美学史著作的普遍重视

20 世纪 80 年代，自《中国美学史》、《中国美学史大纲》问世以来，中国美学史就在不断地重写，如敏泽的《中国美学思想史》（齐鲁书社 1987 年版）、周来祥主编的《中国美学主潮》（山东大学出版社 1992 年版）、皮朝纲主编的《中国美学体系论》（语文出版社 1995 年版）、陈望衡的《中国古典美学史》（湖南教育出版社 1998 年版）、张法的《中国美学史》（上海人民出版社 2000 年版）、陈炎主编的《中国审美文化史》（山东画报出版社 2000 年版）、吴中杰主编的《中国古代审美文化论》（上海古籍出版社 2003 年版）、周来祥主编的《中华审美文化通史》（安徽教育出版社 2006—2007 年版）等等，这些美学史论著都对庄子美学给予了充分关注。另外，中国文学批评史著作如蔡钟翔、黄保真、成复旺的《中国文学理论史》（北京出版社 1987 年版），王运熙、顾易生主编的《中国文学批评通史》（上海古籍出版社 1989 年版），蒋凡、郁沅主编的《中国古代文论教程》（中国书籍出版社 1994 年版），张少康、刘三富的《中国文学理论批评发展史》（北京大学出版社 1995 年版）等，也都以较多的篇幅论述了庄子，肯定了其在中国文学批评史上的重要地位。

3. 出现了若干专著

专著的出现最能体现学界对庄子的重视程度，也是“成果显著”的重要表征。刘绍瑾的《庄子与中国美学》作为第一部庄子美学研究专著于 1989 年问世，此后，庄子美学研究专著便不断涌现，张利群的《庄子美学》（广西师范大学出版社 1992 年版）、杨安仑的《中国古代精神现象学——庄子思想与中国艺术》（东北师范大学出版社 1993 年版）、阮忠的《庄子创作论》（中国地质大学出版社 1993 年版）、陶东风的《超迈与随俗——庄子与中国美学》（首都师范大学出版社 1995 年版）、涂光社的《庄子范畴心解》（中国社会科学出版社 2003 年版）、包兆会的《庄子生存论美学研究》（南京大学出版社 2004 年版）、徐克谦的《庄子哲学新探：道·言·自由与美》（中华书局 2005 年版）、时晓丽的《庄子审美生存思想研究》（商务印书馆 2006 年版）、杨鹏飞的《庄子审美体验思想阐释》（辽宁大学出版社 2010 年版）、王焱的《得道的幸福：庄子审美体验研究》（暨南大学出版社 2012 年版）、郑笠的《庄子美学与中国古代画论》（商务印书馆 2012 年版）等对庄子美学思想给出了多种角度的阐释，丰富了庄子思想的美学蕴涵。

港台及海外与前期没有明确的分界，亦没有较大的波动，可以说是平稳地将研究推向繁荣。其表征之一亦如大陆，出现了若干专著，如蔡宗阳的《庄子之文学》（文史哲出版社 1983 年版）、颜崑阳的《庄子艺术精神析论》（华正书局 1985 年版）、郑峰明的《庄子思想及其艺术精神之研究》（文史哲出版社1987 年版）、朱荣智的《庄子的美学与文学》（明文书局 1992 年版）、董小蕙的《庄子思想之美学意义》（学生书局 1993 年版）等。亦有一些学术论文及学位论文涉及庄子的文艺思想，如田兆文的《寻觅“道”的踪迹——论庄子美学的终极思想》（《中国文化月刊》1979 年 1 月）、奚密的《解结构之道：德希达与庄子比较研究》（见郑树森编《现象学与文学批评》，东大图书公司 1984 年版）、邱琼慧的《庄子“道”的艺术宇宙观之呈现》（《中华文化复兴月刊》24 卷 76 期，1991 年 3 月）、高柏园的《庄子思想中的唯美性格》（《鹅湖月刊》221 卷 1 期，1995 年 7 月）、郑伟明的《由庄子的“心斋”“坐忘”论创作时精神状态》（《国教辅导》32 卷 6 期）、郑世根的《庄子美学之先决问题及其审美范畴剖析》（台湾大学哲学研究所硕士论文，1990 年）、林翠云的《庄子“技进于道”美学意义之探究》[（台湾）中央大学中文系硕士论文，1992 年]、李宣侚的《庄子的生命理境及其艺术精神》[（台湾）中国文化大学中文研究所硕士论文，1995 年] 等等。这一时期，徐复观、叶维廉仍持续着他们的影响，他们就像两座并峙的高峰，一时难以逾越。

综观 20 世纪以来的庄子研究，庄子美学意义的生成都是在中西互通、比较中实现的，中西比较构成了庄子美学研究的主要内容，也是 20 世纪整个庄学领域的一大景观。庄子美学意义的发掘，原其初，动因在西方美学的传入。台湾学者丁履譔认为：“在老庄的书里，找不到对艺术此一事实的正面的肯定。于是，他们对美学的理论的层面，只作了比喻性的透露，有待于读者对庄子一书作侧面的或隐然的体悟。”而“这一体悟和把握，实有待于对现代西洋美学的会通之后，才能得心应手、左右逢源。换言之，对近代西方美学思想的了解，有助于对庄子艺术精神的阐发”。[①] 实际情况正是如此，一部庄子美学意义的生成史，几乎就是西方美学与庄学相互比较阐发的历史。庄子美学研究的“潜运”时期，庄学与西方美学的比较并不自觉，较多的情况是中国学者依据本土文化形成的“期待视野”接受、融汇西方美学观念。在这一交融过程中，中国学者对庄子思想与西方美学的沟通不是十分明确，很多时候要靠后学们探颐索隐才能发现。20世纪后半期，庄学与西方美学的比较才进入了“自觉”期，庄子与西方文论、美学的参证、比较、沟通可谓随处可见。谈“自然”，有人把庄子与现象学沟通；言“虚静”，有人联系到“距离”说；说“言意”，则有人生“语言学转向”之联想。还有一些以浪漫主义、悲剧美学冠于庄子的论家，无不以西方概念为依据。西方自古希腊至近现代的诸多文论家如柏拉图、卢梭、席勒、康德、叔本华、尼采、克罗齐、伯格森、海德格尔、卡西尔、马斯洛、德里达等，几乎都可以在庄子这里找到印证。各个层面、各个角度的比较似乎把庄子思想搞得支离破碎，其实并非如此。比较的进行拓展了庄子的诠解空间，广泛的比较也充分说明庄子美学思想具有极好的穿透力，是中国现代美学不可或缺的一维。

所有的中西比较中，徐复观的《中国艺术精神》具有开创性意义。徐氏论庄子美学，不是在庄书中有关美、艺术的只言片语上做文章，而是认为庄子的“道”便是“彻头彻尾的艺术精神”，“老、庄思想当下所成就的人生，实际是艺术的人生，而中国的纯艺术精神，实际系由此一思想系统所导出”。他进一步指出“庄子所体认出的艺术精神，与西方美学家最大不同之点”，“乃是庄子系由人生的修养工夫而得，在一般美学家，则多系由特定艺术对象、作品的体认，加以推演、扩大而来。因为所得到的都

① 丁履譔：《美学新探》，（台北）成文出版社1980年版，第74页。

是艺术精神，所以在若干方面，有不期然而然的会归”。[①] 徐复观把握庄子文艺、美学思想的方法，开启了庄子美学研究的新路径，在台、港、海外华人学术界产生了极大的影响，并进而深刻地影响了大陆20世纪80年代后期以来的庄子美学研究。不知与徐复观的著作有无接触，李泽厚在《中国社会科学》1985年第1期发表了《漫述庄禅》，文中提出了“庄子哲学是美学”的著名论断。李氏指出：“从所谓宇宙观、认识论去说明理解庄子，不如从美学上才能真正把握庄子哲学的整体实质。”这既是对庄子的一个新解读，更体现了把握庄子美学的新方法。徐复观和李泽厚的论述引领了一种路向，即必须从庄子本身的特点，从哲学与美学、人生与艺术相通的整体上去把握庄子美学的意义，而不能执泥于西方美学、文论的概念系统。这种路向也可以说是一种基调，研究庄子美学必须尊重中国文化自身的特质，不能简单地执“西”驭“中”，裁剪、割削庄子的文化属性。

我们应看到，一百余年来的庄子美学研究并不纯然是个体性事件，而是始终与中国美学这一整体发生着紧密联系。王国维、鲁迅、郭沫若、朱光潜、宗白华等人对庄子思想的阐释连动着他们整体的美学思想，而他们的美学思想无疑是中国现代美学的重要构成部分。新时期以来，庄子美学思想获得了系统的阐发。作为“源”，庄子美学从来不是孤立的，总是与“流”发生着这样那样的关系，积极地融入中国美学的现代建构。儒道两家同为中国文化的主干，儒家思想对中国文化的影响要显胜于道家，而在美学研究方面，庄子的受关注度远远超过了儒家，中国历史上没有人像庄子那样受到现代美学家如此的眷顾。庄子在中国美学中的地位不仅仅是一个“源”，他实际上构成了中国美学的一个基础，这一基础的形成离不开王国维等现代学者缔造的现代庄子的美学传统——非功利美学观。尽管现代学者对庄子进行了不同的阐释与发掘，但在非功利这一点上，都不约而同地认可了庄子思想与西方美学的契合。这种认可，从某种意义上讲，已经成为中国美学现代建构的一个逻辑基点。所以，王国维等学者对庄子的阐发虽然不系统，但在中国美学的现代探索方面更为重要。我们把主要的篇幅放在他们身上，以证明庄子思想在中国现代美学建构中所起的作用。

---

① 徐复观：《中国艺术精神》，华东师范大学出版社2001年版，第30、28、79页。

庄子美学在新时期的大发展使得庄子在中国美学中的地位和作用日趋明显，我们便以中国美学史的写作为窗口，呈现庄子的历史价值。海外的视野也是庄子美学研究中的重要组成部分，这种“他者”的视角能让我们更清楚地照见庄子的美学价值，我们以叶维廉的诗学美学研究为例来佐证庄子的美学贡献。

有意思的是，进入20世纪90年代，中国美学研究开辟了一个崭新的领域——当代审美文化。当代审美文化是一种复合性文化，在这种文化中，审美不再是超功利的精神性存在，而是与经济、政治、科技、伦理等多种功利元素融合在一起，呈现出形而下的特质。“生活”、“感性”是当代审美文化的理论焦点，当代审美文化的大众属性及其对“感性”的张扬曾广受诟病，由此引起的争议几乎贯穿了整个90年代。进入21世纪，有关“当代审美文化”的争论之声刚刚沉寂，“日常生活审美化”又掀起了一股美学讨论的热潮。相对于当代审美文化广泛的包容性而言，“日常生活审美化”关注的问题较为具体，“日常生活审美化”与之后一些学者提出的“生活美学”都没有超越当代审美文化的范围，可以视为当代审美文化研究的延续。专注于庄子美学研究的学者可能很少有将庄子与当代审美文化联系在一起的，但《于丹〈庄子〉心得》的热销及其引发的《庄子》大众读物的出版热潮不能不让我们重视这一现象。一方面，一些学者对《庄子》大众读物浅俗化的、“六经注我”的解读方式不屑一顾，认为这是“曲解”庄子，贻害无穷；另一方面，大众却不愿理会学者的忠告，对之青睐有加。《庄子》的经典阐释精深玄妙，普通人难窥堂奥；《庄子》的大众化解读轻松浅白，老百姓喜闻乐见。前者是学术的，后者是大众的，它们分属不同的领域，以一种标准去衡量得失难免会有偏见。《庄子》大众读物呈现的是面向大众生活的智慧，解读方式的娱乐化也使其具有明显的感性特征，可以说《庄子》大众读物展现的文化现象也是当代审美文化的组成部分。我们可以将庄子思想与西方美学作多角度的比较沟通，同样也应该允许当代审美文化对庄子的多维形构。但“庄子当代审美文化”毕竟是一个崭新的话题，所以我们更多的是从外围证明这一说法的合理性，权当作为一种尝试，以待方家的批评指正。

目录

第一章

庄子与中国现代美学的开启者——王国维

王国维于中国现代美学、现代文学批评领域中的发轫之功不遑多论，其之所以具有现代视域固然是因为一方面他自觉吸纳西方近代美学、文艺思想施用于中国的批评实际；另一方面，现代视域的生成也离不开他对中国固有的美学、文艺思想的承续。“中国现代美学”的特色即在于此。王国维接受中国传统资源的事实再清楚不过，但如他所说，要做到“中国固有之思想”与“西洋之思想”“相化”并非易事①。虽然如此，力主“学无中西”的王国维还是将二者巧妙地化合在一起，《人间词话》即是最显著的成果。这种“化合”于西方有康德、尼采、叔本华，而于中国，在王国维的叙述中却很难找到其思想可与康、尼、叔三氏“相化”的哲学、美学家。以王国维早期的美学论文《孔子之美育主义》为例，该文先述康德、叔本华的美学观念，次及孔子之学说，谓“其美学上之理论虽不可得而知，然其教人也，则始于美育，终于美育”②。孔子之美学理论不可得而知，乃是实情。孔子之所以重“诗”，在于诗的兴、观、群、怨的审美教育功能，至于诗何以有这种作用，则是中国先圣不愿穷究的。因此，儒家发展不出可与西方近代非功利的美学思想相契合的美学理论亦属自然。与儒家不同，道家特别是庄子自然、虚静、无为的思想，并非着意创制美学理论（甚至有反美的言论），却深刻影响后世纯艺术的发展，实是一种极富生命力的美学精神。若在中国找寻一位堪与康、叔等非功利的美学思想对话的美学家，舍庄子无足以当之。事实上，在王国维的美学视界中，庄子也或隐或显地扮演着一位“中国美学”大使的角色，是王国维美学思想之中国传统资源方面的重要代表。

第一节　王国维与庄子的渊源

若说王国维与庄子有密切的关系，恐怕不能立刻使读者信服。其实，

---

① 王国维：《论近年之学术界》，周锡山编校《王国维文学美学论著集》，北岳文艺出版社1987年版，第109页。

② 王国维：《孔子之美育主义》，佛雏校辑《王国维哲学美学论文辑佚》，华东师范大学出版社1993年版，第256页。

这一话题并非新创，许多论者都曾谈及，尤以聂振斌为著。聂振斌20世纪80年代的专著《王国维美学思想述评》[①] 就曾对这一话题进行过梳理，其近年的论文《王国维对庄子思想的阐释与发挥》[②] 又在原有材料的基础上进行补充论证，论述王国维的性格禀赋、学术精神、美学思想以及诗词中透露的悲观的人生态度都与庄子有联系。但这种联系主要是一种宏观上的相似，不免给人一种空泛之感。鉴于此种缺憾，笔者便力图广泛地搜集证据，以证明王国维在语词的选用、对人生的感触以及“无用之用”的学术理路方面都与庄子有着深刻的渊源，在此基础上再进行宏观的考察才能持之有据。

一、王国维文章中的庄子印迹

《静安文集续编·自序》尝云：“家有书五六箧，除《十三经注疏》为儿时所不喜外，其余晚自塾归，每泛览焉。”[③] 此说虽未证明王国维儿时即接触到了《庄子》，但起码为我们作这样的判定提供了契机，他日后接触《庄子》的事实则印证了我们的假设。刘惠孙系罗振玉长婿刘季英之子，自小在罗家生活，从外祖父那里听到了一些关于王国维的传闻，其中就有王氏诵读《庄子》的事情。他回忆说，罗振玉三十几岁时在上海办农报馆，王国维任报馆的校对，一天罗振玉到报馆极早，“听见有人在读《庄子》，音节苍凉，大奇，再一着（看）原来是这位校对先生”[④]。刘惠孙记述有误，据陈鸿祥《王国维传》，王国维所在报馆应该是汪康年主办的《时务报》馆。[⑤] 王国维时任《时务报》馆“书记”，《庄子》与“书记”可谓了无牵涉，其诵读《庄子》，若非出于喜好，盖难以作他种解释，

---

① 聂振斌：《王国维美学思想述评》，辽宁大学出版社1986年版。

② 见陈鼓应主编：《道家文化研究》第20辑，生活·读书·新知三联书店2003年版。

③ 王国维：《静庵文集续编·自序》，周锡山编校《王国维文学美学论著集》，北岳文艺出版社1987年版，第241页。

④ 龙峨精灵：《观堂别传》，原刊上海《人间世》杂志第39期，1935年11月5日出版，见陈平原、王枫编《追忆王国维》，中国广播电视出版社1997年版，第423页。龙峨精灵即刘惠孙。

⑤ 陈鸿祥：《王国维传》，人民出版社2004年版，第50页。

而这种喜好很可能于少时已开始培养。

我们的判定当然不能止于这种道听途说，更为重要的证据则需要在王国维与庄子的文本中发掘。王国维1898年致汪康年的一封信中曾这样说：“久不奉颜色，殊深渴想，然时读名论，如亲謦欬也。”[①]“謦欬”不是常用词，先秦典籍中仅见于《列子》[②]、《庄子》、《吕氏春秋》，其中《列子》、《吕氏春秋》又同用一典。后世的文章家也偶有用到“謦欬”，其源皆可推到“先秦三子”。像这种生僻词，若非谙熟于心而随意出现在与友人来往的信件中，于理无当。能让王国维谙熟于心的断不可能是他常称为“陋儒”的后世文章家的著作，只能是先秦的经典。王国维确乎很熟悉《列子》，他常称道“华胥之国”（《列子·黄帝》），引用老役梦为国君的寓言(《列子·周穆王》)，还专门写过《列子之学说》。而据《王力古汉语字典》,《列子·黄帝》与《吕氏春秋·顺说》中的“康王蹀足謦欬”之“謦欬”为“咳嗽”意，与王国维信中语意不符。《庄子·徐无鬼》中“闻人足音跫然而喜矣，又况乎昆弟亲戚之謦欬其侧者乎”之“謦欬”为“谈笑”意，这正与王国维语意相契。[③]所以王国维信中之“謦欬”应取自《庄子》。

王国维写此信时21岁，从他的用词看，他于《庄子》已经了然于心了。后于《二田画庼记》中，王国维也用到“謦欬”：“自其内观之，则子久也、仲圭也、元镇也、叔明也，吾见之于墙而闻其謦欬矣。”[④]此“謦欬”亦为“谈笑”意。

再以“浸假”为例。“浸假”语出《庄子·大宗师》：

浸假而化予之左臂以为鸡，予因以求时夜；浸假而化予之右臂以为弹，予因以求鸮炙；浸假而化予之尻以为轮，以神为马，予因以乘之，岂

---

① 刘寅生、袁英光编：《王国维全集·书信》，中华书局1984年版，第20页。

② 《列子》系伪书，杨伯峻《列子集释》（中华书局1979年版）“附录”辑录从古代到现代的24家辨伪文字，言之凿凿，无需旁证。王国维未辨《列子》真伪，本文亦不再另行申述。

③ 王力主编：《王力古汉语字典》，中华书局2000年版，第536、1296页。

④ 王国维：《二田画庼记》，周锡山编校《王国维文学美学论著集》，北岳文艺出版社1987年版，第262页。

更驾哉！①

王国维《叔本华之哲学及其教育学说》中有言：

其为匹夫，则御人于国门之外可也。浸假而为君主，则掷千万人之膏血，以征服宇宙可也。浸假而受宗教感化，则摩顶放踵，弃其生命国土，以求死后之快乐可也。②

关于“浸假”，历来有不同解释，李先华用“以庄解庄”的方法确定“假”应为“假借”意，并可以《庄子·至乐》所言“生者，假借也；假之而生生者，尘垢也”作注。③ 此说不无得当，但王国维所用的“浸假”还是应该取林希逸的解释：“假，使也；浸，渐也。”④ “假”即“假使”，表假设语气。从王国维的行文来看，他把《庄子》的“浸假”与其句式一并袭用了。“浸假”未见于先秦其他典籍，于近世有所见用，而笔者仍认为王国维所用“浸假”应取于《庄子》，而不可能是近世学者著作。一方面因为王国维的句式与《庄子》文本很相近，另一方面则是前述“謦欬”加强了此处“浸假”出于《庄子》的论证（或者说互相加强），两次偶然就蕴藏着必然的因子了。

王国维文中类似的例子还很多，兹举数例。《孔子之美育主义》“之人也，之境也，将磅礴万物以为一”⑤，语出《庄子·逍遥游》“之人也，之

① 郭庆藩：《庄子集释》，中华书局2004年版，第260页。本书所引《庄子》语均据该书。

② 王国维：《叔本华之哲学及其教育学说》，周锡山编校《王国维文学美学论著集》，北岳文艺出版社1987年版，第81页。

③ 李先华：《“浸假”释义讨源》，《淮北煤炭师范学院学报》（哲学社会科学版）2004年第3期。

④ 林希逸著，周启成校注：《庄子鬳斋口义校注》，中华书局1997年版，第113页。

⑤ 王国维：《孔子之美育主义》，佛雏校辑《王国维哲学美学论文辑佚》，华东师范大学出版社1993年版，第257页。

德也，将磅礴万物以为一”；《人间嗜好之研究》“彼其势力充实，不可以已”[①]，语出《庄子·天下》“彼其充实不可以已，上与造物者游，而下与外死生、无终始者为友”；《罗君楚传》“其于《绝代语释别国方言》，强记县解，盖天授也”[②]，“县解”语出《庄子·养生主》“安时而处顺，哀乐不能入也，古者谓是帝之县解”；《〈国学丛刊〉序》“土苴百王，粃糠三古”[③]，“土苴”语出《庄子·让王》“道之真以治身，其绪余以为国家，其土苴以治天下”，“粃糠”语出《庄子·逍遥游》“是其尘垢粃糠，将犹陶铸尧舜者也”；《待时轩仿古鉩印谱序》“今之攻艺术者，其心偷，其力弱，其气虚憍不定”[④]，“虚憍”语出《庄子·达生》，纪渻子述斗鸡未达极境，谓“方虚憍而恃气”；《〈曲录〉自序》“事贵翻空，不以谬悠为讳”[⑤]，“谬悠”语出《庄子·天下》“以谬悠之说，荒唐之言，无端崖之辞，时恣纵而不傥，不以觭见之也”；1924年5月26日致蒋汝藻的信中有“海藏办事卤莽灭裂”[⑥]，“卤莽灭裂”语出《庄子·则阳》“君为政焉勿卤莽，治民焉勿灭裂。昔予为禾，耕而卤莽之，则其实亦卤莽而报予；芸而灭裂之，其实亦灭裂而报予”。

至于王国维具体谈到庄子时所引用的《庄子》语言，此处不再列举，然而正是这些没贴标签的、贯穿于王国维青年、壮年、中年的《庄子》语汇让我们确知庄子对王国维实有着重要的影响。有了这种确证，我们才可进一步探问王国维与庄子的思想联系。

---

① 王国维：《人间嗜好之研究》，周锡山编校《王国维文学美学论著集》，北岳文艺出版社1987年版，第45页。

② 王国维：《罗君楚传》，周锡山编校《王国维文学美学论著集》，北岳文艺出版社1987年版，第254页。

③ 王国维：《〈国学丛刊〉序》，周锡山编校《王国维文学美学论著集》，北岳文艺出版社1987年版，第183页。

④ 王国维著，彭林整理：《观堂集林（外二种）》，河北教育出版社2003年版，第700页。

⑤ 王国维：《〈曲录〉自序》，《王国维戏曲论文集》，中国戏剧出版社1984年版，第252页。

⑥ 刘寅生、袁英光编：《王国维全集·书信》，中华书局1984年版，第399页。

二、王国维诗心中的庄子精神

王国维诗词中亦可常见庄子的影响，据陈永正《三国维诗词全编校注》[①]，共有 32 首诗词使用了《庄子》的语言。其实，陈永正的“校注”还不够精确，如《将理归装得马湘兰画幅喜而赋此（二首）》中的其一：“土苴当日睨侯王”，陈注只指出王国维《〈国学丛刊〉序》中有“土苴百王，粃糠三古”，未再提及《庄子·让王》中的“其土苴以治天下”。还有一些诗句虽未直接引用，但化用了《庄子》的典故，如《偶成二首》之二：“所以古达人，独求心所安”，这里的“达人”应指庄子。《庄子·田子方》中温伯雪子曾讥“中国之君子，明乎礼义而陋于知人心”。知心，寻求“心斋”、“静心”是庄子思想的特色，这里的“静”不是停滞的静，而是如鉴一样物来斯照，顺物而不伤物，亦不伤己的“虚静”。王国维所说“心所安”亦即此意。

30 多首的数量在王国维现存 305 首的诗词总量中的确不算多，而他前后期的诗作中均能见到庄子的影响，足以说明庄子对王国维的影响是一以贯之的。《庄子》的语言在王国维所有诗词中出现的频率并不相同，大致说来，前期也就是 1904 年前后的三四年间出现的频率比较高，其他时间出现的频率相对较低。更为重要的是，王国维对庄子的借鉴不仅止于语言，还往往与其思想一并袭用。从他对庄子思想的袭用上，我们大略能窥见王国维其时的心迹以及他对庄子的态度。

《端居（三首）》写于 1903 年夏初，其二云：“我生三十载，役役苦不平。”“役役”见《庄子·齐物论》：“终身役役，而不见其成功。”王国维自 1898 年在上海《时务报》馆谋得一职事后，辗转再三，无日不为生计奔波，加之其体质孱弱，每为病所累，“役役”乃实笔，也正如他自己所说——“体素羸弱，性复忧郁，人生之问题，日往复于吾前”[②]。来自生活的苦痛既然无法解脱，就不能不寻求精神上的解脱与慰藉。“安得吾丧我，

---

① 陈永正：《王国维诗词全编校注》，中山大学出版社 2000 年版。

② 王国维：《静庵文集续编·自序》，周锡山编校《王国维文学美学论著集》，北岳文艺出版社 1987 年版，第 242 页。

表里洞澄莹”，“吾丧我”亦见《庄子·齐物论》：“今者，吾丧我。”郭象注曰：“吾丧我，我自忘矣；我自忘矣，天下有何物足识哉！故都忘内外，然后超然俱得。”[①]“自忘”，忘却自我，并不是把自我完全消除，而是要破除“我”对外物的执滞，即去除“我”把外物对象化的智识，还归人的淳朴天性，也就是达到下文所说的“天籁”之境。“夫吹万不同，而使其自己也，咸其自取，怒者其谁邪”，天机自张，万物之上并没有一个统摄性的主使，人自然也没必要过分信任自我的力量，而要混同彼我，溟合内外，顺性而为。庄子的“齐物”紧承“逍遥”而来，“齐物”是一手段，义仍归“逍遥”。“吾丧我”可以说是内心无待的逍遥。王国维久为外物所累，便想通过“丧我”遣去外物的系累，以求得一种心灵上的逍遥自适，但“安得”二字却明明传达了“吾丧我”的精神境界不能现实地达到的信息，所以“表里洞澄莹”只能是一种理想，一种心灵的慰藉。岂止如此，就连惠施那样的“逐物”也做不到：“闻道既未得，逐物又未能。”“逐物”见《庄子·天下》：“惜乎！惠施之才，骀荡而不得，逐万物而不反，是穷响以声，形与影竞走也。”惠施常与庄子论辩，但并不像庄子那样通达玄道，而是耽滞外物，矜执言辩，所以是“逐万物而不反”。就连惠施这样的才辩也达不到，王国维不免有种学无所成的感慨了。

王国维诗作中对痛苦的感触、对理想的瞻视不止一次地借庄子语言表达出来。《偶成二首》（1903 年秋）其一：“我身即我敌，外物非所虞”，“我身即我敌”可与《红楼梦评论》中所引《老子》“人之大患，在我有身”及《庄子》“大块载我以形，劳我以生”相阐发；《庄子·外物》中“外物不可必”即不以心执外物，可看作这种困境的一种解脱之法。《病中即事》（1904 年正月）：“拟随桑户游方外，未免杨朱泣路歧”，桑户是《庄子·大宗师》寓言中人物，孔子称其为“游方之外者”，谓其“芒然彷徨乎尘垢之外，逍遥乎无为之业”，作者又何尝不想像桑户那样游于方外，但不可逃避的现实生活的确让作者难以作出取舍。《冯生》（1904 年春暮）：“众庶冯生自足悲，真人何事困饘饨”，“真人”应指下句“家贫且贷河侯粟”的庄子；“真人”在《庄子》中出现次数较多，《大宗师》中“不以心捐道，不以人助天”、“天与人不相胜”的“真人”比较有代

① 郭庆藩：《庄子集释》，中华书局 2004 年版，第 45 页。

表性，如此高境界的“真人”尚有衣食之忧，何况凡庸之人呢？

庄子“逍遥”的理想不能现实地企及，但能在一定程度上稀释生活带来的苦痛，是一种心灵的慰藉。《红楼梦评论》（1904 年）将“欲”、“苦痛”、“解脱”进行了理论的提升，其间谈到《红楼梦》中灵石因不见用而日夜悲哀时说：“夫顽钝者既不幸而为此石矣，又幸而不见用，则何不游于广莫之野，无何有之乡，以自适其适，而必欲入此忧患劳苦之世界，不可谓非此石之大误也。”[①]“广莫之野”、“无何有之乡”（《大宗师》）亦是一种逍遥之域。《红楼梦评论》“全在叔氏之立脚地”，王国维对叔本华的人生哲学“未尝不心怡神释”，但“旋悟叔氏之说，半出于其主观的气质，而无关于客观的知识”[②]，而庄子式的理想对王国维的影响却是绵长而持久的。1917 年初，罗振玉胃疾发作，仍伏案做学问，王国维以为此有碍消化，致信说：“消遣之法，以看画及阅《庄》、《列》诸书或诗文集为宜。处今之世，烦恼由外，慰藉不能不求之于心。”[③]

可见《庄子》是王国维求取心灵慰藉的重要资源。王国维的慰藉之道不止此一端，其研究哲学、美学、文学也是求取慰藉的方式。《论哲学家与美术家之天职》说“人类之知识感情”可由哲学、美术“得其满足慰藉”[④]，《静庵文集续编·自序二》则说“近日之嗜好所以渐由哲学而移于文学，而欲于其中求直接之慰藉者也”[⑤]。与其他显在的慰藉方式不同的是，庄子的影响是潜隐的，而这种潜在的影响于王国维的人生、学术都有着不可轻忽的作用。

---

① 王国维：《〈红楼梦〉评论》，周锡山编校《王国维文学美学论著集》，北岳文艺出版社 1987 年版，第 6 ~7 页。

② 王国维：《静庵文集·自序》，周锡山编校《王国维文学美学论著集》，北岳文艺出版社 1987 年版，第 226 页。

③ 刘寅生、袁英光编：《王国维全集·书信》，中华书局 1984 年版，第 180 页。

④ 王国维：《论哲学家与美术家之天职》，周锡山编校《王国维文学美学论著集》，北岳文艺出版社 1987 年版，第 34 页。

⑤ 王国维：《静庵文集续编·自序二》，周锡山编校《王国维文学美学论著集》，北岳文艺出版社 1987 年版，第 244 页。

三、“无用之用”与王国维的现代学理建构

庄子的“无用之用”（《庄子·养生主》）是王国维经常使用的一个词。与上述语词不同的是，“无用之用”在王国维的笔下产生了一种面对现代现象进行价值评判的功能，也就是说，“无用之用”的观念成为王国维建构现代学理的一个重要组成部分。

关于“无用之用”，聂振斌曾进行过详细论述。他说“庄子思想具有强烈的批判精神”，因而他从庄子那里借取的“无用之用”面对现实问题也具有批判色彩：“批评重技术而忽视基本理论的倾向”，“批评只看重政治、实业而忽视哲学文艺的倾向”，“批评急功近利，反对把哲学庸俗化”。① 李铎承认“无用之用”的语源在庄子处，但认为王国维的“无用之用”不同于庄子的“无用之用”。庄子的“无用之用”是“用”的目的的转移，而且是由正常的目的（盛水、做木材）转向非正常的目的（作樽、作逍遥之所）；王国维恰好相反，他是要把哲学美术由非正常目的（应用科学之用）转向正常目的（作为方法论及满足求知欲）。②

对于上述两位论者的意见，笔者都不能完全同意。首先，不能用“批判”为庄子定性。的确，庄子鄙薄仁义，但他不像惠施、公孙龙之徒徒逞辩才，矫饰己说，而是认为“大辩不言”（《庄子·齐物论》）。他的宗旨固然是保性全生，但重点是一个“全”字，即保全人的天性，并没有将“生”作为最终的鹄的。我们所看到的庄子更多的是安详地用玄理感化人的形象，而不是愤激地批判人的形象。聂振斌所用“批判”一词与其说是庄子的精神，毋宁说是以现代眼光赋予庄子的一个光荣使命。其次，李铎所论透辟、无可挑剔，但对庄子来说，未免太过执滞。庄子的“无用之用”不能视为一种目的，即使是一种不正常的目的也不可。庄子所说的“何不虑以为大樽而浮乎江湖”及“何不树之于无何有之乡，广莫之野，彷徨乎无为其侧，逍遥乎寝卧其下”（《庄子·逍遥游》）应为一种“卮

① 聂振斌：《王国维对庄子思想的阐释与发挥》，见陈鼓应主编《道家文化研究》第20辑，生活·读书·新知三联书店2003年版，第107页。

② 李铎：《论王国维的超功利美学观》，《中国文化研究》2005年第1期。

言”。“卮言日出，和以天倪”（《寓言》），郭象注曰：

夫卮，满则倾，空则仰，非持故也。况之于言，因物随变，唯彼之从，故曰日出。①

可以这样说，“卮言”是即兴逗机说出的话，主要是消解对前种用途的拘滞，从根本上说是破除外物对心的局限，指向心的逍遥。李铎认为王国维的“无用之用”与庄子有别本身没什么错误，但不应该用同样拘滞的方法来解释这种差别。

除上面所提到的两处“无用之用”外，《庄子》中还有一处讲到这个问题。《庄子·外物》中庄子说：

天地非不广且大也，人之所用容足耳。然则厕足而垫之致黄泉，人尚有用乎？

成玄英疏曰：

夫六合之内，广大无最于地，人之所用，不过容足，若使侧足之外，掘至黄泉，人则战栗不得行动。是知有用之物，假无用成功。②

相较于前两处，这里的“无用之用”目的论色彩较为明显，但说的也还是“全”，即事物的具体之“用”要依托于更为广阔的“无用”才能发挥出来，也只有这样，身心才会安泰。所以《庄子》中“无用之用”从总体来说就是让人破除对事物的狭隘作用的拘滞，做到不为物累，适性逍遥。

在笔者看来，王国维对“无用之用”的理解可以分为两个层面：①用来描述美的性质，②用来描述学术的性质，而且二者是有内在联系的。论者多关注《〈国学丛刊〉序》中王国维对学术“无用之用”的阐发，而忽

---

① 郭庆藩：《庄子集释》，中华书局2004年版，第947页。

② 郭庆藩：《庄子集释》，中华书局2004年版，第936页。

视了他使用“无用之用”的过程。在发表于1903年的《哲学辨惑》中，王国维虽不满于世俗诃抵哲学无用的说法，但并没有用“无用之用”加以表述。他第一次使用“无用之用”是在《孔子之美育主义》（1904年2月）中。该文前半部介绍康德、叔本华的美学观念：“美之为物，不关于吾人利害者也。吾人观美时亦不知有一己之利害。德意志之大哲人汗德，以美之快乐为不关利害之快乐（Disinterested Pleasure）。至叔本华而分析美之状态为二原质……”文章结尾痛陈我国缺乏审美趣味的状况，说：“美之为物，为世人所不顾久矣！庸讵知无用之用，有胜于有用之用者乎？”①“有用之用”关乎我们的利害，“无用之用”则是指美的事物可以引起高尚的审美情感。此文的归结点虽在美育，而“无用之用”所直接承接的无疑是美的内在品质——“不关利害之快乐”，一种心灵的自由畅适。《古雅之在美学上之位置》中说，“美之性质，一言以蔽之曰可爱玩而不可利用者已。虽物之美者有时亦供吾人之利用，但人之视为美时决不计及其可利用之点”②，亦是说美的“无用之用”。当然，我们不能说王国维直接用庄子的语言来解释美，但庄子“无用之用”的思想的确是王国维接受康德、叔本华思想的一个潜在视界，心灵的自由畅适与审美带来的内心的自由快乐有着内在的一致之处。在这个意义上，我们认为庄子学说与西方的美学思想在王国维这里得到了融汇。

《论哲学家与美术家之天职》（1905年4月）大呼：

> 天下最神圣、最尊贵而无与于当世之用者，哲学与美术是已。天下之人嚣然谓之曰“无用”，无损于哲学美术之价值也。③

这里，哲学与美术的“无用之用”获得了统一。《奏定经学科大学文学科大学章程书后》（1906年1月）则力辩哲学的“无用之用”：“以功用

① 王国维：《孔子之美育主义》，佛雏校辑《王国维哲学美学论文辑佚》，华东师范大学出版社1993年版，第254、257页。

② 王国维：《古雅之在美学上之位置》，周锡山编校《王国维文学美学论著集》，北岳文艺出版社1987年版，第37页。

③ 王国维：《论哲学家与美术家之天职》，周锡山编校《王国维文学美学论著集》，北岳文艺出版社1987年版，第34页。

论哲学，则哲学之价值失”，“况哲学自直接言之，固不能辞其为无用之学，而自间接言之，则世号为最有用之学如教育学等，非有哲学之预备，殆不能解其真意。即令一无所用，亦断无废之之理，况乎其有无用之用哉”。[①] 1911 年的《〈国学丛刊〉序》将“学”分为三大类：科学、史学、文学，谓“凡学皆无用也，皆有用也”，“事物无大小，无远近，苟思之得其真，纪之得其实，极其会归，皆有裨于人类之生存福祉”，“今不获其用，后世当能用之”，“世之君子，可谓知有用之用，而不知无用之用者矣”。[②] 这一系列的“无用之用”都指向一个大的目的——“人类之生存福祉”。也正如有的论者所言，王国维通过“无用之用”“把学术的独立性和学术与国家兴亡的关系联系起来”，[③]“无用之用”论实有一种大的关切。

不过，我们也应该看到，两个层面的“无用之用”是有内在联系的，这种内在联系即是心灵的慰藉。本文第二部分谈到哲学、美学、文学皆是王国维的慰藉之道，“美”的自由快乐可以给他带来慰藉，同样不与时世发生直接效用联系的学术研究也能为他提供一个心灵的休憩之所。从社会发展的角度来看，“美”与学术是两个梯次的问题，而具体到王国维自身，两者又存在着一致，即慰藉皆“求之于心”，这就与庄子取得了深层的沟通。时代学术的发展不能抹杀个人的色彩，个体又与历史、文化有着千丝万缕的联系，个人的成就也是文化的延续。庄子的“无用之用”在王国维这里的历史回响，可以说是庄子的文化基因切入现代语境的一个有力证据。

王国维经常《庄》、《列》并称，事实上，《庄子》、《列子》书中有很多相似甚至相同的寓言、语言，而我们并没有谈王国维与列子的关系，这主要出于以下考虑：①他写过《列子之学说》，常称道“华胥之国”（《列子·黄帝》）[④]，但所引用、化用《列子》的语言远不如《庄子》的多。以

① 王国维：《奏定经学科大学文学科大学章程书后》，周锡山编校《王国维文学美学论著集》，北岳文艺出版社 1987 年版，第 54 ~ 55 页。

② 王国维：《〈国学丛刊〉序》，周锡山编校《王国维文学美学论著集》，北岳文艺出版社 1987 年版，第 180 ~ 181 页。

③ 赵利栋：《略论王国维的学术价值取向：学术独立与求道心态》，《学术研究》2003 年第 4 期。

④ 据杨伯峻撰《列子集释》，中华书局 1979 年版。

《屈子文学之精神》为例：

南人想象力之伟大丰富胜于北人远甚，彼等巧于比类而善于滑稽，故言大则有若北溟之鱼，语小则有若蜗角之国，语久则大椿冥灵，语短则蟪蛄朝菌。至于襄城之野，七圣皆迷，汾水之阳，四子独往，此种想象决不能于北方文学中发见之。故《庄》、《列》书中之某部分即谓之散文诗无不可也。①

此段举例于《庄子》中皆能见到，而《列子》中仅见“北溟之鱼”、“大椿冥灵”、“朝菌”。②更为主要的原因在于现存的《列子》是伪书。杨伯峻《列子集释》“附录”辑录从古代到现代的24家辨伪文字，言之凿凿，无需笔者再行赘述。王国维为何没有辨别《列子》的真伪，难以确知。《列子》既非先秦作品，也就没有相应的文化地位，与我们的课题也就没有多大关系了。

第二节 庄子与王国维的“境界”之“真”

我们已经证明，王国维在语词选用、人生理想及现代学理的建构方面都与庄子有事实联系，以此为基础我们可以从宏观上探寻王国维与庄子在美学层面的因缘。在这个意义上，聂振斌有关王国维与庄子的美学渊源的探究，刘绍瑾所谈的王国维在把艺术作为生活痛苦的解脱手段、纯艺术论、直觉主义审美观、自然率真的批评标准等方面对庄子的继承关系，②都不乏深刻洞见。同时，我们也必须明白，虽然说庄子的“无用之用”构成了王国维接受西方非功利美学思想的潜在视界，但这并不意味着王国维已把“无用之用”视为一种美学思想。从根本上讲，王国维现代美学思想

---

① 王国维：《屈子文学之精神》，周锡山编校《王国维文学美学论著集》，北岳文艺出版社1987年版，第31～32页。

② 刘绍瑾：《庄子与中国美学》，广东高等教育出版社1989年版，第76页。

形成的最初动因还是康德、叔本华的美学观念，孔子的“美育”及庄子“散文诗”式的想象只是康、叔美学观念之中国方面的证据，其本身并没有形成一个可以进一步生发的美学据点。即使是王国维结合中国实际创造的“古雅”，也是一种形式之美，其不同于优美、宏壮，而要义仍不出西方美学观念的范围。也就是说，如果以西方美学观念为参照，我们不可能在具体而微的事实中寻绎出一条王国维接受庄子美学思想的清晰线索，所能做的只是在阐释的平台上寻找二者的相似点。王国维的美学功绩并没有局限于对西方美学思想的接纳，其向传统诗文批评的转向则为他的美学思想注入了更具生命力的因素。《人间词话》虽然没有摆脱西方美学思想的影响，但它所采取的形式、所评论的内容足以证明它与中国传统的审美视境有着直接的继承关系，而中国传统的审美视境又与庄子提供的审美资源密不可分，所以我们有充分的理由从《人间词话》中去搜寻庄子美学精神的因子，其中一个非常重要的契点便是“真”。

“真”是王国维境界说的一个重要元素，《人间词话》第六则云：“故能写真景物、真感情者，谓之有境界；否则，谓之无境界。”所以，“境界”的研究往往贯穿着“真”的研究，“真”的研究史几乎与“境界”的研究史同样长久。近来，蒋永青回顾了“真”的研究，并在此基础上提出了自己的独特理解。但无论是前人的研究还是蒋永青自己的理解都过多地、自觉或不自觉地将关注点放在了“真”与西方语源及文化的关系上，而忽略了“真”对中国文化的继承。这种思路对于研究中西文化交汇点上的王国维来说显然是有偏颇的。笔者认为，肇始于老子，由庄子发扬光大的“真”的意念是王国维境界之“真”的重要资源。一方面由于庄子与王国维的事实联系，庄子的“真”对王国维的境界之“真”存在着直接影响；另一方面，也是主要的方面，庄子之“真”对于后世艺术具有穿透力的影响间接培育了王国维的境界之“真”。中国艺术是无法避开庄子提供的审美视界的影响的，建基于中国传统诗词艺术之上的《人间词话》自然也在庄子的羽翼之下。

一、境界之“真”的几个关键问题

蒋永青在其专著《境界之“真”：王国维境界说研究》中，一开始便梳理了“真”的研究状况。[①] 因为“真”是包含在“境界”之中的，所以他首先归纳了境界说的基本问题。吴文祺的“真情实感”、叶嘉莹的“真切之感受”皆偏重主观，李长之则认为境界是“作品中的世界”，是真景物、真感情的“混同”，范宁干脆称“‘真’，或者说‘真实性’是境界的核心”。这些理解的出发点不同，但某种意义上说都是围绕“真”展开的。在他看来具体的“真”的含义也分为三种：“事实存在”，即情感与景物自身，以台湾的黄志民为代表；人的“本性”和事物的“本质”，由聂振斌提出，“本性”就感情方面而言，追源于庄子的“真”，“本质”则是客观上的“真景物”所应具备的含义；“真”即叔本华的“理念”，代表人物是佛雏[②]。

蒋的梳理基本涵盖了有关“真”的问题的主要观点，但还是有所疏漏。在黄药眠、童庆炳主编的《中西比较诗学体系》中，张本楠将“真景物”、“真感情”对应于尼采所说的“日神”艺术和“酒神”艺术。这种比对并非平行研究，仍然是有着事实关系的影响研究，他说：“我们并不否认在境界说中有庄子和神韵派美学的影响，但是更为重要和有意义的是尼采美学精神在这里的发扬。王国维是在一定程度上背离了叔本华而向尼采靠拢了。”[③]

或许蒋在写作过程中王攸欣的书还没出版，所以没有提到他。王攸欣的观点应该属于佛雏一脉，但比佛雏走得更远。他认为《人间词话》包含两种倾向不同的理论：境界说、自然说。其中，“境界说的全部观念直接来自叔本华《作为意志和表象的世界》”，因而“王国维的‘境界’可定义为：叔本华理念在文学作品中的真切对应物”，由此，写真感情、真景物都是为了“显示世界的本质是意志”。[④]

---

① 蒋永青：《境界之“真”：王国维境界说研究》，中国社会科学出版社 2001 年版，第 1 ~ 10 页。

② 这种说法不够准确，查佛雏原文，应该是“真景物”、“真感情”，即叔本华的“理念”，“真”即“理念”之真。见佛雏《王国维诗学研究》，北京大学出版社 1987 年版，第 182 ~ 187 页。

③ 黄药眠、童庆炳主编：《中西比较诗学体系》，人民文学出版社 1991 年版，第 459 页。

④ 王攸欣：《选择·接受与疏离：王国维接受叔本华、朱光潜接受克罗齐美学比较研究》，生活·读书·新知三联书店 1999 年版，第 91、92、105 页。

在梳理了“真”的研究状况后，蒋也提出了自己对“真”的理解。他在第一章中指出境界之“真”的基本依据在于“直观”，第二章探讨了“真”与佛教及老子、儒家思想的渊源，第三章在境界说的西方渊源中确定“真”的含义为“势力之悟”，第四章探析“真”的精神内涵在于“言外之味，弦外之响”，第五章则追问了“真”的人生意义问题。可以说，蒋向我们展示了“真”的无与伦比的丰富性。

根据以上的研究状况我们必须承认，王国维的“境界”之“真”与西方文化有着不可分割的关系，特别是王攸欣提供的条分缕析的证据让我们不得不控制自己的民族主义情绪来冷静地面对这一事实。同时，我们也不能仅仅满足于这种理论上的事实而忽略了中国文化这个巨大的场域所给予王国维的滋养。很多论者都注意到了这一点，但未及深入地探讨。我们不否认“真”与西方文化的关系，但也不想夸大这层关系，因为这层关系本身还存在问题。

（一）关于“真实”

“真情实感”、“真切之感受”及“事实存在”等都可以说是“真实”的问题，准确地说是“艺术真实”的问题。“真实”基本上是一种西方话语，虽然我国古代也有“真实”一语，如朱熹说“诚者，真实无妄之谓”[①]，但“真实”的大量使用则是在西方哲学、文艺理论传入我国之后，而且“真实”与“真理”关系密切，有时几不可二分。何为“真实”？如果仅从文学上来讲，我们可以参照一下艾布拉姆斯的说法。他勾勒了浪漫主义对诗的真实所作的论断，主要有以下几点：诗是真实的，“因为它如实地反映了超乎感觉世界之上的现实”，“因为诗篇是存在，很有价值，是实际的情感和想象经验的产物和致因”，“因为它对应着这样的事物，这些事物包含了观察者的情感和想象力，或者被它们改变”，“因为它符合具体的经验和各种整体事物”，“因为它与诗人的心境一致”。[②] 浪漫主义诗论的真实与“反映”、“对应”、“符合”、“一致”等一系列词语密切相关，这让我们想到了海德格尔对真理的表述。海德格尔认为有关真理本质的传统

---

① 朱熹：《四书章句集注》，中华书局1983年版，第25页。

② ［美］M. H. 艾布拉姆斯著，郦稚牛、张照进、童庆生译，王宁校：《镜与灯：浪漫主义文论及批评传统》，北京大学出版社1989年版，第509～515页。

看法之一重要命题是：“真理的本质在于判断同它的对象相‘符合’。”①这种“符合”其实是两种东西的现成一致，它们的一致就遮蔽了存在的“展开状态”这一真理。西方主客二分的传统模式对于本真存在的呈现确实造成了很大障碍，浪漫主义诗论的真实观也是这一模式的演绎。重表现的文论尚且如此，遑论重模仿和再现的文论了。

（二）关于“理念”

佛雏认为“真景物”、“真感情”的理论依据应是叔本华的理念论，“王氏所谓‘真景物’之‘真’，实指诗人所独自‘观’出的、充分体现某一景物本身内在本质力量之美的‘形式’之‘真’，即‘理念’之‘真’”，“所谓‘真感情’”，亦可指“人性的理念之‘真’”。佛雏将“真景物”、“真感情”对应于叔本华的“理念”，可知“境界”亦可对应于“理念”，但他没有拘泥于此点，而是说“境界”是“中学西学的一种‘合璧’”。② 这本是十分审慎的一种说法，然而这种审慎却遭到了王攸欣的讥讽：“佛雏一方面固然抓住了境界的本质，另一方面又因刻意显示其研究的周密，从而作出大量枝叶性的甚至可说是蛇足的论述，致使其结论未能被以后一大批研究者所接受，不少人仍在进行盲人摸象式的探索。”③ 王定义“境界”为理念的“真切对应物”，我们却不能不说王的自信已经夸大到了自负的程度。试想，如果把“境界”置换为“理念”，《人间词话》是否还会有今天的位置当大可怀疑。事实上，“境界”沿袭了中国古代美学术语如“气”、“味”、“风骨”、“兴趣”、“神韵”等相对于西方理论的不确定性，以至于给后人留下了广阔的诠释空间。而“理念”，在叔本华看来是“意志的恰如其分的客体性”④，“意志”作为一种“自在之物”，超脱于时间、空间、因果律之外，是世界的本质。所以，“理念”具有明晰性，其与中国诗学环境中促生的“境界”说实难以匹配。叔本华《作为

① ［德］海德格尔著，陈嘉映、王庆节译，熊伟校，陈嘉映修订：《存在与时间》，生活·读书·新知三联书店 1999 年版，第 247 页。

② 佛雏：《王国维诗学研究》，北京大学出版社 1987 年版，第 186、187、195 页。

③ 王攸欣：《选择·接受与疏离：王国维接受叔本华、朱光潜接受克罗齐美学比较研究》，生活·读书·新知三联书店 1999 年版，第 92 页。

④ ［德］叔本华著，石冲白译，杨一之校：《作为意志和表象的世界》，商务印书馆 1982 年版，第 251 页。

意志和表象的世界》对古印度哲学及中国的《易经》都有涉及，其说“意志”的“一”[①] 颇类于中国的“道”，但相似毕竟不是相同，脱胎于柏拉图、康德哲学的“唯意志”说与中国古代的学说还是有隐性的文化隔阂。如果说“理念”与“境界”存在着关系的话，那么它们应该是一种对称的关系，而不是一种相等或重合的关系。王国维感兴趣的只是叔本华通向“理念”的过程，而不是结果。

附带说一下尼采。张本楠虽然说王国维“向尼采靠拢”，但并没有给出确凿的证据。他将“真景物”、“真感情”分别对应于并未与之发生实际接触的“第二幻象”及“音乐的惝恍状态”，[②] 表面上的影响研究却是在平行研究的台子上完成的。

（三）关于“直观”

“直观”作为达到“境界”的手段，已被很多论者发现。佛雏曾说，“‘境界’只能从‘观物’、‘观我’，即对客观自然人生之直观、领悟与再现中产生”[③]。但他注意到了老庄以来的“观”（老子：“常无，欲以观其妙；常有，欲以观其徼。”庄子：“入山林，观天性。”）对王国维“观”的影响。王攸欣因为把注意力放在“境界”为“理念”的“对应物”上，自然也就将邵雍的“反观”视为叔本华“纯粹直观”的对应物。蒋永青认为“境界之‘真’，应该从直观讲起”，而且这里的“直观”特指“王国维的‘直观’”，“是包含了康德、叔本华、苏轼、邵雍等中西审美观念的融合物”，因而，“境界之‘真’是由‘审美直观’而达到的本体之域。这‘本体之域’是超越主客对立的‘物我一体’之‘一’；同时，它即是‘真善美’的同一之域”。[④] 王国维受叔本华“直观”的影响毋庸置疑，叔氏的直观是主体对客体的一种“观”（即使直观的对象是主体，这时主体也已客体化了），而邵雍的“以物观物”之“观”则是在一种不重视主客

---

① ［德］叔本华著，石冲白译，杨一之校：《作为意志和表象的世界》，商务印书馆 1982 年版，第 168 页。

② 黄药眠、童庆炳主编：《中西比较诗学体系》，人民文学出版社 1991 年版，第 463～473 页。

③ 佛雏：《王国维诗学研究》，北京大学出版社 1987 年版，第 264 页。

④ 蒋永青：《境界之“真”：王国维境界说研究》，中国社会科学出版社 2001 年版，第 15、17、32 页。

对立的文化框架中形成的，难与“直观”完全对应。蒋永青视王国维的“直观”为一“融合物”，并认为“真”“超越主客对立”，是有一定见地的，但他释邵雍的“反观”仍然以康德、叔本华的“直观”为根底，不免使他的见地打了折扣。蒋以“直观”为起点来对“真”进行阐释的确拓宽了我们的视野，然而这种阐释的丰富性却增加了我们理解“真”的难度，他这种过分信赖自己阐释能力的做法有可能使阐释堕落为一种语言游戏。

以上论者过多关注的是王国维与西方理论的沟通，而忽略了一个事实：王国维很少谈及西方的艺术作品。在为西方理论寻求依据时，他常以中国的文学艺术现象作为例证，如他在介绍叔本华哲学与教育学说的时候说：“唯诗歌（并戏剧小说言之）一道，虽借概念之助以唤起吾人之直观，然其价值全存于其能直观与否。诗之所以多用比兴者，其源全由于此也。”[①] 这无疑认可了西方理论阐释中国文学艺术的有效性。而王国维对西方艺术作品的失察也无意间造成了一个理论盲点，即中西艺术作品所呈现出的文化差异。这样说并不意味着西方理论无法阐释中国作品，而是意在表明这种阐释存在着一个有效性的尺度。对于中国艺术来说，无论是理论还是作品都有西方理论无法说得圆通的地方。

二、庄子与中国诗学的“真”[②]

中国文化中“真”的发源问题较早由钱穆提出，其云：“真字在儒家经典中未前见，至庄子始创用之。”[③] 他是在论定了《老子》书晚出于《庄子》之后而下此结论的，这一结论主要就《老子》、《庄子》表出的思想而得。徐克谦近亦考察过“真”的发源，现将其统计概述如下：《诗经》、《尚书》、《易经》、《春秋》、《论语》、《孟子》、《左传》中未出现一个“真”字，《墨子》近十万言，于“真”字仅一见（不排除后人窜入可能，此“真”字几可忽略）；《老子》出现 3 次，《庄子》出现 66 次（据

---

① 王国维：《叔本华之哲学及其教育学说》，周锡山编校《王国维文学美学论著集》，北岳文艺出版社 1987 年版，第 88 页。

② 本节与陈良运著《美的考索》之第四章“‘真’——‘美’之本体观”有相似之处，但侧重点不同，可参看。陈良运《美的考索》，百花洲文艺出版社 2005 年版。

③ 钱穆：《庄老通辨》，生活·读书·新知三联书店 2002 年版，第 139 页。

郭庆藩《庄子集释》)；《庄子》之后的先秦古籍中，“真”出现的频率才渐高起来，而单部文献出现的次数仍不及《庄子》。徐据1993年出土于荆门郭店的战国楚简倾向于今本《老子》晚于《庄子》。[①] 且不管《老子》、《庄子》孰先孰后[②]，至此，我们大可以断定，“真”发源于道家。

《老子》中“真”出现3次，分别是二十一章“其精甚真”、四十一章“质真若渝”、五十四章“其德乃真”。[③] “其精甚真”，河上公章句曰“言道精气神妙甚真，非有饰也”[④]。严灵峰疑此四字为后人羼入[⑤]，楚简《老子》亦未见此章（楚简《老子》为残简，故未可定比章之有无）。“质真若渝”，河上公“真”作“直”；刘师培认为“真”当为“德”，即“悳”字；朱谦之从其说，并谓“质朴之人，行动迟缓，驽弱有如输患者也”。[⑥] 此句简本“真”为“贞”，廖名春谓“‘贞’、‘真’音同形近，故

① 徐克谦：《庄子哲学新探——道·言·自由与美》，中华书局2005年版，第64～66页。

② 《老子》、《庄子》孰先孰后问题早有辩说，近现代以来，更为学界关注，梁启超、钱穆、罗根泽等俱认为《老子》书成于战国之末。钱穆更是坚执《庄子》内七篇先于《老子》，曾先后四次撰文证明此问题，信为“铁案”，其依据主要是古代学术思想的系统。1993年湖北荆门郭店出土了类于今本《老子》的战国楚简，据称，此简当为战国中后期物，且有甲、乙、丙三种不同的“版本”。虽然简本《老子》不全，且与今本《老子》存在较大差异，但就其与今本《老子》相同的部分及其不同的编排方式来看，《老子》一书在战国中后期已然成为一“流行”的读本。这一事实并不能全然否定梁、钱、罗等人的观点，因为他们谈论的是今本《老子》。今本《老子》主要由河上公、王弼的注本辗转而来，其与战国中后期的简本《老子》及已证明是汉初之物的帛书《老子》都存有不同之处，由此可以断定，今本《老子》有一个不断形成的过程，当然其作者也就不可能限于一人。《老子》一书的原初样态到底怎样，有多少内容是后人窜入的，这还有待于新史料的发掘和学界的进一步研究，也许《老子》一书的原本根本无法探知。其实，《老子》一书的初始状态到底怎样，对中国文化来说已经不是十分重要了。因为两千多年来，国人一直承袭河上公、王弼的注本一步步阐释，今本《老子》思想已经深深楔入中国文化之中，不可移易。同样道理，《老子》、《庄子》孰先孰后的问题也较多地具有研究价值，但其对《老子》先于《庄子》这一文化阐释上的事实几乎是无法撼动。基于这种考虑，本文不准备纠缠这一问题，若非涉及本文相关问题的阐说，一般仍认为《老子》在《庄子》之前。

③ 所引老子语据陈鼓应《老子注译及评介》，中华书局1984年版。

④ 王卡点校：《老子道德经河上公章句》，中华书局1993年版，第86页。

⑤ 陈鼓应：《老子注译及评介》，中华书局1984年版，第150页。

⑥ 朱谦之：《老子校释》，中华书局1984年版，第171页。

可通用”，并且认为“‘直’乃‘真’之形讹”。[①]“其德乃真”，河上公谓“其德如是，乃为真人”，简本“真”亦为“贞”。以上情况说明，今本《老子》的“真”字至少在战国中期（即简本《老子》出现的时代）还不能确定其实有。如果庄子确为战国中期人，而《庄子》内篇（已有大量“真”字出现）又确为其所作，则可以说今本《老子》中的“真”未必先于《庄子》内篇。且《老子》言词简约，我们难以据语境得出“真”之确意，河上公又以《庄子》中经常出现的“真人”释《老子》之“真”，这些实情似乎都在导向一个结论，即：中国“真”的文化意念源于《庄子》。

“真”为何义？《庄子》中“真”出现66次，且词性不同，难有一种统一的解释。其中，《庄子·大宗师》篇“彼特以天为父，而身犹爱之，而况其卓乎？人特以有君为愈乎己，而身犹死之，而况其真乎？”一句“真”之释义较为特殊，耐人寻味。郭象注曰：

> 卓者，独化之谓也。
>
> 真者，不假于物而自然也。[②]

成玄英则把“真”等同于“卓”，即郭象所谓“独化”[③]。近人钱穆允其说，“庄子之所谓真，即指其物之独化之历程言”，“真字即指化”；此说又与钱穆据“假于异物，托于同体”一语得出的“此真字，后世用作真实义，在庄子则指非假于外，而为物之内充自有义”相通。[④]这些理解其实都不出郭象“块然而自生”[⑤]的范围，所谓“独化”，所谓“内充自有”，皆属自然而然，无需外求。《庄子》中其他的“真”当可与“自然”通。进入当代，《庄子》的理解中渗入了许多西方话语，于是，庄子的“真”

---

① 廖名春：《郭店楚简老子校释》，清华大学出版社2003年版，第445页。关于这一点，还可以作进一步探究，未为确论。

② 郭庆藩：《庄子集释》，中华书局2004年版，第241、242页。

③ 郭庆藩：《庄子集释》，中华书局2004年版，第242页。

④ 钱穆：《庄老通辨》，生活·读书·新知三联书店2002年版，第139、140、138页。

⑤ 郭庆藩：《庄子集释》，中华书局2004年版，第50页。

也便有了新的面目。如刘笑敢从认识论角度解读庄子哲学，庄子所谓“真知”即“真而不妄的知识”，[①] 进而从“怀疑主义”和“直觉主义”两个角度加以分析。德国学者毛高格认为：“‘真’发源于最深的哲学智慧，是思想独立性的成果，说到‘真’就意味着精神与宇宙的统一。”[②] 李锦全（曹智频）指出：“真应该是道落实于人与物之中的原初状态或超形本体，与道分而为二，但又与道是二而一的关系。”[③] 涂光社说：“老庄之‘真’是天成之真，人为矫饰则与之背离；其所指在内在本质。”[④] 徐克谦则认为：“‘真’是受之于天的，是超越于现实世界的、本然的、自在的存在。”[⑤] 关于庄子之“真”，谈论者至夥，我们无法一一列举，只能窥豹于一斑。大致说来，古人多从体验上下功夫，因而沿袭了庄子的玄妙，释义更为切近之；今人的阐释多欲从理性上认识“真”，在拓宽了“真”的诠解范围的同时，也不免对“真”产生了一些概念上的隔阂，这或许是庄子之“真”在当代理论语境的宿命。

“真”到底是什么，恐怕没有一个终极答案。或许“真”根本拒绝“是”的追问，在中国的文化语境中，它的生命更需要通过一种体悟的方式展现出来。“若有真宰，而特不得其眹”，“其有真君存焉”（《庄子·齐物论》），庄子用假设、疑问的方式传达出一种冥冥存在、自然化生的力量，即《庄子·天运》篇“孰主张是？孰维纲是？孰居无事推而行是”之“孰”。这种力量在《庄子·大宗师》篇假借“真人”之名得以形上地践行。“古之真人，不逆寡，不雄成，不谟士”、“其寝不梦，其觉无忧”、“不以心捐道，不以人助天”等，“真人”的这些特点是顺遂已身及外物的本性自然而成，是“真性”的绝好表达。之所以说“形上地践行”，主要在于“真人”“入水不濡，入火不热”的理想存在状态。到了《渔父》篇，真人的形上品格就落实到了具体的人上面，“真者，精诚之至也，不

---

① 刘笑敢：《庄子哲学及其演变》，中国社会科学出版社 1988 年版，第 167 页。

② ［德］毛高格著，高洪译：《从濠梁之辩看庄子的“真”观》，黄山文化书院编《庄子与中国文化》，安徽人民出版社 1990 年版。

③ 李锦全、曹智频：《庄子与中国文化》，贵州人民出版社 2001 年版，第 130 页。

④ 涂光社：《庄子范畴心解》，中国社会科学出版社 2003 年版，第 150 页。

⑤ 徐克谦：《庄子哲学新探——道·言·自由与美》，中华书局 2005 年版，第 68～69 页。

精不诚，不能动人”，“真哭无声而哀，真怒未发而威，真亲未笑而和。真在内者，神动于外，是所以贵真也”。此处之“真”，可谓之“真情”，是真性的自然呈露。“真性”不独是“真人”及常人的真性，也指物的真性。将“物”与“真”联系起来，《庄子》里面只有一处，“极物之真，能守其本”（《天道》），此“真”即是物性之自然。“物”与人相对待而言，若不能很好地处理人与物的关系，人亦可能沦为“物”。郭象曰：

不能用物而为物用，即是物耳，岂能物物哉！[①]

庄子说：

“物物而不物于物，则胡可得而累邪？”（《山木》）

至人不以物经怀，故能达物之真性，不以物累。“极物之真”即是要摆正人与物的关系，不因物害己。所以，“真性”在庄子这里应该有三个层面：天、人、物。天，从语言逻辑上来说，提供了“真”的一种最为根本的元素，此种元素流行于人与物中，使其各成其“真”。而要保有此“真”，就需天、人、物各不相胜、相伤，任其自尔、自得。

庄子“真”的意念在中国文化里积淀下来，逐渐促成了中国诗学中的“真情”观、“真景”观。真情观从人之“真性”、“真情”一面发展而来，真景观则从物之“真性”一面发展而来。庄子之“真”对后世诗学的影响主要表现在“真”所传达的文化观念对后世的渗透，并不黏滞于“真”字的释义。

“真情”观与中国诗学的“缘情”说关系密切。刘绍瑾曾很有见地地指出，《庄子》“已包含了‘缘情’说的萌芽”[②]。其主要依据之一便是“真”与“迹”的对立。“真”为自然真性，“迹”即是“善”，为周孔的仁义道德，庄子常鄙薄周孔即在于仁义道德之“善”的原则被人为地制造了观念框架，伤生害性。庄子重“真”，并不拘守“真”，他甚至对于

---

① 郭庆藩：《庄子集释》，中华书局2004年版，第394页。

② 刘绍瑾：《庄子与中国美学》，广东高等教育出版社1989年版，第220页。

“身在江海，心存魏阙”之人也不主张其强为，借瞻子之口说：“不能自胜则从，神无恶乎？不能自胜而强不从者，此之谓重伤(《让王》)。”但汉代尊儒家为一统之后，儒道两家的分途发展日趋明显，庄子率性任“真”之说便不经意间为后世提供了一种价值坐标。魏晋时期的思想解放，对抗的主要是僵化的儒家政教观。嵇康“越名教而任自然”，所谓“名教”就是汉代的“名论”与礼乐等的总称①，而“自然”的思想则是以老庄为底里。“自然”落实到人身上就是“真性”、“真情”。于是，在魏晋玄风大盛的背景下，陆机首倡“诗缘情而绮靡”一说。其实，诗与情的关系，《毛诗序》早有论说——“情动于中而形于言”、“情发于声”、“发乎情，止乎礼义”。② 可见，儒家的诗情观是要以礼节情，而外在的“礼”的规约恰是庄子所反对的。庄子反对“礼”并不是主张“滥情”，“真”对“情”有一种天然的调节功能，这种调节并不来自外部，而是来自自然之情本身。如《庄子·庚桑楚》引老子说：

儿子终日嗥而嗌不嗄，和之至也；终日握而手不掜，共其德也；终日视而目不瞋，偏不在外也。

婴儿终日嚎哭、握拳、瞪视，一由真性，故不伤己身。“情”由中出，任“真”而为，当然也不会到了泛滥的地步。陆机的“诗缘情而绮靡”之“绮靡”，后世的注释鲜有肯定之评，如徐祯卿“则陆生所知，固魏诗之渣秽耳”，贺贻孙责陆机“非知诗”等。这恰从反面证明了“绮靡”一说与儒家诗教观的背离，李善注“绮靡”为“精妙之言”③ 正是对诗歌表现“情”的充分重视。这个“情”不是儒“礼”规约下的情，而是庄子提倡的真情。

“诗缘情”的出现也离不开文学上的事实。朱自清在《诗言志辨》中说：

---

① 汤用彤著，汤一介等导读：《魏晋玄学论稿》，上海古籍出版社 2001 年版，第 114 页。

② 《毛诗序》，见郭绍虞、王文生等编《中国历代文论选》(一)，上海古籍出版社 1979 年版，第 63 页。

③ 张少康：《文赋集释》，人民文学出版社 2002 年版，第 107～108 页。

“缘情”的五言诗发达了，“言志”以外迫切的需要一个新标目。于是陆机《文赋》第一次铸成“诗缘情而绮靡”这个新语。①

现在的论者谈及“诗缘情”说多强调情感自身的作用，且认为此说触及文学本质，故大加推崇。“诗缘情”说在文学史上的意义的确不可小觑，但文学上的事实并不能离开社会环境，魏晋玄风对儒家政教的冲击也在一定程度上解放了诗作者，使他们能够发抒真情，“诗缘情”说自然也离不开道家的文化滋养。但“缘情”说相对于根深蒂固的“言志”传统毕竟羞涩，不敢堂皇地登上历史舞台。自六朝以迄唐宋，“‘诗缘情’那新传统虽也在发展，却老只掩在旧传统的影子里，不能出头露面”，直至明代公安三袁“独抒性灵”之说出，“缘情”传统“才算真正抬起了头”。② 虽然抬起了头，但仍不能取代“言志”的地位，在儒家学说为统治观念的时代，“缘情”说只能是个“浪子”。这就像中国两千多年的历史中，庄子思想虽则重要，但只能居处于“民间”（思想上可以治身，而不可以经国），难登“大雅之堂”。

当然，庄子“真情”之“真”在后世文论里也有明确的运用。显著的莫过于“体大虑周”的《文心雕龙》，其《情采》篇曰：

故为情者要约而写真，为文者淫丽而烦滥。而后之作者，采滥忽真，远弃风雅，近师辞赋，故体情之制日疏，逐文之篇愈盛。故有志深轩冕，而泛咏皋壤；心缠几务，而虚述人外：真宰弗存，翩其反矣。③

这里虽说是“远弃风雅”，但“风雅”未必便是“儒”，《诗经》的儒家经典地位是经过儒家的阐释建立起来的，并非原本如此。其实，《诗经·国风》中的周代民歌何尝不是一任天真的性情之制，“真宰”一语显然就是庄子的话。宋代张戒《岁寒堂诗话》有曰：“苏、李、曹、刘、陶、

① 朱自清：《诗言志辨》，北京古籍出版社 1956 年版，第 33 页。
② 朱自清：《诗言志辨》，北京古籍出版社 1956 年版，第 38、40 页。
③ 范文澜：《文心雕龙注》，人民文学出版社 1958 年版，第 538 页。

阮，本不期于咏物，而咏物之工，卓然天成，不可复及。其情真，其味长，其气盛，视《三百篇》几于无愧。”① 到了明代，“缘情”说“抬起了头”的时候，“真”之于“情”的使用便一时间多了起来。如李梦阳《诗集自序》引王叔武语“真者，音之发而情之原也”②；李贽《童心说》“夫童心者，绝假纯真，最初一念之本心也。若失却童心，便失却真心；失却真心，便失却真人”③；袁宏道《叙小修诗》“其万一传者，或今闾阎妇人孺子所唱《擘破玉》、《打草竿》之类，犹是无闻无识真人所作，故多真声”④；胡应麟《诗薮》“诗则一悟之后，万象冥会，呻吟咳唾，动触天真”⑤；钟惺《诗归序》“真诗者，精神所为也”⑥ 等等。从民间诗歌到文人创作，“真”都是一种明显的审美追求。不能否认，庄子的形上之“真”在后世的发展中有平面化倾向，有的时候仅在与“伪”相对的意义上使用，但一说到诗情，“真”还是越出了儒家政教的范围，而具有庄子“真性”的遗响。诗情之“真”的观念一直到明末清初还有很大影响。如陈子龙《佩月堂诗稿序》有“情以独至为真，文以范古为美”⑦，黄宗羲在《黄孚先诗序》中亦云“盖情之至真，时不我限也”⑧。清代前、中期，为配合政治需要，温柔敦厚的诗论又大行其道。一些诗人虽也不讳言“真”，但总离不了儒家的诗教。如王夫之评阮籍《咏怀诗·开秋兆凉气》说“唯此窅窅遥遥之中有一切真情在内，可兴，可观，可群，可怨，是以有取于诗”⑨，沈德潜云“有第一等襟抱，第一等学识，斯有第一等真诗”，“经史诸子，一经征引，都入咏歌，方别于潢潦无源之学”⑩ 等；袁枚则倡

① 陈应鸾：《岁寒堂诗话校笺》，巴蜀书社 2000 年版，第 1 页。

② 李梦阳：《诗集自序》，见郭绍虞、王文生等编《中国历代文论选》（三），上海古籍出版社 1979 年版，第 55 页。

③ 李贽：《李贽文集》（三），社会科学文献出版社 2000 年版，第 92 页。

④ 钱伯城：《袁宏道集笺校》（上），上海古籍出版社 1981 年版，第 188 页。

⑤ 胡应麟：《诗薮》，上海古籍出版社 1979 年版，第 25 页。

⑥ 钟惺：《隐秀轩集》，上海古籍出版社 1992 年版，第 236 页。

⑦ 陈子龙：《陈子龙文集》（上），华东师范大学出版社 1988 年版，第 381 页。

⑧ 黄宗羲：《黄宗羲全集》（十），浙江古籍出版社 2005 年版，第 31 页。

⑨ 王夫之：《船山全书》（十四），岳麓书社 1996 年版，第 681 页。

⑩ 沈德潜著，霍松林校点：《说诗晬语》，《原诗　一瓢诗话　说诗晬语》，郭绍虞主编，人民文学出版社 1979 年版，第 187、188 页。

“性灵”说，延续了“真情”传统，“诗难其真也，有性情而后真；否则敷衍成文矣”①。

“物”之“真性”促发后世的“真景”说。而“物”要成为“景”，必须纳入写作之范围，且获得相对独立的地位，这仍然要从儒家的诗教说起。《礼记·乐记》曰：

凡音之起，由心生也。人心之动，物使之然也。

乐者，音之所由生也，其本在人心之感物也。

凡音者，生人心者也。情动于中，故形于声，声成文谓之音。②

可见，“物”乃乐、音甚至情之初源。《毛诗序》“情动于中而形于言”与《乐记》“情”论相似，而终篇却不见一“物”字，其他汉代诗教也罕见“物”之论说。《乐记》虽然肯定“物”之初源地位，但没有提供进一步的阐释。所以，儒家诗教由于重视诗的兴、观、群、怨功能，并不青睐“物”。此一情况至魏晋儒家诗教相对薄弱时始有改变。陆机《文赋》“情”、“物”并提，“情曈昽而弥鲜，物昭晰而互进”，给“物”以相对于“情”的独立地位。刘勰《文心雕龙》有专门的一篇《物色》，其云：

体物为妙，功在密附。故巧言切状，如印之印泥，不加雕削，而曲写毫芥。故能瞻言而见貌，印（即）字而知时。③

这一段即是对“体物”的美学要求，这一要求也十分切合钟嵘《诗品》之“直寻”的审美观照，这也便是“真景”的样态。张戒所说“咏物之工，卓然天成”，“天成”之谓即是“真”，与其“情真”之说正是一脉。

《庄子》中的“物”多是在与人相对待的层面上言说，所以物性之

① 袁枚著，顾学颉校点：《随园诗话》（上），人民文学出版社 1982 年版，第 234 页。

② 《礼记·乐记》，见郭绍虞、王文生等编《中国历代文论选》（一），上海古籍出版社 1979 年版，第 61 页。

③ 范文澜：《文心雕龙注》，人民文学出版社 1958 年版，第 694 页。

"真"不能摆脱人这一方面，可以说物之真性是在人与物相对接而又不相妨害的意义上成立的。叶维廉在其《比较诗学》中谈及中西诗歌（中国诗歌主要是指中国古典的写景诗）差异的时候认为，中国诗歌之所以不用或少用人称代名词以及缺少严格的时态变化而接近"真实世界"，在于"中国千年来所推表的'无我'所追求的'融入浑然不分的自然现象'之美感意识"，[①] 而这种"美感意识"主要源自庄子。他举《庄子·大宗师》"藏舟于壑"一段[②]及《庄子·秋水》"自细视大者不尽，自大视细者不明"一段[③]为例以证明对时间和距离的超越，没有了时间、空间等人为的分割，万象才可以自由地生发、呈现。中国古典的写景诗因此文化渊源能够摆脱人为的牵累，令物象自然呈露。而对于时间、空间的超越，物之"真性"一念似乎本然地将其包含了。物性之"真"离不开人，但物与人并不相胜，物不伤人，人亦不伤物。既不相伤，则各安其分。人没有宰制物的欲望，物因而能因循其本性，自然演化。诗歌本来是由人写的，因此在诗的世界里也不可能完全摒除人的因素。关键是诗人能"功成弗居"，不以己辖物，物便能任天机之自张，自由兴发。人顺物之性，物顺人之性，一"顺"字便将时间、空间等可能的人为限制破除了。于是，有诗中的"真实世界"便有中国诗学的"真景"之论。清钱泳《谭诗》引苏轼语云"能道得眼前真景，便是佳句"[④]，"道得眼前真景"即是让眼前景物自然呈现，不加雕削，故成一种"真景"。

诗之有"情"不必有"景"，有"景"则必得有"情"，现在已是常识。王夫之早有"情景名为二，而实不可离"[⑤] 之说，许多论者以"真"论诗时也往往"情景"兼及。元陈绎曾评《古诗十九首》"情真，景真，事真，意真。澄至清，发至情"[⑥]，明归庄《眉照上人诗序》有"情与景

① 叶维廉：《比较诗学》，（台湾）东大图书公司 1983 年版，第 55 页。

② 叶维廉：《比较诗学》，（台湾）东大图书公司 1983 年版，第 84 页。

③ 叶维廉：《中国诗学》，生活·读书·新知三联书店 1992 年版，第 54 页。

④ 钱泳：《履园丛话》，中华书局 1979 年版，第 208 页。

⑤ 王夫之：《夕堂永日绪论内编》，《船山全书》（十五），岳麓书社 1996 年版，第 824 页。

⑥ 陈绎曾：《诗谱》，见丁福保辑《历代诗话续编》，中华书局 1984 年版，第 627 页。

合而有诗……情真景真，从而形之咏歌，其词必工”[①]，清许昂霄《词综偶评》曰“情真景真，与空中语自别”[②]，晚清况周颐《蕙风词话》亦有“情真景真，所作必佳”[③] 等。情、景不可离，也并不相妨，不因情造景，亦不以景辖情，诗人的妙笔应顺着“心”与“物”的真性自然流出，方得“真情”、“真景”，而这是与庄子“真”的美学追求分不开的。

三、王国维的境界之“真”对庄子的承续

如果我们顺着上面的思路继续寻求例证的话，就应说到王国维《人间词话》的“真景物”、“真感情”了。由于王国维身处中西文化的交汇点上，他的“真”就不能说纯然是中国固有的传统。王国维的境界说的“真”与西学的渊源已有很多论者论及，这是我们不能否认的，而此“真”与中国文化传统的关系却较少受到重视。由庄子发源的“真”的美学传统对中国诗学“真情”观、“真景”观的影响也必然波及以中国诗词创作为基础形成的《人间词话》。这里强调王国维境界之“真”与中国传统文化的关系并不是要将王国维所受的中西学影响严格地分开，事实上这也是做不到的，而是意在弥补“境界”说所受中国文化传统影响方面论证的不足。

王国维美学思想受康德、叔本华影响至深显而易见，但正是这种显然的事实造成了我们研究的偏颇。我们习惯于发现王国维美学思想中的西方要素，并以此为基础建构“王国维美学”，毕竟“美学”之谓源自西方。可我们也不能忽略另外一个事实，王国维对西方美学的接受只限于“理论”，罕有涉及西方的美学实践。他虽写过莎士比亚、拜伦、歌德、席勒等西方文学家的传记，但从他的创作中很少能发现他接触西方文学艺术作品的事实，反而在说明一些美学观念时常以中国的美学事实为依据。这样，他就无法将西方的美学理论“还原”成西方的美学实践。而中国文学艺术与西方文学艺术又存在着因文化基源不同造成的差异，他于中国的美

---

① 归庄：《归庄集》，上海古籍出版社 1984 年版，第 196 页。
② 唐圭璋：《词话丛编》，中华书局 1986 年版，第 1548 页。
③ 况周颐：《蕙风词话》，人民文学出版社 1960 年版，第 6 页。

学实践中寻求与西方美学理论相对应的证据的过程，同时也可以说是以中国文化的审美视境为基础对西方美学理论“选择”的过程，只是这种选择颇不明显罢了。所以佛雏一方面认为《人间词话》受叔本华“理念”论的影响，另一方面又不得不承认王国维“在具体作家、作品的分析中，亦往往不自觉地突破了叔氏‘理想’的藩篱”①。即使王国维在中国文化中选择与西方美学观念相应的美学思想时，也潜存着一种中国文化培育成的“期待视野”。《孔子之美育主义》介绍叔本华论观美状态的二原质，一为被观者“此物之种类之形式”，一为观者“纯粹无欲之我”，② 而对于美之为美的本质——“理念”却不着一词。下文选苏子瞻“寓意于物”、邵雍“以物观物”等相证，一方面固然是以中国美学思想证彼之美学观念，而另一方面也可以视为以彼之美学观念来就中国之美学思想，故而不能不有所选择与舍弃。王国维的“审美”并不导向叔本华的“理念”，而是沉浸于“审美”的状态。他融合康德、叔本华的美学观念说道：

吾人一旦因他故，而脱此嗜欲之网，则吾人之知识已不为嗜欲之奴隶，于是得所谓无欲之我。无欲故无空乏，无希望，无恐怖；其视外物也，不以为与我有利害之关系，而但视为纯粹之外物。此境界唯观美时有之。③

这里的“境界”固然不可与《人间词话》中的“境界”同日而语，但也不同于叔本华的作为“意志”完美客体化的“理念”，而纯然是一种审美的状态。这种状态与庄子“心斋”、“丧我”等引发的审美理想有着内在的一致之处，已有论者就此做过研究，笔者无需再行费词。

我们不否认《人间词话》与叔本华美学的关联，但不能将《人间词话》视为图解叔本华“理念”论的文本。王国维写作《人间词话》时已把研究重点转向了国学，他借用叔本华的美学理论或许有一种意图，即以

① 佛雏：《王国维诗学研究》，北京大学出版社 1987 年版，第 190 页。

② 王国维：《孔子之美育主义》，佛雏校辑《王国维哲学美学论文辑佚》，华东师范大学出版社 1993 年版，第 254 页。

③ 王国维：《孔子之美育主义》，佛雏校辑《王国维哲学美学论文辑佚》，华东师范大学出版社 1993 年版，第 255 页。

西人“抽象”、“分类”之长重新整合中国的美学思想。岂知“借用”不够彻底，于是就有不断越出西学“藩篱”之类的事情了。《人间词话》以中国的古典诗词为品评对象，采取的是中国传统“诗话”的形式，加上王国维自身的诗词（曾自诩“填词之成功”）修养，其具有中国的审美视境是显而易见的。王国维曾对“西洋哲学”企踵欢迎，也曾如学界常说的以西方的美学理论阐释中国的文学现象，但这不能阻断他对中国传统的审美经验及美学思想的继承。因此，“境界”说的“真”有着中国“真”传统的因子也就在情理之中了。

（一）真情

境非独景物也。喜怒哀乐，亦人心中之一境界。故能写真景物、真感情者，谓之有境界。否则谓之无境界。①

这种先“景”后“情”的表述形式确有可能是从叔本华那里学来的。因为中国传统的情景论一般是“情”在前“景”在后。而叔本华则首先突出了“景”的地位，“情”由于与主体的纯粹认识有矛盾之处，在他的文艺理论中也就没有太多的权重。他概括歌咏体诗的本质为：“充满歌唱者的意识的是意志的主体，亦即他本人的欲求，并且每每是作为解放了的，满足了的欲求（快乐），更常是受阻抑的欲求（悲伤），不过总是作为感动，作为激情，作为波动的心境。”王攸欣认为王国维继承了叔本华这种矛盾的两个方面，一方面诗人可以反观感情，因而静观到“理念”，这在王国维就是境界说的“真感情”；另一方面“感动”、“激情”、“波动的心境”则与中国传统文论尚自然的倾向结合，在王国维这里发展成自然说。②这种挖掘固然深刻，但也殊为片面。中国传统的文论中，“真情”说也具有相当重要的地位，王国维竟没有受到影响，反而要费力地从叔本华的理念论中撷取资源，这未免太过牵强了。且《人间词话》五十六则言“大家

---

① 王国维著，滕咸惠译评：《人间词话》，吉林文史出版社 1999 年版，第 12 页。

② 王攸欣：《选择·接受与疏离：王国维接受叔华、朱光潜接受克罗齐美学比较研究》，生活·读书·新知三联书店 1999 年版，第 104 页。所引叔本华语亦据王攸欣，出自该页。

之作，其言情也必沁人心脾，其写景也必豁人耳目”[①]，也可视为“真情”、“真景”的注脚，这里“情”却在“景”的前面了。我们当然不能据此就认为王国维继承了中国的传统文论，但最起码可以说情景的表述顺序已经溢出叔本华理论的结构。如果不执着于西方美学的视角，则可发现王国维的“真情”在中国文化传统中有着很深的渊源。

何谓“真情”？“真情”就是“真情实感”或“真实的感情”。常识上我们似乎只能想到这一点，因为“真情”是真的，不假，那还有什么可问的呢？如果“真”仅仅到这里，则还没有将其中的美学意趣传达出来。审美不是理性的判断，必然有回味悠长之处，美学理论当然也不能仅仅满足于把“不假”的“真”说出来了事。艾布拉姆斯概括了浪漫主义诗歌的“真实”观，这种抒情诗歌的“符合”论的确将“真”的解释推进了一步。王国维受西方美学的影响，“真”的“符合”的一面当然不能免掉。既然是“符合”，那就必然是两个以上的“东西”的符合，而这种“符合”论与中国传统的“真”的认识有很大差异。

中国的“真”即是从庄子而来的“真”。庄子的“真情”，笔者将它定为真性的自然流露，“真性”便是自然本性。这里的“自然本性”不是“适者生存”的竞争甚至是虐杀的动物本性，而是摆脱了对外物的执着，归于淡泊的人之“性”。徐复观区分《庄子》中的情为两种含义，一是“由欲望心知而来的是非好恶之情”，一是“与‘性’同义，是指由人之所以生的德，人之所以生的性的活动而言”；主子“以虚静言性言心，只是要从欲望心知中超脱出来”。[②]“真情”当然不是“是非好恶之情”，而要归于“虚静”之“性”。庄子的“虚静”要通过修养达致，加入了“人为”，是不是就与“精诚之至”的“真”相违了呢？并不相违。“虚静”的修养过程就是不断“忘”的过程，所忘的便是足以伤身害性的“欲望心知”，通过“忘”来返回自然之“真”性；“精诚之至”的“真”则是一任天然，是如赤子般“终日嗥而嗌不嗄”、“终日握而手不挽”、“终日视而目不瞚”的“真”。这两种“真”在根柢处是合一的。由于达到“真”

① 王国维著，滕咸惠译评：《人间词话》，吉林文史出版社 1999 年版，第 89～90 页。

② 徐复观：《中国艺术精神》，华东师范大学出版社 2001 年版，第 54 页。

的路径不同，其在诗歌上的表现也有差别。大致说来，民歌（特别是《诗经》中的《国风》）是“天地自然之音”（李梦阳语），它的情“真”便是“精诚之至”的“真”；文人诗歌有诗人智识的干扰，所以先要破除这层干扰才能发抒真情，它的情“真”便是修养而得的“虚静”之“真”。无论哪种“真情”都是“真性”的自然流露，并不存在一个谁和谁“符合”，谁和谁“一致”的问题。在叔本华那里，静观中的感情要与“理念”相符合，而庄子以来的中国诗歌的“真情”却找不到一个要符合的对象。刘勰《文心雕龙·体性》有“夫情动而言形，理发而文现，盖沿隐以至显，因内而符外者也”[①]，这里的“因内符外”讲的是情感的自然抒发的过程，并不是要把“内”与“外”决然分开而创一种符合之说，因为没有一个客观的实体待情感去符合。

《人间词话》的“真感情”对中国诗学的“真情”观显然也有承续的一面。其六十二则云：

> “昔为倡家女，今为荡子妇。荡子行不归，空床难独守。”“何不策高足，先据要路津？无为久贫贱，轗轲长苦辛。”可谓淫鄙之尤。然无视为淫词、鄙词者，以其真也。[②]

对《古诗十九首》，陈绎曾早有“情真，景真，事真，意真”的评价，此处“真”的运用也没有超脱陈氏的评价范围，而犹在于“情真”一面。“淫鄙”者，乃是一种性情之“滞”，这两首诗是真性情的自然抒发，没有外在于此情的执滞，故不可视为“淫鄙”之词。这则词话可以作为王国维接受传统“真情”观的最显明例证。十七则云：

> 主观之诗人，不必多阅世。阅世愈浅，则性情愈真，李后主是也。[③]

这里虽然加了一个新词——主观，但内容仍然可以从中国诗学里获得

---

① 范文澜：《文心雕龙注》，人民文学出版社1958年版，第505页。
② 王国维著，滕咸惠译评：《人间词话》，吉林文史出版社1999年版，第95页。
③ 王国维著，滕咸惠译评：《人间词话》，吉林文史出版社1999年版，第27页。

解释。“阅世愈浅”，则欲望心知之性愈少，性情便“愈真”，此情发诸于诗，诗情必也真。五十二则云：

纳兰容若以自然之眼观物，以自然之舌言情。此由初入中原，未染汉人风气，故能真切如此。①

“自然”者，自然而然，这是一种很高的评价。由于没有受到中原礼义缛习的熏陶，诗人观物言情便能一任天性，现之于诗则情景俱真。王国维创造的诗学术语“不隔”与传统的“真情”观也有关系，其云：

“生年不满百，常怀千岁忧。昼短苦夜长，何不秉烛游。”“赋诗求神仙，多为药所误。不如饮美酒，被服纨与素。”写情如此，方为不隔。②

所举例证恰为《古诗十九首》中的篇什，其所谓“不隔”者，即因为诗中流露的是未受外物牵累的真情。这种评价于《诗经·国风》当也切用。章太炎曾经说：“三国以前的诗，都从真性情流出，我们不能指出某句某字是佳，他们的好处，是无字不佳无句不佳的”③，说的也是“不隔”的意思。

（二）真景

说到“真景物”不能不联系叔本华的“直观”。叔本华有一段话很符合我们的审美理想：

人们在事物上考察的已不再是“何处”、“何时”、“何以”、“何用”，而仅仅只是“什么”；也不是让抽象的思维、理性的概念盘踞着意识，而代替这一切的却是把人的全副精神能力献给直观，浸沉于直观，并使全部意识为宁静地观审恰在眼前的自然对象所充满，不管这对象是风景，是树木，是岩石，是建筑物或其他什么。

① 王国维著，滕咸惠译评：《人间词话》，吉林文史出版社1999年版，第84页。
② 王国维著，滕咸惠译评：《人间词话》，吉林文史出版社1999年版，第70页。
③ 章太炎讲演，曹聚仁整理：《国学概论》，上海古籍出版社1997年版，第61页。

人们自失于对象之中了。[①]

这段话很为中国的学者所认同。前文中，笔者也列举了论者关于“直观”说跟王国维美学的联系，他们的观点应该说都很有见地。说到王国维从中国古代的美学理论资源中寻找与“直观”相应的术语如“以物观物”来解释“直观”，考诸《孔子之美育主义》，不能不说有一定的事实依据。但“直观”毕竟植根于西方文化，而西方文化与中国文化存在着差异，中国审美文化本身的自足性决定了“以物观物”与“直观”不可能形成完全有效的互释。“直观”，从根本上说，是主体的观照，或主体对自身的观审，在叔本华看来，离开主体，也就不存在所谓的“美”了。而“以物观物”却不能从主体方面考虑，它超越了主客，或者说根本就没有分出什么主体、客体，这里所谓的“主体”与外物一样均是“物”，物与“我”平等地参与世界的演化，共同组成“风景”，也就没有什么“理念”和“意志”作为后盾。[②] 所以，“以物观物”有很多地方是“直观”不能说明的，而以“以物观物”解释“直观”当然也有凿枘难合之处，这也是“境界”说越出西方美学藩篱的表现。“以物观物”认可景物的自然呈现而不加人为的干涉，这就是中国的“真景”论，仍然要从庄子那里寻找渊源。

佛雏曾说：“王氏论艺，深有取于庄子。他标举的‘无我之境’，跟庄子的‘丧我’、‘忘己’很有关系；‘以物观物’正与‘以天合天’互为注

---

① ［德］叔本华著，石冲白译，杨一之校：《作为意志和表象的世界》，商务印书馆 1982 年版，第 249～250 页。

② ［德］叔本华著，石冲白译，杨一之校：《作为意志和表象的世界》，商务印书馆 1982 年版，第 167 页有这样一段话：“在一切可能的概念中，意志这概念是唯一的一个不在现象中，不在单纯直观表象中而有其根源的概念，它来自内心，出自每人最直接的意识。在这意识中，每人直接地没有一切形式，甚至没有主体和客体的形式，就在本质上认识到他自己的个体，认识到他同时也就是这个体；因为在这里认识者和被认识者完全合而为一了。”这段话在表述上跟我们超越主客、没有主客的愿望很接近，但是它最终是认识论的，要为意志或理念服务。叔本华否定了康德对上帝的悬置，寻出一个“意志”作为认识世界的本源，相对于康德的谨慎而言，他这种貌似自信的做法实在是一种退步。但不管怎么说，他的“直观”与康德的“直观”一样，都是“认识”的一个阶段，都不能摆脱西方自柏拉图以来穷究世界本源的框架。这种认识论框架与中国道家搁置认识的企图，以“无言”、“忘知”为尚的做法有很大距离。

脚。”① 此言颇具识见，可惜没有深入论述。“以物观物”源自邵雍，其《皇极经世书》云：

> 圣人之所以能一万物之情者，谓其能反观也。所以谓之反观者，不以我观物也。不以我观物者，以物观物之谓也。既能以物观物，又安有（我）于其间哉！②

“一万物之情”，即等于“齐物”，万物均齐，“我”当然也就没有特殊的地位。没有小我寡情的负累，也就能“以物观物”。“以物观物”没有局限于性理，邵雍论诗亦用之：

> 诚为能以物观物，而两不相伤者焉，盖其间情累都忘去尔。所未忘者独有诗在焉，然而虽曰未忘，其实亦若忘之矣。③

“两不相伤”即“物”、“我”不相伤，因为“以物观物”已经摒除了“我”的僭妄，也就撤销了“物”、“我”的对立。“情累”之“情”当然不是“真情”，而是“欲望心知”之性滋生的寡情。“我”既不能张扬，寡情自然就不成其为“累”了。王国维用“以物观物”论“无我之境”不可能完全舍弃邵雍玄妙的一面来就叔本华的“直观”，这不能舍弃的地方就是庄子文化促生的特殊的审美视境。王国维虽然与庄子渊源颇深，但他在用“以物观物”的时候未必便想到庄子，这要待叶维廉的阐释始见其奥妙。

叶维廉在《无言独化：道家美学论要》一文中引《齐物论》“是亦彼也，彼亦是也。彼亦一是非，此亦一是非。果且有彼是乎哉？果且无彼是乎哉？彼是莫得其偶，谓之道枢。枢始得其环中，以应无穷”，然后说：“所以化除名辩，同时从‘此’从‘彼’观物——所谓‘以物观物’，始

---

① 佛雏：《王国维诗学研究》，北京大学出版社 1987 年版，第 252 页。

② 邵雍著，黄畿注，卫绍生校理：《皇极经世书》，中州古籍出版社 1992 年版，第 304 页。

③ 邵雍：《四部丛刊初编集部　伊川击壤集·序》（江南图书馆藏明成化刊本缩印本），上海商务印书馆 1935 年版。

可得‘天均’。”[①] 在《比较诗学》中，他又进一步解释“以物观物”，说：

所谓“以物观物”的态度，在我们有了通明的了悟之际，应该包含后面的一些情况：即，不把“我”放在主位——物不因我始得存在，物各自有其内在的生命活动和旋律来肯定它们为“物”之真；“真”不是来自“我”，物在我们命名之前便拥有其“存在”、其“美”、其“真”（我们不一定知道某花的名字才可以说它真它美）。所以主客之分是虚假的，物既客亦主，我既主亦客。彼此能自由换位，主客（意识与世界）互相交参、补衬、映照，同时出现，物我相应，物物相应……[②]

叶维廉给了“以物观物”非常诗意的解释，在他看来，“以物观物”的审美视境就是要破除“人”对于外物的宰制欲望，恢复“物”之为“物”的自然属性。非但如此，人也要恢复其原性，即素朴的本性，仅作为自然界的普通一员参与现象的演化。这样的世界才可称为“真实世界”。诗人在表现“真实世界”的时候难以绕过的就是语言的障碍，而道家特别是庄子的美学却提供了一种巧妙的方法来打破这层限制，即“忘”的功夫、“无”的主张。语言在逗兴出景物之后即刻被忘掉，景物便可自然涌现。而要做到“忘”，就需要人的嗜欲归于寂灭，人只是“万物”中的一“物”，没有特殊权利，这便是“齐物”。所以庄子为后世的写景诗提供了“以物观物”的审美视境，这种视境也就促成了中国诗歌的“真景”论，“真景”便是万物各依其本性自然兴现的“真实世界”。

景的“不隔”亦可以说是“以物观物”的表现。《人间词话》四十则云：“语语都在目前，便是不隔。”[③]“语语都在目前”，不是满眼里只有文字，而是语词逗兴出的景物直现于目前。要做到这一点，览者又需忘掉自己的智识，与万物为一。这与钟嵘《诗品·序》中所说如出一辙：“‘思君如流水’，既是即目；‘高台多悲风’，亦惟所见；‘清晨登陇首’，羌无故实；‘明月照积雪’，讵出经、史。观古今胜语，多非补假，皆由直寻。”[④]

---

① 叶维廉：《饮之太和》，（台湾）时报出版公司 1980 年版，第 245 页。

② 叶维廉：《比较诗学》，（台湾）东大图书公司 1983 年版，第 106 ~ 107 页。

③ 王国维著，滕咸惠译评：《人间词话》，吉林文史出版社 1999 年版，第 68 页。

④ 陈延杰：《诗品注》，人民文学出版社 1961 年版，第 4 页。

而“不隔”和“直寻”与《庄子》的“目击而道存”也有着潜在的相通之处。

第三节　王国维画论与庄子艺术精神

王国维在哲学、美学、文学、史学等方面均有创获，遗泽广被后世。其于“美术”之一端——绘画（主要是中国绘画）虽无见长篇巨幅的论述，亦别有会心之处。王国维有关中国绘画的论述数量不多，且十分零散，自来少有研究者问津。10 年前，王国维嫡孙王令之在王国维诞辰 120 周年之际写有一篇专文——《王国维绘画艺术论中的美学蕴涵》①，可以说填补了王国维画论研究的空白。王令之之文讲“美学”蕴涵，主要依据王国维《古雅之在美学上之位置》对“第一形式”、“第二形式”的划分立论，又论及“诗画共通的审美直观”，接着就“绘画发展史”、“绘画审美功能”、“古画鉴赏”等方面谈王国维对绘画的具体认识。从这些论述可看出，王文的重点依然是西方美学对王国维的影响。王国维美学思想受西方美学特别是叔本华美学影响甚深，绘画为“美术”之一种，王国维对它的认识有取于西方美学思想之处，这是很自然的事情。王令之虽然注意到王国维对中国画史的梳理及其在古画鉴赏方面所具的识见，但忽略了另一重要之点，即王国维对中国绘画精神的阐述。中国绘画艺术与庄子有密切的渊源关系，古今论者多所发明，与庄子相知甚深的王国维论画而不及庄子似说不过去。事实上，王氏论画多有得于庄子处，尤其在对创作主体的要求方面与庄子谈到的修养功夫所透显出的美学精神是一致的。另外，王国维从艺术欣赏中所得的生活意趣与庄子也有一定的精神联系。

---

① 王令之：《王国维绘画艺术论中的美学蕴涵》，见孙敦恒、钱竞编《纪念王国维先生诞辰 120 周年学术论文集》，广东教育出版社 1999 年版。

一、庄子艺术精神

西方绘画主“实境”，重在物象的如实描摹；中国绘画主“心境”，重在尺幅之间凑泊出的虚淡空灵。之所以有这种区别，自然与各自秉承的文化传统有密切关系。柏拉图、亚里士多德建立世界稳定秩序的意图播下了后世艺术寻求“确定”的种子，而中国艺术则受惠于庄子提供的艺术精神。

郭绍虞曾以“谈艺者师其神”概括庄子对后世文艺的影响，说“庄子论神，虽与文学批评无关，而其精微处却与文艺的神秘性息息相通”①。徐复观的《中国艺术精神》更是将庄子呈现出的艺术精神视为中国艺术精神的主体，一部中国的山水画史几乎全在庄子精神的沾溉之下。而庄子呈现的艺术精神是什么呢？徐复观说：

> 当庄子从观念上去描述他之所谓道，而我们也只从观念上去把握时，这道便是思辨的形而上的性格。但当庄子把它当作人生的体验而加以陈述，我们应对于这种人生体验而得到了悟时，这便是彻头彻尾的艺术精神。②

显然，“道”便是艺术精神，但二者又不能完全等同，只有在我们对庄子“道”进行艺术的体悟时，“道”才能演变为一种艺术精神。即使如此，我们也还不能穿越“道”的神秘性而直击艺术精神。徐复观后来又有较为清晰的解释：

> 心的作用、状态，庄子即称之为精神；即是在自己的精神中获得自由解放。而此种得到自由解放的精神，在庄子本人说来，是“闻道”、是“体道”、是“与天为徒”，是“入于寥天一”；用现代的语言表达出来，

---

① 郭绍虞：《中国文学批评史》，百花文艺出版社 1999 年版，第 34 页。（“谈艺者师其神”出自上海古籍出版社 1979 年版的郭绍虞著《中国文学批评史》）

② 徐复观：《中国艺术精神》，华东师范大学出版社 2001 年版，第 30 页。

正是最高的艺术精神的体现，也只能是最高的艺术精神的体现。[①]

可见，庄子艺术精神的落脚地在于心的自由解放。《庄子·田子方》中有“中国之君子，明乎礼义而陋于知人心”一句，正是点题之语。逍遥之说、齐物之论，都是指向心的自由解放。心的自由解放不是自我意志的张扬，而是彻底摆脱了外在事功拘囿的心胸所归向的大淡泊、大宁静的境界，也可以说是颜成子游向往的“心如死灰”的境界。达到这种境界，才能以澄澈的心灵观照外在的世界，这种心灵产生的作品自然是艺术的作品。

心的自由解放便是艺术精神，关键是如何达到这种境界。庄子非常清楚人的欲望对自由心灵的强大钳制，所以大半部《庄子》便是在讲述摆脱这种钳制的方法，所谓“丧我”、“坐忘”等都是庄子达到澄明境界的手段。这在庄子是要成就其自然生命，而在我们看来，则与今天的艺术精神达到了一种“不期然而然的会归”（徐复观语）。

在坐忘的意境中，以“忘知”最为枢要。忘知，是忘掉分解性的、概念性的知识活动，剩下的便是虚而待物的，亦即是循耳目内通的纯知觉活动。这种纯知觉活动便是美的观照。[②]

庄子的“忘”纯是一种人生的修养功夫，但由这“忘”的功夫所达到的自然生命境界却昭示了后世艺术家进行艺术创作时的生命灵境。

二、王国维绘画创作论与庄子艺术精神

王国维论画的文字集中在《中国名画集序》、《此君轩记》、《二田画庼记》中，后来的《待时轩仿古鉨印谱序》并非专门论画，而其所述却完全可以施之于绘画。在这有限的几篇文章中，王国维常引用庄子的话说明问题。重要的不是庄子的语言，而是王国维从中读出的延续至今的艺术精

① 徐复观：《中国艺术精神》，华东师范大学出版社 2001 年版，第 37 页。
② 徐复观：《中国艺术精神》，华东师范大学出版社 2001 年版，第 44 页。

神。王国维固然没有像徐复观那样的长篇大论，但从这几篇文字中我们将可以看到，这位现代美学的奠基者对庄子的艺术精神已经了然于心了。

《中国名画集序》① 是关于中国绘画的全景式扫描，开篇述绘画的起源有“宋舍众史，受元君之图”之语，此典即出自《庄子·田子方》：

> 宋元君将画图，众史皆至，受揖而立，舐笔和墨，在外者半。有一史后至者，儃儃然不趋，受揖不立，因之舍。公使人视之，则解衣般礴裸。君曰：“可矣，是真画者也。”

这一典故在这里只是作为史料使用，王国维并没有作进一步的阐述。然而画史的故事已难以稽考，王国维似乎也没有真正将之作为确凿的史实证据，其中或蕴有他对画史精神的欣慕之情。后至的画史之所以被宋元君称为“真画者”就在于此画史的内心修养达到了极高的境界，如成玄英疏曰：

> 内既自得，故外不矜持，徐行不趋，受命不立，直入就舍，解衣箕坐，倮露赤身，曾无惧惮。②

此画史没有争竞之心，全部的心神都集中在画上，此外的一切都忘却，故得元君“真画者”之称。王国维非常重视艺术创作主体的内心修养，他虽没有直接阐明这则故事的立意，但从他后来对绘画的论述来看，他对画史的精神肯定是极为赞赏的。

《待时轩仿古鉩印谱序》③ 批评“今之攻艺术者，其心偷，其力弱，其气虚憍不定”，称赞罗振玉季子子期“其于世之所谓高名厚利未尝知也，世人虚憍鄙倍之作未尝见也。其泽于古也至深，而于今也若遗，故其所作，于古人准绳规矩，无毫发遗憾，乃至其精神意味之不可传而传之”，更引

---

① 王国维：《中国名画集序》，见周锡山编校《王国维文学美学论著集》，北岳文艺出版社 1987 年版。

② 郭庆藩：《庄子集释》，中华书局 2004 年版，第 720 页。

③ 王国维：《待时轩仿古鉩印谱序》，见周锡山编校《王国维文学美学论著集》，北岳文艺出版社 1987 年版。

庄子的话赞其“全于天者”。这段话简直就是《庄子·达生》篇自“醉者坠车”到“梓庆削木为鐻”一系列故事的综合运用。尤其是“梓庆削木为鐻”的故事对后世艺术创作有明显的启示作用，梓庆由“不敢怀庆赏爵禄”、“不敢怀非誉巧拙”、“辄然忘吾有四枝形体”的不断的“忘”的过程达到的“静心”境界正是艺术创作所需要的“虚静”的心灵，亦即“解衣般礴”的画史所达到的精神境界。达到这种精神境界，面对艺术对象，才能如痀偻丈人一样“用志不分，乃凝于神”，全神贯注于艺术的创作。达到这种境界，也才能“指与物化而不以心稽”，手与创作对象完全融为一体，丝毫不以艺术创作的规矩准绳为意。这种境界也就是“醉者坠车”之“全于天”的境界，是津人操舟的“神”境界，是纪渻子所养斗鸡的“木鸡”境界，是“灵台一而不桎”的境界。由此可推见，王国维十分认同庄子提供的内心修养的境界，也十分重视庄子达至此种境界的修养方法，这正是庄子启示后世的艺术精神所在。

三、王国维绘画欣赏论与庄子艺术精神

王国维不仅在艺术创作主体的内心修养方面有取于庄子，在艺术作品的欣赏方面也多得于庄子的艺术智慧。《待时轩仿古鉨印谱序》中有：

然走狗斗鸡，颇乖大雅；弹棋博簺，易入机心。若夫象在而遗其形，心生而无所住，则岂有对曹霸、韩干（之马）而计驰骋之乐，见毕宏、韦偃之松而思栋梁之用。

“机心”一词见《庄子·天地》：

有机械者，必有机事，有机事者，必有机心。机心存于胸中，则纯白不备；纯白不备，则神生不定；神生不定者，道之所不载也。

庄子对于“机心”是大加否定的，“弹棋博簺”亦与艺术欣赏相左，看来王国维完全赞同庄子对“机心”的态度，用“弹棋博簺”的算计之心是不能欣赏艺术的。“岂有对曹霸、韩干（之马）而计驰骋之乐，见毕宏、

韦偃之松而思栋梁之用”，说的正是面对艺术作品，不能计其实用价值，应该用庄子所说的“无用之用”的态度进行欣赏。《庄子·人间世》有：

山木自寇也，膏火自煎也。桂可食，故伐之；漆可用，故割之。人皆知有用之用，而莫知无用之用也。

“无用之用”也就是避免了中途夭于金斧的厄运，成就其自然生命的大用。欣赏作为艺术作品的马和松，就要摆脱现实的功利考虑，沉浸于精神的享受。王国维对“无用之用”的看法盖与庄子莫逆于心，即对于学术，也取这种艺术的态度，如：

天下最神圣、最尊贵而无与于当世之用者，哲学与美术是已。天下之人嚣然谓之曰“无用”，无损于哲学美术之价值也。①

“无用”是世俗的习见，哲学与美术之用是超越世俗习见、对人类有一种终极关怀的大用。

论到绘画鉴赏，王国维也有从庄子那里获得的话语资源，这种话语里自然也蕴涵着庄子对于艺术的启示。《此君轩记》中赞善画竹者达到“物我无间，而道艺为一，与天冥合，而不知其所以然”② 的境界，初看与庄子无与，细察则会发现，其立脚地全在庄子处。“物我无间”即庄子化蝶之譬，“不知周之梦为胡蝶与，胡蝶之梦为周与”；“道艺为一”是《庄子·养生主》中庖丁“臣之所好者道也，进乎技矣”的引申，宗白华说“在他（按：指庄子）是‘道’，这形而上原理，和‘艺’，能够体合无间”③ 也正是从庖丁的故事化来，可见王、宗所见略同；“与天冥合”是《庄子·达生》中“以天合天”的说法。内心修养到了极致，外化为艺术

① 王国维：《论哲学家与美术家之天职》，周锡山编校《王国维文学美学论著集》，北岳文艺出版社 1987 年版。

② 王国维：《此君轩记》，周锡山编校《王国维文学美学论著集》，北岳文艺出版社 1987 年版。

③ 宗白华：《中国艺术意境之诞生（增订稿）》，《宗白华全集》（第 2 卷），安徽教育出版社 1994 年版，第 364 页。

作品也必然达到极境，这极境就是“天”，也就是“自然”。内心修养到淡泊凝定的境界，才不会对外在物象进行随顺自己主观意志的干涉，作为艺术家，也才能摄取艺术对象的自然神韵，成就其自然的艺术作品。这“自然”也是中国千百年来的审美理想。

王国维有限的几篇画论常出现庄子的身影，足见其所受庄子影响之深。这说明王国维已洞察到庄子思想所呈现的艺术精神，并将之用于当时的艺术评价，显示了一种古今、中西融通的视野，这也是王国维作为开风气之先的美学家的魅力所在。

第二章

庄子与鲁迅的现实主义美学

鲁迅的文学是极具思想底蕴的文学，他写小说，写杂文，写散文，都有对民族命运的自觉承担，都有对国民性的深刻关注。鲁迅的美学不是学院式的思辨美学，而是与他的文学密切相关的，这也就决定了他的美学里深埋着思想的功利。如果我们要从鲁迅的作品里找出“美”来，那么这种“美”不是让人愉快的美，而是让人思想焦灼的美，是伴着阵痛的美，有时甚至是狞厉的美。因此，鲁迅这种“现实主义”的美学思想与当时流行的康德、叔本华的非功利美学观无多大关系。而我们要寻求鲁迅美学和多少与康、叔的非功利美学有些神似的庄子美学之间的因缘，无疑将是一个比较困难的课题。庄子讲逍遥、虚静、心斋、坐忘等等导向的是内在的“全”，一种心神的畅适，这种意图与鲁迅欣羡的“立意在反抗，指归在动作”的摩罗精神之间存在着很大距离。然而庄子对鲁迅的影响是显然的，已为很多论者所关注。这种影响没有在“非功利”上取得承续，但在其他方面对鲁迅美学思想的创构依然发挥着作用。庄子的美学精神在鲁迅这里获得了别具一格的发展，鲁迅与庄子的美学因缘在中国现代美学史上亦成为独树的一帜。

第一节　顺逆之间的文化接力：关于“鲁迅与庄子”的研究

“鲁迅学”已是一门显学，中国现代史上的文学家没有一位像鲁迅这样受到如此广泛的关注。鲁迅研究的迅速发展固然与政治因素的介入有关，而鲁迅的文学实绩、思想深度也的确存在着可供深入开掘、多重解读的潜力。鲁迅与庄子的关系不是“鲁迅研究”的主要方面，但相对于鲁迅同期其他学者、作家的研究来说，还是受到了较多的照顾。关于“鲁迅与庄子”的研究较多地集中在思想上，而近来的研究出现了一些新的情况，在美学方面亦有所拓展。我们若要探索庄子与鲁迅在美学上的关联，就有必要梳理一下既往的“鲁迅与庄子”的研究，以获得进一步前进的起点和路径。

一、1949年前的研究

早在20世纪30年代，巴人就曾提及过鲁迅与庄子的联系：“我们从鲁迅先生的思想发展过程中来考察，在初期——即在辛亥革命前后——鲁迅先生是个性解放的倡导者；而鲁迅先生的主张个性解放，是承受尼采的部分的哲学思想的。这思想又和他那感受于中国农村社会里潜存着的庄老的哲学，并在他旧学传统中对于庄老哲学的濡染因而养成的那爱自由的精神，相融合的。”① 从这段话里，我们可以得出以下信息：鲁迅思想发展初期的个性解放思想受尼采哲学的影响，同时继承了庄老（准确说是庄子）哲学中的自由精神，而尼采与庄老也在鲁迅这里获得了某种程度的契合。这简单的几句话揭示出了后来的一个研究路向，即鲁迅在自由与个性解放方面与庄子的共鸣。1940年，郭沫若的《庄子与鲁迅》一文是“庄子与鲁迅”研究的真正的开山之作：“鲁迅爱用庄子所独有的词汇，爱引庄子的话，爱取《庄子》书中的故事为题材而从事创作，在文辞上赞美过庄子，在思想上也不免有多少庄子的反映，无论是顺是逆。”② 这句话说尽了鲁迅与庄子的直接联系，而“或顺或逆”则涵盖了此后“庄子与鲁迅”关系的研究方式。“顺”主要是说庄子对鲁迅的正面影响，“逆”则一方面是庄子对鲁迅的负面影响，另一方面是鲁迅批判庄子时所表现出的与庄子思想的价值对立。但郭沫若并没有在“逆”上下功夫，主要在鲁迅所用的庄子词句及其创作中化用的《庄子》中的故事方面表明“顺”的关联。另外，还有些关于“庄子与鲁迅”的点滴论述。如曹聚仁在《鲁迅评传》中自述，他在上海同济大学文艺学会讲演鲁迅的文艺修养时讲过鲁迅的文笔得力于庄子和《离骚》，他的友人丁君也认为此说颇有见地。③ 他在同一本书中还说，鲁迅的思想受老庄自然哲学的影响很深，他是可以接受进化论

---

① 巴人：《论鲁迅的杂文》，（上海）远东书店1940年版，第146页。

② 郭沫若：《郭沫若全集（文学编）》第19卷，人民文学出版社1992年版，第53页。《庄子与鲁迅》最初发表于1941年4月重庆《中苏文化》半月刊第8卷第三、四期合刊。

③ 曹聚仁：《鲁迅评传》，东方出版中心1999年版，第355页。（香港世界出版社初版于1956年。）

的观点的，所以，他对于尼采的人生哲学，也能相契无间的。[①] 可以说在1949年前，还是有很多人看到了鲁迅与庄子的联系，但大多没有做细致的研究。这一时期对“鲁迅与庄子”关系的关注基本上是一种“顺”的研究，即鲁迅对庄子的顺承关系。之所以如此，或许因为这一时期除了鲁迅在国民性方面对庄子的否定评价外，大多数庄子的研究者给了庄子肯定且较高的评价，而要在中国文化中寻求二者的关联自然着重在肯定的方面开拓。

二、20世纪50年代—80年代的研究

20世纪五六十年代，美学研究受到庸俗唯物论、阶级论的影响，对庄子的评价普遍偏低，谈到鲁迅与庄子的关系时也突出了鲁迅对庄子的批判，鲁迅所受庄子的影响也以“逆”为主，不过仍不失辩证。王瑶于1950年写就的《鲁迅对中国文学遗产的态度和他所受中国古典文学的影响》一文中谈到，鲁迅喜欢庄子固然因为《庄子》“有‘文采’”，而主要的还是因为其中蕴涵的“个性解放的思想”，“在反对儒家礼教上，在个人本位的思想上，在‘以天下为沉着不可与庄语’的愤世精神上，鲁迅是受到了影响的”。继而引《汉文学史纲要》“战国之世，言道术既有庄周之蔑诗礼，贵虚无，尤以文辞，陵轹诸子。在韵言则有屈原起于楚，被谗放逐，乃作《离骚》。逸响伟辞，卓绝一世”加以评说：“这里对庄子的评价显然比屈原低，就因为庄子思想中的消极因素不能为革命者的鲁迅所接受，因此很快就被他批判了。”[②]“对庄子的评价显然比屈原低”的说法完全是庄子在那个时代的命运不济所致，我们从鲁迅的言词中并不能看出这一点。任继愈认同鲁迅对庄子“无可无不可”的自由主义观念的批判，但也谨慎地提出“不能认为鲁迅没有在庄子的思想中吸取进步的东西’[③]。直到20世纪80年代初期，谈鲁迅与庄子的关系依然着重在“逆”的方面。任访秋的

---

① 曹聚仁：《鲁迅评传》，东方出版中心1999年版，第283页。（虽然是1956年写的书，但此书的写作路数基本上是大陆1949年以前的。）

② 王瑶：《王瑶全集》第6卷，河北教育出版社2000年版，第25～27页。

③ 任继愈：《鲁迅同中国古代伟大思想家们的关系》，《科学通报》1956年第10期。

《鲁迅论庄子》[1] 主要谈“鲁迅在思想上对《庄子》如何地进行批判继承”，肯定鲁迅对老庄的“复古主义”及“无是非观”的批判，同时认为庄子对儒家和封建统治者的批判对鲁迅也有积极的影响，但庄子的消极影响是主要的。周绍曾的《鲁迅对庄子的批判与“国民性”问题》[2] 把庄子与“国民性”联系起来，说“庄子在小市民中的影响表现为冷漠、麻木”，“在知识分子中的影响则表现为怯弱和巧滑”，阿 Q 身上也有一个“活脱脱的道家庄子的灵魂”，而阿 Q 却“没有意识到它的祸祟”。文章最后说“庄子的唯心论相对主义，其根本思想体系是错误的”，而相对于庄子时期的独断论倾向，还是有可取之处。

接下来的几篇文章的关注点也在鲁迅所受庄子影响的“顺”、“逆”上，由于庄子研究的逐渐学理化，鲁迅与庄子的关系也谈得更为辩证，不那么强调“逆”了。王晓华认为鲁迅对待老庄著作的态度是“批判老庄的思想，吸取其哲学中辩证思维方法的因素以及艺术和语言中的优秀成果”，其中“批判老庄”及吸取“艺术和语言”方面的论述无甚新颖之处，而论到鲁迅在“正面文章反看法”、“两极相合法”、“‘非此即彼’与‘亦此亦彼’的统一”方面对老庄思维方式的继承则有些特见。[3] 甘竞存的《“庄子与鲁迅”新议》[4] 论述庄周的“毒”对鲁迅前期的消极影响表现在四个方面：“对社会的悲观”、“避世或出世思想”、“对人生的悲观”以及“‘骄傲’和玩世不恭的生活态度”。而庄子对鲁迅的积极影响也是显然的，在“人道主义精神”、“对社会黑暗面的揭露，对儒家礼教虚伪性的批判”以及“对权威的怀疑与否定，对人格独立与思想自由的追求”诸方面，鲁迅与庄子都是一致的。刘西普的《鲁迅与庄子》[5] 首先论述庄子对鲁迅的积极影响：“在积极意义上，庄子作为一个‘身不屈于王公’的独立思想

---

① 任访秋：《鲁迅论庄子》，见任访秋《鲁迅散论》，陕西人民出版社 1982 年版。

② 周绍曾：《鲁迅对庄子的批判与“国民性”问题》，《河北大学学报》1981 年第 3 期。

③ 王晓华：《老庄哲学与鲁迅的思维方式》，《中国哲学史研究》1985 年第 4 期。

④ 甘竞存：《“庄子与鲁迅”新议》，见福建省纪念鲁迅逝世 50 周年学术讨论会论文选编组编《鲁迅与中外文化》，厦门大学出版社 1987 年版。

⑤ 刘西普：《鲁迅与庄子》，见鲁迅研究学会编《鲁迅研究》第 14 辑，中国社会科学出版社 1989 年版。

者所特有的彻底批判精神和否定精神深刻地影响了鲁迅，表现在文学方面就是尖刻泼辣的讽刺艺术。”庄子的“处世哲学”仍然是批判的对象，“鲁迅不仅批判了庄子处世哲学本身、‘庄学义理’本身，而且批判了庄子处世哲学所塑造的一种病态的文化性格（即国民性）”。说到鲁迅所受的庄子消极思想的影响，鲁迅是勇于自我解剖的。刘文所论与甘文有些相似，其“国民性”问题也没有吸收周绍曾文的观点，在学术价值上不免略逊一筹。

钱碧湘的《鲁迅笔下的两个庄子》[①] 是一篇十分新颖的文章，其新颖之处即在于她没有囿于鲁迅对庄子的评价，而是从她自己对《庄子》的理解出发，探析鲁迅对庄子的真实态度以及鲁迅批判庄子所隐含的艺术追求。“鲁迅笔下的两个庄子”即“鲁迅史笔下的庄子”和“鲁迅文笔下的庄子”。文章认为：“对于历史上的庄子，鲁迅并无鄙薄之心，倒还非常推崇他在文学上的成就”，“在鲁迅心目中，哲学家庄子的精神境界并不低下。鲁迅的憎恶并不掷向历史人物庄子”；“与鲁迅史笔下的庄子不同，鲁迅文笔下的庄子简直毫无可取之处”，但鲁迅在《起死》中对庄子的贬低是“故意将庄子的人生哲学庸俗化”，而“对于庄子的政治态度，鲁迅也同样作了与史实截然不同的艺术处理”，“鲁迅之所以在文学创作中改变庄子的历史面貌，在于现实生活中某些现象引起作者的强烈反感”。这篇文章的立论是基于对庄子的高度评价之上的，也只有基于此才让我们看到了鲁迅批判庄子的另一面。鲁迅不仅是文学家，还是一位严谨的学者，其对于古学的谙熟并不亚于那些整天嚷“国学”的学问家。他眼中的庄子断不会是一个浅薄之徒，而他苛责的庄子与实际的庄子之间的矛盾确实让读者费解。该文从鲁迅艺术创作的角度解读庄子的“变形”很具见地，即使在今天也还有很高的价值。

三、20 世纪 90 年代以来的研究

20 世纪 90 年代以来的相关研究仍然可以说是在“顺”、“逆”两方面进行，除个别文章延续了前期的风格之外，大部分研究与以前相比发生了

---

① 钱碧湘：《鲁迅笔下的两个庄子》，见鲁迅研究学会编《鲁迅研究》第 13 辑，中国社会科学出版社 1988 年版。

很大变化。刘岸汀的《鲁迅与庄子的精神联系》[1]、柯贵文的《论鲁迅对老庄思想的批判》[2] 在学术视角、言说方式上都没有超越前期的论作。田刚的《庄子哲学与鲁迅的虚无主义思想》[3] 采取的虽然是前期的视角，但并没有将庄子对鲁迅的消极影响简单化，而是从鲁迅与传统“紧张的精神对峙”中体认到“传统中国社会在文化上走向现代化的异常艰难和苦痛”。钱文亮的《重读鲁迅对老庄思想的批判——从“〈庄子〉与〈文选〉之争”谈起》[4] 把鲁迅对老庄思想的关注、批判分为前后两期，前期（20 世纪 30 年代之前）“是从文化比较的角度进行，主要以西方文化精神为参照标准反思中国传统文化，探讨中国国民劣根性形成的文化‘病灶’”，后期“与现实具体的社会、文化现象的刺激分不开”；钱文亮关于“后期”的看法与钱碧湘的论点有些相似，只是没有进一步透过这种现象解析鲁迅此举的艺术意图。盛敏的《鲁迅与庄子心态的契合和姿态的悖逆》[5] 一文采用了一些新的话语，观点上并无新异之处。

这一时期的很多研究侧重在“顺”的方面，研究范围较前期有很大拓展。任广田的《鲁迅与道家学说》[6]、田刚的《〈庄子〉与鲁迅早期思想》[7] 以及刘保昌的“鲁迅与道家文化片论”系列[8]都谈到了鲁迅的个人主义与庄子的契合，田文和刘文还谈到了庄子与“新神思宗”的相似之处，这些论述一定程度上延续了巴人所说的鲁迅的个性解放思想与尼采及庄老哲学

---

① 刘岸汀：《鲁迅与庄子的精神联系》，《镇江师专学报》（社会科学版）1995 年第 2 期。

② 柯贵文：《论鲁迅对老庄思想的批判》，《阜阳师院学报》（社会科学版）1997 年第 1 期。

③ 田刚：《庄子哲学与鲁迅的虚无主义思想》，《人文杂志》2002 年第 1 期。

④ 钱文亮：《重读鲁迅对老庄思想的批判——从“〈庄子〉与〈文选〉之争”谈起》，《江汉大学学报》（人文科学版）2003 年第 1 期。

⑤ 盛敏：《鲁迅与庄子心态的契合和姿态的悖逆》，《河南工业大学学报》（社会科学版）2005 年第 4 期。

⑥ 任广田：《鲁迅与道家学说》，《鲁迅研究月刊》2000 年第 11 期。

⑦ 田刚：《〈庄子〉与鲁迅早期思想》，《鲁迅研究月刊》2003 年第 4 期。

⑧ 刘保昌：《道德 · 进化论 · 个人主义——鲁迅与道家文化片论之一》，《人文杂志》2004 年第 3 期；《国民性 · 怀疑与否定精神——鲁迅与道家文化片论之二》，《宁夏社会科学》2005 年第 3 期；《浪漫的和个人的——鲁迅与道家文化片论之三》，《学术交流》2006 年第 3 期。

的因缘，而论述的深度与广度都为前者所不能比。任文则论到鲁迅的作为“文化本根”的“普崇万物”与老庄“道”的理解方式很相似，都是在抽象的、超验的层次上获得理解。田文除在鲁迅的“任个人而排众数”与庄子个性解放思想方面找到对应以外，还认为鲁迅的“掊物质而张灵明”与庄子“沉于物，溺于德”的反知主义倾向之间有对应关系。刘文则还在“质疑进化论”、“怀疑与否定精神”、“浪漫主义”等方面沟通了庄子与鲁迅，这里的“怀疑与否定”并不只有消极破坏作用，还有积极建设功能。

另外，有些研究在文学、诗学层次上开创了新的局面。郑家建认为“传统文学的艺术经验和美学原则不可能被任何作家抽象地继承”，他通过文本细读的方式，“臆测性”地发现了庄子与《故事新编》、《野草》、《呐喊》、《彷徨》之间内在的“历史联系”。[1] 田刚的《〈庄子〉与鲁迅早期文体》[2] 认为庄周的“毒”“不仅浸入了鲁迅的灵魂深处，深刻地影响了他早期的思想和性情，而且还外化为他的文辞及其格调”，“强化了其早年论文古奥艰涩和激越雄辩的文风”。这种观点已为郭沫若爱用庄子词汇的说法所不能涵盖。其后，《〈庄子〉与鲁迅早期思想》一文又在“无用之用”、“撄人”及“白心”（机心存于胸中则纯白不备）等概念中论到了《庄子》对鲁迅早期文艺思想的影响。廖诗忠认为庄子的诗学境界是“师心使气”，“言道必然要‘师心’”，“‘师心’必导致‘使气’，亦即显露自己的真性”，“达到对语言的自由驱遣”，而“鲁迅文章与庄子散文在‘师心使气’这一点上可谓一脉相承”。[3]

四、“庄子与鲁迅”关系研究中的几个重要问题

“庄子与鲁迅”关系的研究论域十分广泛，个人主义或个性解放、虚无主义、庄周的“毒”、国民性、怀疑与否定精神、反知主义、浪漫主义等具体问题（其中的很多问题又包含着庄学与西学在鲁迅身上的交融），

---

① 郑家建：《传统的影响：在误读与契合之间——从文学史角度重识鲁迅与庄子之关系》，《文艺理论研究》2000 年第 1 期。

② 田刚：《〈庄子〉与鲁迅早期文体》，《鲁迅研究月刊》2002 年第 8 期。

③ 廖诗忠：《回归经典：鲁迅与先秦文化的深层联系》，上海三联书店 2005 年版，第 252 页。

文学、美学、诗学上的影响与接受以及现代文化建设等方面，都能见到鲁迅与庄子的联系所呈现的张力。其中，个人主义、虚无主义以及文学、美学、诗学等方面是谈论较多且颇有兴味的话题。

个人主义、个性解放思想与“自由”的启蒙主题相近，而“启蒙”又是一个远没有完结的过程，因此鲁迅与庄子在“个人主义”方面的汇通贯穿了“庄子与鲁迅”关系的研究史。不同时期，相关的评价也不一样，上文已有相关评述，此不另赘。不过，近期的相关研究较以前有明显的深入，如任广田认为：“以庄子学说为代表的道家人格理论”的“首要含义是站在‘道’的高度上，独与天地精神往来，在现实经验世界面前始终保持高度的自主性与独立性”，“鲁迅在中国思想史上第一次发掘并拯救了庄学这一十分可宝贵的观念”（《鲁迅与道家学说》）。这种从“道家人格理论”出发探寻其与鲁迅的历史关联的研究相对于以前不加细致分析地将庄子、鲁迅和个人主义统一起来的做法无疑更具有说服力。

鲁迅与“虚无”的关系很早就有人提出，[①]“虚无”具有的阴暗气息与鲁迅“民族魂”形象的错位长期以来一直是学界的一个研究热点。鲁迅又说过庄子“自无为而入于虚无”[②]的话，因而庄子难却给鲁迅以“虚无”影响的罪名。关于庄子、鲁迅与“虚无”的关系，历来评说不尽一致。郭沫若不同意鲁迅对庄子“虚无”的评价，认为庄子“是一个观念论者，但并不必是一个虚无主义者”，由于庄子“被鲁迅认为虚无主义，鲁迅对于庄子的影响是想尽力摆脱”。[③]郭沫若否定了庄子的“虚无”，却又在鲁迅“个体”的意义上承认了庄子“虚无”对鲁迅的影响，关于这种矛盾，郭沫若并没有给出解释。20世纪50年代到80年代，学界对庄子的定位偏低，很多论者沿袭了鲁迅对庄子的否定性评价，认为庄子的“虚无”思想给鲁迅造成了消极影响。近来，郑家建对这一问题的探讨别具见地，他认为“鲁迅对庄子哲学思想的理解是一种特殊方式的误读”，因为“庄子的虚无主义强调的是‘让自己的精神，从形骸中突破出来，而上升到自

---

① 可参见田刚《庄子哲学与鲁迅的虚无主义思想》一文，《人文杂志》2002年第1期。

② 鲁迅：《鲁迅全集》第9卷，人民文学出版社2005年版，第377页。

③ 郭沫若：《郭沫若全集（文学编）》第19卷，人民文学出版社1992年版，第66~67页。

己与万物相通的根源之地'"（所引为徐复观语——笔者按），而产生这种特殊误读的原因则是"特定的历史文化环境"和"鲁迅的'绝望的抗战'的心理动力"。[①] 郑家建的说法完成了郭沫若的未尽之意，与钱碧湘的观点也有些相似。田刚虽然有从中国文化现代化的视角来解读庄子虚无主义对鲁迅之影响的意图，但他的基本观点并没有超越鲁迅自己对庄子的否定，因而可以说他在这方面的努力意义不大。

鲁迅与庄子在文学上的联系十分明显，像郭沫若所说"鲁迅爱用庄子所独有的词汇，爱引庄子的话，爱取《庄子》书中的故事为题材而从事创作"，鲁迅的文学行为自始至终都有庄子的影响。《魏晋风度及文章与药及酒之关系》没有提到老庄，王瑶却以之为中介，在文章风格上找到了鲁迅与庄子的渊源。田刚的《〈庄子〉与鲁迅早期文体》一文可以说是"文章风格"方面的进一步引申。在"文论"方面，鲁迅也受到了庄子的影响。钟子翱的《鲁迅与中国古代文论》[②] 是鲁迅与中国古文论方面不可多得的一篇专论，其中就提到了庄子，鲁迅"这种要求感情真挚、自然流露的美学思想，在我国古代文论中是并不罕见，源远流长的"，接下来便举《庄子》"真者，精诚之至也"一段为证，又说"自然之美，庄子更为强调"。第一章中，笔者已经论述过庄子与中国诗学"真"的关系，从鲁迅所用的"抱诚守真"、"真声音"、"真的神往的心"以及"赤子"来看，说他与庄子的"真"有关系是并不牵强的。田刚所论"无用之用"、"撄人"、"白心"对鲁迅的影响可以视为庄学进入现代文论的表现[③]。这些研究切入角度不同，但都能在"事实"上找到鲁迅与庄子的关系。郑家建、廖诗忠在文学、诗学方面的开拓则重在寻找鲁迅与庄子的"神似"。郑家建认为《故事新编》的研究"一直是摇摆、徘徊于'历史文本'和'写实性文本'的解读方式之间"，"这两种解读方式都有'盲人摸象'之失"，"构成《故事新编》最独特的审美方式就是想象力"，而"《故事新编》的想

---

① 郑家建：《传统的影响：在误读与契合之间——从文学史角度重识鲁迅与庄子之关系》，《文艺理论研究》2000 年第 1 期。

② 钟子翱：《鲁迅与中国古代文论——纪念鲁迅先生诞生一百周年》，见北京师范大学中文系编《文学论文集及鲁迅珍藏有关北师大史料》，北京师范大学出版社 1981 年版。

③ 田刚：《〈庄子〉与鲁迅早期思想》，《鲁迅研究月刊》2003 年第 4 期。

象方式与《庄子》和上古神话极其神似”。他找出《故事新编》与《庄子》之间在想象力上的联系是基于这样一种认定：“传统的资源（这主要指想象力），被作家创造性继承并转化成自己的审美形式时，那些内在传统美学资源的精神方式、情感方式同时也必然地被带进了现代叙事中，所以，在文本的叙事结构的深层，可能就潜隐着一个现代/传统的富有张力意识结构。”其后，他在《庄子》与《野草》及《呐喊》、《彷徨》之间探寻出的“艺术感知方式”、“表现形式”以及“审美理想”等方面的相似也是基于这种“认定”。[①] 廖诗忠首先肯定鲁迅对庄子散文艺术的体认，继而从“‘道不可言’的语言论困境”、“‘非言非默’的诗学探问”、“‘卮言日出’的自由言说”三个方面归纳庄子“师心使气”的诗学境界，鲁迅文章对庄子“师心使气”的继承则表现在：“天马行空的想象力”、“文章体式多种多样，不拘一格；笔法灵活多变，挥洒自如”、“对语言驱遣自如的能力”。[②] 郑家建、廖诗忠开拓的不仅仅是研究领域，更重要的是一种研究方式。我们在赞赏研究者的开创精神的同时，对由此可能产生的研究泛化倾向也应保持一定的警惕。

五、“庄子与鲁迅”关系研究的省思

“庄子与鲁迅”关系的研究是在庄子、鲁迅和研究者三个层面上进行的，也可以说是研究者对庄子、鲁迅及其关系的阐释。因此，我们没必要因袭“成绩与缺点共存”的套话，除因政治因素搁浅的研究外，其他研究都有可贵的探索。庄子作为“鲁迅研究”开出的一个路径，在“庄子与鲁迅”的关系中起着十分关键的作用，研究者对庄子的态度也就成了此类研究的风向标。1949 年前，学界对庄子基本采取了肯定的态度，在有限的研究中，论者没有因袭鲁迅批判庄子的视角，而是重在鲁迅与庄子的顺承关系。20 世纪 50 年代到 80 年代初，学界对庄子的评价基本是否定性的，研

---

① 郑家建：《庄子·神话和想象力传说——〈故事新编〉新论（之一）》，《雁北师院学报》1997 年第 6 期。

② 廖诗忠：《回归经典：鲁迅与先秦文化的深层联系》，上海三联书店 2005 年版，第 240～260 页。

究者也多因袭鲁迅对庄子的批判视角。20 世纪 80 年代中期以后，随着庄子研究的勃兴，研究者也能更为合理地审视鲁迅与庄子的关系。“顺”的方面，论者从对庄子的理解出发，在很多层次上发现了鲁迅与庄子的精神联系；“逆”的方面，论者没有拘泥于鲁迅对庄子的批判，而是进入“批判”的深层去发掘鲁迅此举的潜在动因。这一时期也还有一些论者因袭鲁迅批判庄子的视角，虽然能从传统文化与现代文化的紧张关系中获得某些突破，但由于漠视了庄子的精神境界，也就不可能获得重要创获。另外有些论者，从《庄子》的文学、“诗学”成就出发探稽鲁迅的文学、诗学理路，这种时空悬隔的探求多少带有些冒险的性质。90 年代以来的相关研究多在“顺”的方面寻求鲁迅与庄子的关系，这种现象与中国学界倡扬中国民族文化的总体意图分不开。纵观“鲁迅与庄子”的关系研究，可以说凡是从理解、肯定庄子出发进入研究者，一般都能获得可观的研究成果；而因袭鲁迅批判视角的论者，其思想深度首先就不能与鲁迅相比，又不去深入地研究庄子，当然不能发现鲁迅与庄子之间的思想张力。

当笔者正准备沿着鲁迅对庄子的承续继续前进的时候，却遇到了王富仁的阻力，在这里不能不辩说一下。王不同意片面强调鲁迅对中国文化的继承，认为这样做必然“把文化的历史构造成了一个仅仅有历时性关系而没有共时性关系的流状体”，正确的历史观应该是“带着我们自己的思想追求在共时性关系的历时性运动中感受、认识和理解一种文化现象的历史观”。在此基础上，他认为鲁迅有关庄子的论说中“有多少成分是对庄子本人的人生哲学的批判，又有多少是对中国现代知识分子的鞭挞”并不重要，“重要的是，鲁迅的人生哲学与庄子的人生哲学从性质上完全不同”。①可见，王是想跳出鲁迅与庄子静态的对应关系，从一个当代思者的角度动态地审视传统与现代的交融，突出的是现代文化的生成机制。王的观点一定程度上打击了民族文化论者的狂热情绪，但在学理上并不十分完善。王所反对的静态的“历时性关系”不是纯然静态的，庄子、鲁迅和研究者之间的关系是在研究者的文化视野这个平台上展开的，研究者固然是主动的，庄子和鲁迅也不是纯粹的受动者，在研究者的阐释过程中，他们的意

① 王富仁：《中国文化的守夜人——鲁迅》，人民文学出版社 2002 年版，第 3、7、118 页。

义都有向现代生成的历史向度，历时性梳理同时不自觉地具有一种共时性承担（即庄子、鲁迅和研究者的共时性维度）。所以，没有必要过分苛责鲁迅对传统文化的继承性研究，只要这种研究不是排他性的，它的存在就有其继续伸展的价值。反而，如果想在鲁迅与传统文化、鲁迅与西方文化之间寻求一种终极的研究方式，则有窒息“鲁迅研究”的危险。

“庄子与鲁迅的美学”也应在“顺”的方面求得进展。庄子的美学不是理性思辨的美学，而是一种美学精神，《庄子》中的许多观点都具有向艺术生成的可能，徐复观将“中国艺术精神的主体”归结到庄子身上正是看到了《庄子》对中国艺术的深刻影响。而鲁迅，他的思想也不免因文学家的身份而带有美学气韵。我们要寻求庄子与鲁迅美学的因缘似乎再容易不过，既往的研究都可以在美学方面找到关联。但这样做未免太大而无当，很有可能因为缺乏个性最终丧失研究的意义。为了使此类研究更具有学科特点，我们尽量避免向文化研究的进路，努力向习说的美学研究靠拢，进而考察鲁迅与庄子的渊源。即使如此，我们也不能不说，既往的多种角度的研究已经包含了大量的美学研究。文学、诗学方面的研究就不用说了，“个人主义”研究中将庄学与“掊物质而张灵明，任个人而排众数”的摩罗精神相比附，就显然包含着美学的思考，如果庄子的“虚无”从鲁迅将其误读的角度来考察，其中也不乏美学意味。本书将从前此研究的未尽之处及笔者所能见的范围出发，意图在以下两个方面进一步探索：“无用之用”与鲁迅的“纯文学”观、庄子与鲁迅“心”的文艺观。

应该注意的是，即使从“顺”的方面来说，庄子与鲁迅的关系也不同于庄子与王国维。王国维对庄子是倾心接受的，庄子的思想也内化为其个性气质的一部分。鲁迅虽赞美过庄子的文辞，但对庄子的思想却鄙薄有加。庄子主要的美学观念，如“自然”、“言意”、“物化”、“虚静”等并没有在鲁迅这里得到延续，而一些“边缘”观念，如“个人主义”、“虚无主义”等，却在鲁迅这里得到了生发。事实上，鲁迅本人及有关“鲁迅与庄子”的研究，对庄子的阐释都有一个有效性的限度。毋宁说，他们对庄子的理解采取的不是“以庄解庄”、“以鸟养养鸟”的方式，而是从现代语境出发寻求庄子与现代相合的信息，继而将一种有限的因缘扩而大之，以现代特有的方式延续庄子的文化符码。我们的研究也不可能完全摆脱这种特殊化的延展方式，毕竟鲁迅不是中国传统的诗画艺术家。

第二节　“无用之用”与鲁迅的“纯文学”观

鲁迅所说的“纯文学”跟我们今天所谓的“纯文学”不尽相同，鲁迅的“纯文学”是在借鉴西方文学概念的基础上对包含应用文在内的中国传统杂文学的一种规约；注重文学非功利和功利的双重效用；而今天的“纯文学”无疑是对鲁迅“纯文学”的又一次提纯，更加注重文学的非功利性。庄子之“毒”为鲁迅所厌弃，但它事实上具有的积极作用也影响到鲁迅身处其中的现代文学建设。其中，鲁迅以庄子“无用之用”对纯文学性质的表述成为鲁迅一以贯之的文艺观念。

一、鲁迅早期文论中的“不用之用”

由纯文学上言之，则以一切美术之本质，皆在观听之人，为之兴感怡悦。文章为美术之一，质当亦然，与个人暨邦国之存，无所系属，实利离尽，究理弗存。……然吾人乐于观诵，如游巨浸，前临渺茫，浮游波际，游泳既已，神质悉移。……故文章之于人生，其为用决不次于衣食，宫室，道德。盖缘人在两间，必有时自觉以勤劬，有时丧我而惝恍，时必致力于善生，时必忘其善生之事而入于醇乐，时或活动于现实之区，时或神驰于理想之域；苟致力于其偏，是谓之不具足。严冬永留，春气不至，生其躯壳，死其精魂，其人虽生，而人生之道失。文章不用之用，其在斯乎？……涵养人之神思，即文章之职与用也。①

“文章不用之用，其在斯乎？”看似不经意的一个反问，其实担当了这段文字“文眼”的角色。“文章”的“不用”与“用”构成这段文字的主要意义结构。“文章”不是泛指任何文章，而是“纯文学”意义上的文章。

---

① 鲁迅：《摩罗诗力说》，《鲁迅全集》第1卷，人民文学出版社2005年版，第73～74页。

“纯文学”语义当源自西方的“Literature”，包括诗歌、戏剧、散文、小说等文学体裁。稍前于此，王国维也说“甚至戏曲、小说之纯文学亦往往以惩劝为旨”[①]，此处的“纯文学”应与鲁迅所说并无大异。20 世纪初“纯文学”的使用还比较罕见，而论者不约而同地在“文学”前面加一“纯”字以示与“文学”之不同，还是有着相似的动机。当时的“文学”概念比较宽泛，1904 年行世的林传甲的《中国文学史》[②] 就包括音韵、训诂的变迁及经史之文体等，两年后章太炎的文学定义堪称代表：“文学者，以有文字著于竹帛，故谓之文。论其法式，谓之文学。”[③]“纯文学”的提出不能不说有规范“文学”概念的企图。直到 20 世纪 20 年代，现代意义上的“文学”观念才得以真正确立，在这一过程中，王国维、鲁迅的功绩是不能忽视的。

“纯文学”之“纯”具有“文学”义界的现代指涉，这一指涉剔除了中国传统杂文学中诏策、章表、书记、诔碑等着力于现实效用的实用文体，大大提升了“不用”文学的地位和价值。“不用”即是鲁迅所说的“实利离尽，究理弗存”，其效果便是“兴感怡悦”，这种说法极类康德“美”的观念：“鉴赏是通过不带任何利害的愉悦或不悦而对一个对象或一个表象方式作评判的能力。一个这样的愉悦的对象就叫做美。”[④] 可以说，文学“不用”的价值就是它的审美价值。鲁迅虽然不像王国维那样倾心于哲学，但对于康德并非全无所知，如他说“所憾者则其进化之观念，与康德（I. Kant）倭堪（L. Oken）诸哲学家立意略同”[⑤]、“既有康德，亦必有乐人如培得诃芬（Beethoven）”[⑥]，因而鲁迅在 20 世纪初美学东渐的潮流中接受对中国现代美学影响至深的康德美学观念也是情理之中的事情。陈

① 王国维：《论哲学家与美术家之天职》，周锡山编校《王国维文学美学论著集》，北岳文艺出版社 1987 年版，第 35 页。

② 林传甲：《中国文学史》，出版社未详，1904 年印行。（广东孙中山文献馆藏）

③ 章太炎著，陈平原导读：《国故论衡》，上海古籍出版社 2003 年版，第 49 页。

④ ［德］康德著，邓晓芒译，杨祖陶校：《判断力批判》，人民出版社 2002 年版，第 45 页。

⑤ 鲁迅：《人之历史》，《鲁迅全集》第 1 卷，人民文学出版社 2005 年版，第 12 页。

⑥ 鲁迅：《科学史教篇》，《鲁迅全集》第 1 卷，人民文学出版社 2005 年版，第 35 页。

国恩就曾肯定地说道："鲁迅也是在康德美学观的基础上强调文学的非功利性，即无目的的合目的性，他当时心目中的文学就是与中国载道文学不同的'纯文学'。"[①] 对文学非功利性价值的认定并不是鲁迅一时的逐潮行为，而是一直在文学道路上伴随着他，成为他挥之不去的审美情结。

鲁迅并没有停止在纯文学的"不用"上，而是马上过渡到"不用"所促生的"用"——"神质悉移"、"涵养人之神思"。单看这两句，似乎与"兴感怡悦"没什么差别，其实它的重点是在"兴感怡悦"之后精神层面的提升。鲁迅将"文学"之用等同于"衣食"、"宫室"、"道德"，在"近世文明""功利为鹄"的大趋势中，又说"文章之用益神"，这些说法都在于文学能升华人的精神。鲁迅于1907—1908年间所写的论文几乎都在论人的"精神"的重要，《科学史教篇》有"顾犹有不可忽者，为当防社会入于偏，日趋而之一极，精神渐失，则破灭亦随之"[②]，《文化偏至论》有"是故将生存两间，角逐列国是务，其首在立人，人立而后凡事举；若其道术，乃必尊个性而张精神"[③]，《摩罗诗力说》盛赞摩罗诗人之后发一浩问："今索诸中国，为精神界之战士者安在？"[④] 鲁迅的"文章之不用之用"即在于"张精神"，进而挽国运于将颓。一定程度上说，鲁迅仅仅把文学的"不用"作为跳板，目的全在于文学的"用"。许寿裳曾回忆说：

鲁迅在弘文学院的时候，常常和我讨论下列三个相关的大问题：一　怎样才是最理想的人性？二　中国国民性中最缺乏的是什么？三　牠的病根何在？他对这三大问题的研究，毕生孜孜不懈，后来所以毅然决然放弃学医而从事于文艺运动，其目标之一，就是想解决这些问题。[⑤]

---

① 陈国恩：《"纯文学"究竟是什么》，《学术月刊》2008年第9期。

② 鲁迅：《科学史教篇》，《鲁迅全集》第1卷，人民文学出版社2005年版，第35页。

③ 鲁迅：《文化偏至论》，《鲁迅全集》第1卷，人民文学出版社2005年版，第58页。

④ 鲁迅：《摩罗诗力说》，《鲁迅全集》第1卷，人民文学出版社2005年版，第102页。

⑤ 许寿裳：《亡友鲁迅印象记》，（上海）峨嵋出版社1947年版，第23页。

鲁迅走上文学之路还是为了文学的“用”，但这个“用”不是鄙狭的个人实用，而是超脱于个人功利之上的民族命运的大“用”，是“不用之用”。

二、鲁迅“不用之用”文学观念的内涵

根据这一时期鲁迅论文中频繁出现的《庄子》的词汇，基本可以确定这里的“不用之用”即是《庄子》中的“无用之用”。对于“无用之用”的理解，我们在第一章中已经论及。若从庄子的角度看，我们就不能把任何具有指向性的目标加在“用”之上。庄子重“养生”，某种意义上也可以说“全生”是庄子的目的，但我们不能说庄子唯“全生”是趋，那样的话，就把庄子“自然”的意旨限死在目的论的语义中。这个时代毕竟不是庄子的时代，庄子思想在后世的延伸也不可能完全保持其原初的状态，其中也必有一部分在流传中遭遇到平面化的命运。“平面化”可以这样来理解，庄子思想原本是立体性的、非常具有生机的思想，而后来者出于某种目的只袭取了它的某一方面，这某一方面也往往遭遇变形或压缩，造成了庄子思想的单面性发展，限制了它多方面参与文化建设的生机。如道教的求长生就与庄子的“全生”有渊源，但又与之不尽同，道教把长生视为鹄的，饮服药石，这就与庄子自然意义上的“全生”迥然异趣了。我们不能简单地轻视这种平面化，毕竟它是庄子在后世“存活”的一种方式，并且有的情况也是庄子智慧的特殊展现。

鲁迅“不用之用”的使用就是在语义方面对《庄子》资源的袭用，而这种袭用也确实促成了庄子在现代的延伸。木山英雄谈到鲁迅的非功利主义时说鲁迅“是遵循庄子式的‘无用之用’的逻辑”①，应该是比较准确的。鲁迅没有从庄子“逍遥”的精神层面接受“无用之用”，而是在“无用”与“用”的语义辩证关系中使用庄子的资源，从这个角度来看，可以说鲁迅已将庄子的“无用之用”平面化了，同时也是庄子智慧在现代的一个新的生长点。鲁迅给“无用之用”填进了新的时代内容，“无用”是对

① ［日］木山英雄著，赵京华编译：《文学复古与文学革命——木山英雄中国现代文学思想论集》，北京大学出版社2004年版，第224页。

文学性质的正确理解，“用”则是他基于中国的现状赋予文学的时代使命，“用”正是建立在对“不用”的深刻理解之上的。

巧合的是，与鲁迅约略同时而稍早，钟爱庄子的王国维也以“无用之用”称论“美”：“美之为物，为世人所不顾久矣！庸讵知无用之用，有胜于有用之用者乎。”[①] 纯文学为美的艺术，自然具有“无用之用”的性质。但在纯文学之“用”的最终取向上，王、鲁二人还是有所区别，木山英雄就认为鲁迅“不用之用”的反功利主义是“希图依靠文学的力量使同胞纯粹无垢的灵魂觉醒，从而使衰弱的古老文明保有再生的希望”，而“王国维所追求的，是以席勒美学的‘游戏’为极致的、于己是对深刻的厌世主义和忧郁症的直接慰藉的纯文学”[②]。木山此言深中肯綮，王国维自己曾说过“近日之嗜好所以渐由哲学而入于文学，而欲于其中求直接之慰藉者也”[③]，鲁迅则看中了文学“张精神”的作用。从这点来说，鲁迅所说的“纯文学”较之王国维的“纯文学”具有更深邃的现代意识。但二者的“无用之用”并非完全不同。鲁迅很赞赏王国维的国学研究：

中国有一部《流沙坠简》，印了将有十年了。要谈国学，那才可以算一种研究国学的书。开首有一篇长序，是王国维先生做的，要谈国学，他才可以算一个研究国学的人物。[④]

鲁迅自己在国学方面也有很深的造诣，他之所以称赞王国维，是因为他在学术研究的取向方面与之产生了共鸣。王国维常称说哲学、美术、学问的“无用之用”，赵利栋从中看出王国维是想“通过这一无用之用”，

---

① 王国维：《孔子之美育主义》，佛雏校辑《王国维哲学美学论文辑佚》，华东师范大学出版社 1993 年版，第 257 页。

② ［日］木山英雄著，赵京华编译：《文学复古与文学革命——木山英雄中国现代文学思想论集》，北京大学出版社 2004 年版，第 224～225 页。

③ 王国维：《静庵文集续编·自序二》，周锡山编校《王国维文学美学论著集》，北岳文艺出版社 1987 年版，第 244 页。

④ 鲁迅：《不懂的音译》，《鲁迅全集》第 1 卷，人民文学出版社 2005 年版，第 419 页。

“把学术的独立性和学术与国家兴亡的关系联系起来”①，“无用”是不合于当世之用，亦即脱离当世的利益之网才能保持学术的纯粹与独立，“用”则是超越时代的、用世的大功利。不管现代学者对“无用之用”的使用情况有多么复杂，庄子“无用之用”的文化基因在现代的延续都是不争的事实。

与王国维多次使用“无用之用”不同，鲁迅仅使用过一次，这或许与鲁迅对庄子之“毒”的憎厌有关。但这仅有的一次表述成为鲁迅对文学性质的最为简洁的说明，也显示了他非常鲜明的文艺态度。文学的“不用”与“用”，文学的非功利性与功利性，一直是鲁迅早期念念不忘的话题。早在1903年《月界旅行·辨言》中，鲁迅就表达过相似的观念：

> 盖胪陈科学，常人厌之，阅不终篇，辄欲睡去，强人所难，势必然矣。惟假小说之能力，被优孟之衣冠，则虽析理谭玄，亦能浸淫脑筋，不生厌倦。
>
> 故掇取学理，去庄而谐，使读者触目会心，不劳思索，则必能于不知不觉间，获一斑之智识，破遗传之迷信，改良思想，补助文明，势力之伟，有如此者。②

这里鲁迅已经明显认识到小说（文学）“不用”（不生厌倦）的性质，惟其“不用”才有大“用”——“改良思想，补助文明”。1913年的《儗播布美术意见书》又有专门的论述：

> 言美术之目的者，为说至繁，而要以与人享乐为臬极，惟于利用有无，有所牴牾。
>
> 顾实则美术诚谛，固在发扬真美，以娱人情，比其见利致用，乃不期之成果。

---

① 赵利栋：《略论王国维的学术价值取向：学术独立与求道心态》，《学术研究》2003年第4期。

② 鲁迅：《月界旅行·辨言》，《鲁迅全集》第10卷，人民文学出版社2005年版，第164页。

这不期的成果则为“表见文化”、“辅翼道德”、“救援经济”。[①] 这里的“美术”是包括建筑、雕塑、绘画、音乐、文章在内的大美术，鲁迅在陈述它们“不用”的同时，仍不忘它们的大“用”。这篇文章有政府文告的味道，然而也是鲁迅一贯的主张，只是鲁迅没有特别强调“张精神”的作用。“不用”与“用”，很显然鲁迅将它们之间的天平倾向了“用”。身在那个救亡图存的时代，只要不是空谈家，求“用”，求有裨于国家、民族前途的利益，是每一个关心国家命运的中国人的自然选择，何况是鲁迅这样一位民族斗士呢？

鲁迅选择“用”，并没有轻视“不用”，他深知“用”正是“不用”的“不期之成果”。“不用之用”，前一个“用”是斤斤于现实利益的鄙狭的“用”，突出的是立竿见影的效果；后一个“用”是摆脱了纷扰的现实利益的“大用”，是不可以量化、不可以速求的“用”。只有不拘泥于前一个“用”，才能发现“不用”中的“大用”，这与庄子的逻辑是一致的。庄子批评惠子“拘于用大矣”，就在于惠子局限于近身的用途，而没有窥见现实无用之后的逍遥意旨。可以说，鲁迅的“不用之用”体现了庄子智慧与现代视域的融合。

三、鲁迅“不用之用”文艺观的辩证发展

文学的“不用”与“用”是两个层面的问题，二者并不矛盾。“不用”是“用”的前提与条件，“用”则潜含于“不用”中，是“不用”的自然结果，它们的辩证关系贯穿了鲁迅的文学活动历程，成为鲁迅文艺观的重要基础构件。而高旭东却认为鲁迅“不用之用”的文学观是矛盾发展的，并举出实例证明鲁迅忽而非功利、忽而功利的文学观念的变化。[②] 这种观点把两个层面的“用”拼合在了一起，都指前一个“用”，即现实的、眼前的“用”。如果从这种“用”的角度来看，鲁迅的文艺观的确是矛盾

---

① 鲁迅：《儗播布美术意见书》，《鲁迅全集》第 8 卷，人民文学出版社 2005 年版，第 52 页。

② 高旭东：《论鲁迅“不用之用”文学观的矛盾发展》，《东岳论丛》2000 年第 2 期。

发展的。如鲁迅在《摩罗诗力说》中既说文学“实利离尽，究理弗存”，又认为文学具有救国的作用：“国民皆诗，亦皆诗人之具，而德卒以不亡”；一方面认为改变国民的精神要首“推文艺”，另一方面又说“文学文学，是最不中用的”（《革命时代的文学》）；后来又回到了文学的“用”，且对这种“用”的强调到了前所未有的地步：“文学是战斗的”（《叶紫作〈丰收〉序》）。但是，这是对“不用之用”的误解，忽而非功利、忽而功利的文学立场也不符合鲁迅坚定的文学个性。

鲁迅“不用之用”的文艺观随着其文学活动的展开势必有所发展，但这种发展始终没有离开“不用之用”的原点，即对文学“不用”性质的清醒认识及对文学“大用”的深切关怀。但鲁迅对文学“不用”的性质并没有过分强调，除前期的专门声明外，其后期的文学活动更多地关注文学的“用”，对文学的“不用”基本上采取了默认的处理。如有人劝鲁迅不要做杂文，他说：

> 我以为如果艺术之宫里有这么麻烦的禁令，倒不如不进去；还是站在沙漠上，看看飞沙走石，乐则大笑，悲则大叫，愤则大骂，即使被沙砾打得遍身粗糙，而头破血流，而时时抚摸自己的凝血，觉得若有花纹，也未必不及跟着中国的文士们去陪莎士比亚吃黄油面包之有趣。[①]
>
> 好的文艺作品，向来多是不受别人命令，不顾利害，自然而然地从心中流露的东西。[②]
>
> 我以为一切文艺固是宣传，而一切宣传并非全是文艺。[③]

从这些话中都能看出鲁迅对文学“不用”的坚持。文学的“用”则是鲁迅从事文学活动自始至终致力的目标，一方面如他所说“我们的第一要著，是在改变他们的精神，而善于改变精神的是，我那时以为当然要推文

① 鲁迅：《华盖集·题记》，《鲁迅全集》第3卷，人民文学出版社2005年版，第4页。

② 鲁迅：《革命时代的文学》，《鲁迅全集》第3卷，人民文学出版社2005年版，第437页。

③ 鲁迅：《文艺与革命（并冬芬来信）》，《鲁迅全集》第4卷，人民文学出版社2005年版，第85页。

艺，于是想提倡文艺运动了”[①]，另一方面则在于他对文艺的宣传作用的肯定。从《狂人日记》的发表到鲁迅去世将近20年的时间里，无论是从事新文化运动，还是反抗执政府的黑暗统治以及在民族革命斗争中为民族前途奔走呼喊，鲁迅都以他的文学活动展现了韧性的战斗精神，充分诠释了文学之“用”的含义。

而鲁迅对文学之“用”的绵长而持久的关注还是“国民性”。早在日本留学时期，鲁迅就与好友许寿裳探讨“国民性”的问题，此后对这一问题的关注始终没有间断。《呐喊》、《彷徨》及鲁迅前期的杂文对“国民性”的挖掘与探索最为明显，后期的杂文及部分小说则过多地卷进了与形形色色的文化人的论争，似乎丧失了追问“国民性”的兴趣。鲁迅后期的工作重心的确有所转移，这是因为执政府的黑暗统治、中华民族摇摆不定的前途命运及一些“学者文人”的阴险面孔让鲁迅不得不腾出手来面对现实，从而减弱了对“国民性”进行深度省察的力量。然而，鲁迅与陈西滢、新月派、第三种人以及施蛰存等人进行论战并不是出于私人恩怨，在鲁迅看来，这些人有意无意地扮演了历史这部戏剧的丑角，非给以批判不足以促其警醒。尤其是他对刘半农、林语堂一众朋友的批评，更能显出这一点。刘半农去世后，鲁迅写了篇《忆刘半农君》，其中记述了他们的“嫌隙”，最后写道：“现在他死去了，我对于他的感情，和他生时也并无变化。我爱十年前的半农，而憎恶他的近几年。这憎恶是朋友的憎恶，因为我希望他常是十年前的半农，他的为战士，即使‘浅’罢，却于中国更为有益。”[②] 鲁迅去世后，远在美国的林语堂也写了篇文章《鲁迅之死》，其间对鲁迅的评价未必确当，但说“大凡以所见相左相同，而为离合之迹，绝无私人意气存焉”[③] 却应该是事实。还有梅兰芳，从鲁迅开始憎厌

---

① 鲁迅：《呐喊·自序》，《鲁迅全集》第1卷，人民文学出版社2005年版，第439页。

② 鲁迅：《忆刘半农君》，《鲁迅全集》第6卷，人民文学出版社2005年版，第75页。

③ 林语堂著，张明高、范桥编：《林语堂文选》（下），中国广播电视出版社1990年版，第4页。

其“男人扮女人”[①] 到后来鄙薄其到苏联演出[②]，鲁迅对梅兰芳几乎是一路追打，而梅兰芳却始终未置一词，这就不能如林语堂所说“不交锋则不乐”了。所以，对于鲁迅的论战我们不能责其刻薄，这论战的背后是他关心国家、民族前途的大胸襟、大怀抱。1925 年，鲁迅曾说：

> 我们目下的当务之急，是：一要生存，二要温饱，三要发展。苟有阻碍这前途者，无论是古是今，是人是鬼，是《三坟》《五典》，百宋千元，天球河图，金人玉佛，祖传丸散，秘制膏丹，全都踏倒他。[③]

鲁迅的论战实是祛除前进障碍的“踏倒”之举。也正如他所说，“在现在这个‘可怜’的时代，能杀才能生，能憎才能爱，能生与爱才能文”[④]。鲁迅的论战正是他“爱”的特殊方式。不能否认，在论战的过程中，鲁迅有时也有些意气之争，但更多的是他忧虑民族前途的大悲悯心，这其中当然也有对“国民性”的关注。

如何看待鲁迅对文学作用的否定呢？鲁迅确曾说过“文学文学，是最不中用的”，“一首诗吓不走孙传芳，一炮就把孙传芳轰走了”。但这并不意味着鲁迅否定了文学的作用。《革命时代的文学》是鲁迅在黄埔军校的演说词，他说文学无用可以理解为是面对特殊的演讲对象的一种演讲策略。他说，“诸君是实际的战斗者，是革命的战士，我以为现在还是不要佩服文学的好”。这话略带有自我解嘲的味道，其实他丝毫没有贬低文学的价值。也就在这篇演说词中，鲁迅延续了他的文学“不顾利害”的观点——“好的文艺作品，向来多是不受别人命令，不顾利害，自然而然地从心中流露的东西”。他关于革命与文学关系三阶段的划分卓有见地，其中“怒吼的文学”就是文学作用的鲜明体现：“怒吼的文学一出现，反抗

---

① 鲁迅：《论照相之类》，《鲁迅全集》第 1 卷，人民文学出版社 2005 年版。

② 鲁迅：《略论梅兰芳及其他》（上、下），《鲁迅全集》第 5 卷，人民文学出版社 2005 年版。

③ 鲁迅：《忽然想到（六）》，《鲁迅全集》第 3 卷，人民文学出版社 2005 年版，第 47 页。

④ 鲁迅：《七论“文人相轻”——两伤》，《鲁迅全集》第 6 卷，人民文学出版社 2005 年版，第 419 页。

就快到了；他们已经很愤怒，所以与革命爆发时代接近的文学每每带有愤怒之音；他要反抗，他要复仇。”[①] 这篇文章呈示的仍然是鲁迅一贯的文学观，与早期的“不用之用”说并没有根本的抵触。

与对鲁迅“无用之用”文学观的误解相一致，高旭东文还说：“鲁迅正面肯定的多是有所为而发的改造社会和心灵的文学，而对于无目的的纯文学，则在公开的场合表示冷淡和厌弃，至少是不明确肯定。”高文中的“纯文学”与鲁迅的“纯文学”显然不一样。高文所说的“纯文学”是当下学术视野中的产物，是指与商业操作和政治功利都无甚关系，保持独立姿态的文学。这种“纯文学”在鲁迅先生看来即是“为艺术而艺术”的文学，对于“为艺术而艺术”的文学，鲁迅也曾肯定过它的成绩，如他称“浅草社”是“‘为艺术而艺术’的作家团体”，赞许他们“将真和美歌唱给寂寞的人们”[②] 的努力，而在后来的一次讲演中，他也客观评价了此类文学在五四运动时期反抗载道文学时所具有的积极向度[③]。但在那个民族危机日益加深的时代，“为艺术而艺术”的一派摆出一副不问世事的姿态，就不能不让鲁迅愤恨了，“为艺术而艺术”在鲁迅这里也逐渐成为一个饱含贬义的代名词。可见，鲁迅厌弃的不是“为艺术而艺术”的文学本身(他并不缺乏这类文学的审美能力)，而是操弄这种文学的人所持有的处世态度。20 世纪 90 年代以来的“纯文学”研究所具有的学理性不容否认，这种学理性是文学研究走向自觉与独立的表现，我们自当抵掌相迎。但我们在尊重文学自身发展规律的同时，也应该警惕片面强调文学研究的学理性而可能导致的对某些重要问题的弱视。文学“不用”的性质与时代、政治无甚关系，而文学却不可能脱离时代、政治因素形而上地存在。在那个血与火的时代，不问世事、吟风弄月在鲁迅看来无异于助纣为虐。所以，对于鲁迅的功利文学观，我们没有必要站在今天“纯文学”的角度加以苛责。实际上，他自己言称的“纯文学”观所坚持的“不用之用”的立场始

---

① 鲁迅：《革命时代的文学》，《鲁迅全集》第 3 卷，人民文学出版社 2005 年版，第 436 ~ 442 页。

② 鲁迅：《〈中国新文学大系〉小说二集序》，《鲁迅全集》第 6 卷，人民文学出版社 2005 年版，第 250 ~ 251 页。

③ 鲁迅：《帮忙文学与帮闲文学》，《鲁迅全集》第 7 卷，人民文学出版社 2005 年版，第 405 页。

终没有改变过，只是在不同的历史条件下对文学之“用”关注的程度不同而已。

第三节　庄子与鲁迅“心”的文艺观

郜元宝《为天地立心——鲁迅著作所见“心”字通诠》[1]一文探究了鲁迅的“心学”。该文认为，1907至1908年间，鲁迅的“心学”时代揭开序幕，而“鲁迅的‘心学’和他的‘文学’一同开始，‘心学’就是‘文学’”，鲁迅的“心学”自然有对中国传统“心学”的承继，“从《诗经》时代绵延至今、由精英和俗众围绕‘心’这个基本词共同书写的文化母本（心灵体验方式），也总会在不同方面和不同层次被激活”。郜的这一发现的确为我们提供了一个新的视角，深化了鲁迅研究，但是他把“心学”扩展到鲁迅研究的各个方面，多少有些力不从心。钱理群认同郜的这一探究，但不无保留地提出“神思”、“白心”、“心声”、“撄人心”等为鲁迅早期文学思考的重要组成部分。[2]我们顺着这一思路探索下去会发现“心”在鲁迅文艺观里扮演着重要角色，特别是鲁迅所说的“白心”、“童心”、“赤子之心”、“诚心”、“本心”、“真心”等成为关乎文艺性质的核心词汇。这些词郜文基本上都有论及，但他散射式的考察缺乏聚焦的能量，因而没能在具体的层面上探究鲁迅对中国古代“心”学资源的继承与发展。笔者即欲以“白心”、“赤子之心”、“诚心”、“真心”等为关键词，梳理出鲁迅“心”的文艺观与中国古代“心”学资源之一的庄子的渊源关系。

---

① 郜元宝：《为天地立心——鲁迅著作所见“心”字通诠》，《鲁迅研究月刊》2000年第7期。

② 钱理群：《与鲁迅相遇》，生活·读书·新知三联书店2003年版，第73页。

一、庄子之“心”向现代的生成

这里所说的“心学”不是陆王“心学”意义上的，而是就“心”在中国文化中所起的作用而言。“心”在中国文化中的应用非常普遍，张立文主编的《心》[①] 已经对中国哲学中的“心”范畴作了非常详细的梳理。笔者不打算对“心”作普泛的考察，只想就“心”在中国文化两大主流——儒、道起始处的作用及其向后世的展开而论道家特别是庄子之“心”向艺术生成的可能，由这种可能进一步考察庄子“心”的艺术精神在鲁迅这里的表现。

孔老孟庄时代，“心”已经是一个十分重要的字眼，蕴蓄着丰富的文化能量。儒道两家虽出于同一文化母体，但二者的分别也是显然的。同一“心”字，在作“内心”、“想法”等一般意义解时，儒道两家并无分别，而当“心”字向形而上演进时，儒道“心学”就显出微妙的区别了。

《庄子·田子方》中有“中国之君子明乎礼义而陋于知人心”，这是温伯雪子行经鲁地而不愿见鲁之君子的一句托辞，其中道出了儒道之分的一面。但儒家并没有轻视“心”，《论语》中有“七十而从心所欲，不逾矩”(《为政》)、“其心三月不违仁”(《雍也》)，《孟子》中有“我四十不动心”、“人皆有不忍人之心”、“恻隐之心，仁之端也；羞恶之心，义之端也；辞让之心，礼之端也；是非之心，智之端也”(《公孙丑上》)、“仁，人心也”(《告子上》)、“君子所性，仁、义、礼、智根于心”(《尽心上》)等。[②] 温伯雪子之言似乎有无的放矢之嫌。果真如此吗？且看老庄的“心”。《老子》第三章有“虚其心，实其腹”，《庄子》中有“心斋”(《人间世》)、“不以心捐道”(《大宗师》)、“游心于淡”(《庄子·应帝王》)、“万物无足以铙心”(《天道》)、“齐以静心”(《达生》)、“心若死灰”(《知北游》)、“致道者忘心”(《让王》)等。从这些例语来看，儒道两家的“心”是有显著区别的。孔孟之“心”皆与仁义相关，即使如孔子

---

① 张怀承等著：《心》，见张立文主编《中国哲学范畴精粹丛书》，中国人民大学出版社 1993 年版。

② 所引《论语》、《孟子》语据朱熹《四书章句集注》，中华书局 1983 年版。

所言“从心所欲”也是以“不逾矩”为限度，这“不逾矩”也就是“不违仁”，孟子则直接把“仁”说成“人心”。可以说，儒家的“心”是仁义充盈之心，而道家的“心”却是虚的。道家不往“心”中填充实在的内容，而且还常以“心若死灰”、“忘心”等拆解“心”中可能留驻的内容，其目的就是要保持“心”的无垢的澄明，如镜一般“不将不迎，应而不藏”（《庄子·应帝王》），这样才能达至“心斋”。[①] 儒道的这种不同也就决定了它们发展方向的歧途。

钱穆《比论孟庄两家论人生修养》[②] 述及此问题，可为鉴借。孟子曰：“我四十不动心。”钱穆论曰：“善养吾浩然之气与不动心，特所由言之内外异其端，而同归于一诣，非截然为两事也。”孟子又曰：“养心莫善于寡欲。”钱穆曰：

盖寡欲则不易为外物所屈抑，所转移，而自我内心，始可获得其高度自由之伸舒，故曰虽有不存焉者寡矣。盖此心之存，即至大至刚以直之气之所由生也。必如是而后可以成为独行其道之大丈夫。

庄子之用心，特欲其如镜，欲其不将不迎，欲其有应而不藏。岂止不藏，抑将无感，无感之应，虽应非应。是即所谓不以物为事也。人之用心而洵至于如是，实已类至于一种无心之境界矣。故庄生者，乃实以“刳心”为其养心之工夫者也。

孟庄两家不同的修养论决定了他们不同的修养境界：

故循孟子之修养论，而循至于极，可以使人达至于一无上之道德境界。循庄子之修养论，循至于极，可以使人达至于一无上之艺术境界。

关于庄子之“心”向艺术的进益，稍后徐复观也说：

---

① “心斋”出自孔子与颜回的一段对话。郭沫若曾有庄子本是“颜氏之儒”的说法，即便这是事实，“心斋”之说也没有被后世儒家继承，主要是在道家的视域内发展，而且“心斋”之说也很可能是庄子借“重言”的言说方式表达的自己的观念。

② 钱穆：《庄老通辨》，生活·读书·新知三联书店 2005 年版。

庄子所把握的心，正是艺术的主体。庄子本无意于今日之所谓艺术；但顺庄子之心所流露而出者，自然是艺术精神，自然成就其艺术的人生，也由此可以成就最高的艺术。①

可以说，儒（主要指孔孟）道（主要指庄子）两家之“心”一趋于道德，一趋于艺术。道德是至高之道德，不为鄙狭之功利所限；艺术是至高之艺术，也可以说是“纯艺术”，此一艺术需主体“不敢怀庆赏爵禄”、“不敢怀非誉巧拙”（《庄子·达生》）尚可以进窥。这里的“艺术”不是艺术之实体，而是艺术之精神，是庄子之“心”向艺术生成的可能性。

儒道两家之“心”在后世的影响于《心》中已有线索可寻，兹不赘述。但就文艺而言，儒家主要是文道合一。郭绍虞曾说：“孔门论文，因重在道的关系，于是处处不离应用的观念，不免有文道合一的倾向。”②“不离应用”就是儒家充盈之“心”的发挥，这可以从“在心为志，发言为诗”（《毛诗序》）的儒家经义中推出来。道家（尤其是庄子）对后世文艺影响之一显著方面即在于虚淡空灵的艺术境界。对“中国艺术意境”研究颇有心得的宗白华就把“庄子的超旷空灵”和屈原的“缠绵悱恻”并置而论其对中国艺术意境创生所起的重要作用。③ 在这一过程中，庄子的“心”亦是一不可或缺的角色。唐代画家张璪的“外师造化，中得心源”虽不脱禅味，但也有庄子的色彩。所谓“得其环中，以应无穷”（《庄子·齐物论》），“中得心源”的奥妙也有取于此。徐复观称庄子的“心”是“艺术精神”的主体，在《中国艺术精神》中庄子也占了论述的绝对比重，这实在是因为庄子代表的道家所展现的艺术精神是摆脱了政治事功的纯艺术精神，因而赢得了历代文艺之士的由衷喜爱。

道家的纯艺术之“心”进入20世纪的现代语境是否仍有所发展呢？程相占的《文心三角文艺美学：中国古代文心论的现代转化》④ 认为文艺

---

① 徐复观：《中国艺术精神》，华东师范大学出版社2001年版，第42页。

② 郭绍虞：《中国文学批评史》，百花文艺出版社1999年版，第18页。

③ 宗白华：《中国艺术意境之诞生》（增订稿），《宗白华全集》第2卷，安徽教育出版社1994年版，第364页。

④ 程相占：《文心三角文艺美学：中国古代文心论的现代转化》，山东大学出版社2002年版。

美学的研究对象是“心象”，并以中国古代的“文心三角”文艺美学为主轴，论其对中国古代文论在现当代完成自我更新过程中的重要作用，这也是“中国古代文论当代转换”论域的一个有益尝试。“心象”当然也有道家的内容，其在现当代的更新也必然延续着道家的影响。程著所论主要还是理论上的畅想，笔者以为若论“转换”，应当搜求古代文论切入现当代语境的路径，即寻求古代文论在现当代的“用”。不管这种“用”在现当代语境中发生了怎样的变化，只有“用”才是古代文论仍然存活的表征，在“用”的基础上寻求转换才能终止理论上的争论。上一章所述庄子之“真”在王国维那里的传承即是一种“用”，这个“真”毕竟也沾染了西方的理论资源，不纯然是中国传统的“真”了，这种情况也可以成为一种“转换”。鲁迅对中国传统虽多有非议，但不可否认的是他对中国传统资源依然有继承，不论这种继承是自觉还是不自觉。鲁迅所说的“白心”、“赤子之心”、“诚心”、“真心”等皆是对庄子代表的道家之“心”的遥遥呼应，是庄子艺术精神在现代的特殊表现。

二、鲁迅“白心”说与庄子“心”学的潜在通联

故病中国今日之扰攘者，则患志士英雄之多而患人之少。志士英雄，非不祥也，顾蒙帼面而不能白心，则神气污浊，每感人而令之病。奥古斯丁也，托尔斯泰也，约翰卢骚也，伟哉其自忏之书，心声之洋溢者也。若其本无有物，徒附丽是宗，辄岸然曰善国善天下，则吾愿先闻其白心。使其羞白心于人前，则不若伏藏其论议，荡涤秽恶，俾众清明，容性解之竺生，以起人之内曜。①

对于“白心”，郜元宝说：“与白色相对，诸色可以看得更清；惟有‘白心’能照见一切心。鲁迅的文学很大程度上就是拿着镜子似的‘白心’

---

① 鲁迅：《破恶声论》，《鲁迅全集》第8卷，人民文学出版社2005年版，第29页。

来查看别人的心。”[①] 钱理群则认为，“所谓‘白心’，就是‘诚于中而有言’，就是‘声发自心’，这是对文学的表达的基本要求：一要真诚，即‘抱诚守真’，发出‘真之心声’、‘至诚之声’；二要直白；三要发自内心。”[②] 郜的解释来自自己的阅读经验，钱的解释主要来自鲁迅的本文，以鲁解鲁，都不无道理。田刚将“白心”的语源推到庄子处，以“纯白之心”解“白心”，因为后文有“朴素之民，厥心纯白”的话。[③] 我们联系鲁迅文章此间庄子词汇频出的现象，可以说田刚的解释是颇有道理的，为我们提供了一个理解“白心”的重要通道，而这个通道的关键即是“白”字。[④]

“白”即“纯白”，《庄子·天地》有“机心存于胸中，则纯白不备”，成玄英疏曰：“机变存乎胸府，则纯粹素白不圆备矣。”[⑤] 成玄英的疏解稍嫌拘于字义，“纯白”既与“心”相联系，“白”的理解还可以进一步推究。《庄子·人间世》有“瞻彼阕者，虚室生白”，郭象注“视有若无，虚室者也。虚室而纯白独生也”，郭象此处即以“纯白”解“白”。成玄英释“白”为“道”，这种释法十分保险，不过也显得大而无当。值得注意的是崔譔的解释：“白者，日光所照也。”[⑥] 虚室因日光所照而澄澈，似乎又与“生”的自然而然的意旨相违，而“白”与“光”相联系或许能打开一个通路。《庄子·齐物论》有“注焉而不满，酌焉而不竭，而不知其所由来，此之谓葆光”，“葆光”，郭象注“任其自明，故其光不蔽

---

① 郜元宝：《为天地立心——鲁迅著作所见“心”字通诠》，《鲁迅研究月刊》2000 年第 7 期。

② 钱理群：《与鲁迅相遇》，生活·读书·新知三联书店 2002 年版，第 74 页。

③ 田刚：《〈庄子〉与鲁迅早期思想》，《鲁迅研究月刊》2003 年第 4 期。

④《庄子·天下》有“白心”一词，而《管子》更早以“白心”名篇，郭沫若据《庄子》中之“白心”推《管子》“白心”等篇为宋钘、尹文遗著，并认为“白心”“不外是‘洁其宫’，‘虚其欲’，‘情欲寡浅’，或‘别宥’的另一说法而已”（见郭沫若《宋钘尹文遗著考》）。田刚没有进一步推究“白心”之源到管子处亦无可厚非，因为鲁迅此时所用“白心”没有迹象表明来自《管子》。再者，鲁迅的“白心”之意更多地与“厥心纯白”相联系，并非直接承自《天下》篇之“白心”（成玄英疏为“清白其心”）。本文也主要考察“白心”的“纯白之心”意。

⑤ 郭庆藩：《庄子集释》，中华书局 2004 年版，第 434 页。

⑥ 郭庆藩：《庄子集释》，中华书局 2004 年版，第 151 页。

也”[①]。“葆光”之“光”似更符合“虚室生白”的玄境。“虚室生白”紧承“心斋”而来，“虚者，心斋也”，“虚室”可以视为“心斋”的一种比喻性说法，“虚室生白”亦可视为“纯白之心”的比喻性说法，“纯白之心”即“澄明之心”。庄子的“澄明之心”本是“不将不迎，应而不藏”的虚静之心，在鲁迅这里则被赋予了新的时代内容。

“伟哉其自忏之书，心声之洋溢者也”、“荡涤秽恶，俾众清明，容性解之竺生，以起人之内曜”，可见“白心”是“破黮暗”之“内曜”与“离伪诈”之“心声”的前提，而“内曜”的说法与“虚室生白”很相似。“倘其朴素之民，厥心纯白，则劳作终岁，必求一扬其精神”[②]，这里的“朴素之民”不是鲁迅后来批判的“愚民”，而是一种理想的民众，只有“厥心纯白”，才能起内曜、发心声。鲁迅当时所期望的砥柱中流的人物则是“不和众嚣，独具我见之士”——“古今之所贵所望，在有不和众嚣，独具我见之士，洞瞩幽隐，评骘文明，弗与妄惑者同其是非，惟向所信是诣，举世誉之而不加劝，举世毁之而不加沮，有从者则任其来，假其投以笑傌，使之孤立于世，亦无慑也。而庶几烛幽暗以天光，发国人之内曜，人各有己，不随风波，而中国亦以立”[③]。“举世誉之而不加劝，举世毁之而不加沮”正是庄子的话，荣辱不存于心而泠然独行，鲁迅所期望的这种独具个性、追慕自繇的人物也当以“白心”为素地。

鲁迅对“白心”的呼唤仍出于“改变人的精神”的考虑，这自然与文艺有关联。以“白心”为前提，我们或可理解鲁迅“撄人心”的诗学旨归。田刚历数了鲁迅在“无用之用”、“白心”、“撄人心”三个方面承续庄子的观念，但没有进一步指出鲁迅何以在“无用之用”、“白心”两个方面顺承庄子，而在“撄人心”方面逆承庄子。鲁迅说：

> 老子书五千语，要在不撄人心；以不撄人心故，则必先致槁木之心，立无为之治；以无为之为化社会，而世即于太平。

---

① 郭庆藩：《庄子集释》，中华书局2004年版，第89页。

② 鲁迅：《破恶声论》，《鲁迅全集》第8卷，人民文学出版社2005年版，第32页。

③ 鲁迅：《破恶声论》，《鲁迅全集》第8卷，人民文学出版社2005年版，第27页。

鲁迅没有竭力反对这种无为之治，而是说“其术善也”，“宇宙自大，有情已去，一切虚无，宁非至净”，但这仅仅是理想，不能违逆“进化如飞矢”的事实。后又说“中国之治，理想在不撄，而意异前说”，中国“不撄”的理想之治是愚民、禁民，其目的在保存帝位，“使子孙王千万世”，这实际上是有为之治、暴力之治，与老子的“不撄人心”大不相同。老子的“不撄”之说实出于《庄子·在宥》中老聃的话：“女慎无撄人心……天下脊脊大乱，罪在撄人心……故曰‘绝圣弃知而天下大治’。”“绝圣弃知”也就是要“忘心”，老子所说的“无撄人心”的“人心”其实是“澄明之心”、“纯白之心”。但中国两千多年帝制的理想全不在此，于是鲁迅针对“不撄之治”提出了诗歌撄人之说：

> 诗人者，撄人心者也。
>
> 诗人为之语，则握拨一弹，心弦立应，其声澈于灵府，令有情皆举其首，如睹晓日，益为之美伟强力高尚发扬，而污浊之平和，以之将破。

中国“无邪”的诗教无疑是这“污浊之平和”的“护法”，“强以无邪，即非人志。许自繇于鞭策之下，殆此事乎？”①“撄人心”要破除的是这限制人自由的诗教和“污浊之平和”，而能完成这一使命的断不是从中谋利以自肥的鄙狭之士，而是“刚健不挠，抱诚守真”的摩罗诗人。鲁迅的诗歌撄人说实以不撄人的“澄明之心”为前提，这也就是“不用之用”的文学观。“不用”在于“澄明之心”的无所用心，“用”则在于唯有秉此“澄明之心”的人才能发出至诚的伟美之声。庄子的“澄明之心”意在逍遥、养生，其志在任性之自然；鲁迅的“白心”则意在张扬个性、追求自由，其志在救世于隳颓。庄子的“澄明之心”与鲁迅的“白心”虽然志向不同，但在精神的根柢处是相通的。明乎此，才能理解鲁迅的诗歌撄人说并不是对庄子“不撄说”的反拨，其对庄子“不撄人心”的美学观念仍有一种潜在的继承。

---

① 本段所引鲁迅语均见《摩罗诗力说》，《鲁迅全集》第1卷，人民文学出版社2005年版。

钱理群认为，早期对文学的思考对于终生作为文学家存在的鲁迅来说具有起点和原点的意义。① 由此可推见，鲁迅此期提出的“白心”、“心声”、“撄人心”等概念也具有原点的意义，这确乎是事实。“白心”、“撄人心”等文艺观念关乎文学的性质与功能，与“不用之用”一样，贯穿着鲁迅文学实践的过程。“白心”的说法后来很少提，而代之以“赤子之心”、“诚心”、“真心”等，“撄人心”是“真心”流露的心声的自然功能，鲁迅后来没有刻意强调此点，而他的文学实践以及对文学新人的推介和对国外文艺作品的翻译、介绍则彰明了他这种一贯的主张。

20世纪20年代初，鲁迅译介爱罗先珂等人的童话作品，常以“童心”、“赤子之心”等加以评价：

> 我所展开他来的是童心的，美的，然而有真实性的梦。②
>
> 我掩卷之后，深感谢人类中有这样的不失赤子之心的人与著作。③
>
> 那是诗人的童话集，含着美的感情与纯朴的心。④

鲁迅这样的评价不只是因为童话是适合孩童看的书，童话的作者也需具备童真的心灵，主要的是这“童心”、“赤子之心”更能深刻地承担人类之爱。就在“我所展开他来的是童心的，美的，然而有真实性的梦”一句之前，鲁迅说：“我觉得作者要叫彻人间的是无所不爱，然而不得所爱的悲哀。”后来在所译荷兰作家望·蔼覃的长篇童话诗《小约翰》的“引言”中也说：

> 我有些怕，倘不甚留心于生物界现象的，会因此减少若干兴趣。但我预觉也有人爱，只要不失赤子之心，而感到什么地方有着“人性和他们的

---

① 钱理群：《与鲁迅相遇》，生活·读书·新知三联书店2002年版，第73页。

② 鲁迅：《〈爱罗先珂童话集〉序》，《鲁迅全集》第10卷，人民文学出版社2005年版，第214页。

③ 鲁迅：《〈狭的笼〉译者附记》，《鲁迅全集》第10卷，人民文学出版社2005年版，第218页。

④ 鲁迅：《〈池边〉译者附记》，《鲁迅全集》第10卷，人民文学出版社2005年版，第220页。

悲痛之所在的大都市”的人们。[①]

鲁迅这些评价的注意力不在天真的孩童身上，因为天真是孩童之本然，成人而具有纯真的心灵就难能可贵了，其可贵之处即在于经历了作为人的辛酸之后，仍能以纯真的心体察世界，这样的“心”发出的才会是唯美至诚的声音。

“不失赤子之心”的说法显然来自孟子，但鲁迅这里的“赤子之心”并未在孟子的立场上使用。“大人者，不失其赤子之心考也”（《孟子·离娄下》），朱熹注曰：

大人之所以为大人，正以其不为物诱，而有以全其纯一无伪之本然。是以扩而充之，则无所不知，无所不能，而极其大也。[②]

“大人”而保有赤子之心全在于其“不为物诱”、“全其纯一无伪之本然”的修养功夫，是有为而得。庄子中也有“大人”之说：

是故生无爵，死无谥，实不聚，名不立，此之谓大人。

此“大人”的境界是顺应自然之性、无为而致。相应于孟子的“赤子”，庄子则有“婴儿”之说，钱穆说：

孟子言心，以赤子喻。庄子亦言“彼且为婴儿，亦与之为婴儿”，则庄周之意，故不以婴儿为贵。……庄子之养心，正贵能达于无心，而不可与谋。[③]

孟子的“赤子之心”仍然是道德境界的表征，庄子言“婴儿”，意不

---

① 鲁迅：《〈小约翰〉引言》，《鲁迅全集》第10卷，人民文学出版社2005年版，第282页。

② 朱熹：《四书章句集注》，中华书局1983年版，第292页。

③ 钱穆：《比论孟庄两家论人生修养》，见《主老通辨》，生活·读书·新知三联书店2005年版，第290页。

在“婴儿”，而在于婴儿“无心”的自然，这也是向艺术境界进展的路标。鲁迅的“童心”、“赤子之心”等不是道德境界的象征，虽然它们承载了人类之爱，但其基质却是能自然流露胸臆的文艺之“心”。所以鲁迅“赤子之心”的语源来自孟子，而在精神上接续的却是庄子。

不仅是童话，其他好的文艺作品鲁迅也都认为是“真心”、“诚心”之作：“呼唤血和火的，咏叹酒和女人的，赏味幽林和秋月的，都要真的神往的心，否则一样是空洞”[①]，“文艺家至少是须有直抒己见的诚心和勇气的，倘不肯吐露本心，就更谈不到什么意识”[②]。他后来谈作文秘诀时也说“有真意，去粉饰，少做作，勿卖弄而已”[③]，其实四个句都在说一个意思——真。“真心”发真声，对“真”的强调有时可以使鲁迅忽略作品形式上的粗糙：“诗的好歹，意思的深浅，姑且勿论；但我说，这是血的蒸气，醒过来的人的真声音。”[④]

---

① 鲁迅：《〈十二个〉后记》，《鲁迅全集》第7卷，人民文学出版社2005年版，第312页。

② 鲁迅：《叶永蓁作〈小小十年〉小引》，《鲁迅全集》第4卷，人民文学出版社2005年版，第151页。

③ 鲁迅：《作文秘诀》，《鲁迅全集》第4卷，人民文学出版社2005年版，第631页。

④ 鲁迅：《随感录四十》，《鲁迅全集》第1卷，人民文学出版社2005年版，第338页。

第三章

庄子与郭沫若的浪漫主义美学

如果说鲁迅是“冷峻的现实主义美学”[1] 的话，那么郭沫若的美学就是热情奔放的浪漫主义美学。同鲁迅一样，郭沫若也不致力于美学研究，然而他的文学创作、他的关于文艺的论说却凝结成现代美学史上独具特色的美学思想。近来魏红珊的《郭沫若美学思想研究》一书对郭沫若的美学思想作了一次比较全面的考察。与习见的“浪漫主义”的界定不同，魏著将郭沫若的文艺美学思想称为“泛表现主义的文艺观”：“20 年代，浪漫主义和表现主义在郭沫若那里，实际上以‘表现’为核心互相交叉并融合，形成一种泛表现主义的文艺观。”[2] 这种表述显然更为学理化。然而相对于这种稍具“陌生化”效果的学理性表述，我更愿意用“浪漫主义”这一称谓来描述郭沫若的美学风貌。由于历史原因，“现实主义”、“浪漫主义”的二元并立，长期雄踞中国文学的评坛，以它们作为评价标准难以避免简单、武断的情况发生，不过有时也的确可以省却文字的繁难。因为它们虽非中国的土产，但中国评坛对它们的运用已然将之“中国化”了，用以描述中国的文艺问题往往可以切中肯綮。郭沫若作品中狂放的热情、葱茏的想象力、新颖的形式等都是中国式浪漫主义的鲜明注脚。用“浪漫主义”来指称郭沫若并不是拒绝对其美学思想进行细致的研究，而是意在突出郭沫若在中国现代美学史上区别于鲁迅“现实主义”的另一重要维度。

郭沫若与庄子也有深刻的联系。与鲁迅不同，郭沫若很少对庄子进行否定性评价，多次明言他喜欢庄子，受到了庄子的影响。鲁、郭二人对待庄子的不同态度固然与他们性格禀赋、人生阅历、文学观念以及对社会问题的见解等方面的差异有关，但从他们对庄子的顺承这一层面来讲，也可以说明《庄子》这一古典文学、美学资源在现代文化场域具有被多重阐发的可能，《庄子》这一人类历史轴心期的文本具有巨大的辐射后世的文化能量。在冷峻的鲁迅那里，庄子常被作为丑角加以贬抑，而实际上，鲁迅对庄子的文学、美学精神仍有潜在的继承；在热情的郭沫若这里，“眼极冷，心肠极热”（胡文英《庄子独见·庄子论略》）的庄子的热情被挖掘了出来，与郭沫若的浪漫气质相契合，幻化出中国现代文学、美学史上与

---

① 陈文忠语，见陈文忠《美学领域中的中国学人》第四章标题，安徽教育出版社 2001 年版。

② 魏红珊：《郭沫若美学思想研究》，巴蜀书社 2005 年版，第 144 页。

“冷峻的现实主义”相呼应的另一大文化景观。

第一节　新时期关于“郭沫若与庄子”文艺关系的研究

郭沫若与庄子的亲密接触是不争的事实，郭沫若的研究者们自然不免时而提及庄子，而郭沫若与庄子的关系受到关注还是在郭去世以后。从1978年到现在，有关郭沫若的文学、文艺思想、美学、文化等方面的研究都有涉及郭与庄的关系，所涉及的重点主要集中在泛神论、文艺的非功利观以及文艺的“自然流露”说等。近30年来，虽然历经研究方式、言说话语的变革，但研究的焦点并没有发生显著的变化。下面我们就从这几个焦点切入，来检视一下郭沫若与庄子关系的研究概况。

一、“泛神论”与庄子关系的研究

有关郭沫若“泛神论”思想的研究很早就开始了，但泛神论与庄子的关系在1978年之前并未受到重视。陈永志发表于1979年的《郭沫若的泛神论思想》[①]对此前的研究作了一下梳理，指出以前的研究“注意力主要集中在解决‘泛神论对诗人有什么影响’这个问题”，而忽视了对郭沫若的“泛神论”正本清源的工作。陈文以此为出发点展开研究，认为郭沫若的“泛神论”吸收了“以布鲁诺、斯宾诺莎为代表的西欧泛神论哲学”、“我国的哲学思想”、“古印度《奥义书》的哲学思想”，“这三方面的来源，经过郭沫若独特的混合、结合，形成了他自己的泛神论思想”。“我国的哲学思想”当然包括庄子的思想，“‘无我’这个概念是郭沫若从庄子那里借来的，在他自己的独特的理解中，却把《奥义书》、王阳明的主观唯心主义认识论也包括进去了。不仅如此，在郭沫若的独特的理解中，还同时包含着斯宾诺莎的思想”。陈文是1978年后最早明确论到“泛神论”与

---

① 陈永志：《郭沫若的泛神论思想》，《文学评论》编辑部编《文学评论丛刊》第2辑，中国社会科学出版社1979年版。

庄子关系的文章，没有把庄子在郭沫若“泛神论”中的地位夸大，论断十分公允。其中虽然夹杂一些“唯物”、“唯心”的价值判断，但如果撇开这些雾障，陈文中的见解即在今天看来也不逊色。后来顾圣皓的《郭沫若与庄子》[1] 没有沿着郭沫若“庄子是泛神论者”的思路走，而是认为要了解郭沫若的这一论说首先要明确“庄子不是泛神论者”。他将庄子的思想与斯宾诺莎所代表的西方泛神论思想加以对照来证明二者的不可混一，继而说“在郭沫若的早期著作中，泛神论是一个很宽泛的概念。它实际上是郭沫若吸取了西方泛神论和中国的类似泛神论的思想因素，而形成的一个概念”。“中国的类似泛神论的思想”主要是指庄子思想。这种观点否认了庄子思想与西方“泛神论”的对应关系，指出庄子思想是郭沫若“宽泛的”泛神论的一个重要来源，与陈永志亦是同调。

然而，陈永志等这种比较公允的意见并没有得到广泛认同。陈永志之后，李保均紧接着提出了异议。[2] 他不满意那些认为郭沫若的“泛神论”思想是“舶来品”的论调，即使是陈永志的观点，在他看来也没有脱此窠臼。李文的题目是“郭沫若泛神论思想探源”，他推论郭沫若的“泛神论”思想之源在庄子处，“郭沫若早在接触外来的泛神论思想之前，就接受了泛神思想的影响，对他影响最大的就是庄子”，“郭沫若爱的是《庄子》本身固有的泛神论。他的泛神论思想正是从这里发的蒙”。这一观点基本上奠定了20世纪80年代“泛神论”与庄子关系论的基调。如蔡震说“泛神论的倾向首先来自我国古典哲学，来自庄子思想”[3]，李向阳认为“郭沫若的泛神论思想是植根于庄子道家思想的东方泛神论思想”[4]，区鉷则从郭沫若借鉴外国文学过程中的“本土意识”入手，认为《庄子》是惠特曼的泛神论思想影响郭沫若的中介，称“《庄子》是郭沫若泛神论思想的根”，惠

---

① 顾圣皓：《郭沫若与庄子》，见曲阜师范学院《齐鲁学刊》编辑部编《沫若研究》(第2辑)，1983年版。

② 李保均：《郭沫若泛神论思想探源》，见四川人民出版社编辑《郭沫若研究论集》，四川人民出版社1980年版。

③ 蔡震：《郭沫若前期文艺思想与我国文化传统的关系》，郭沫若研究学会编《郭沫若研究》第2辑，文化艺术出版社1986年版。(本节下引蔡震语皆出自该文)

④ 李向阳：《郭沫若与庄子的思想渊源关系》，《郭沫若学刊》1988年第1期。(本节下引李向阳语皆出自该文)

特曼的《草叶集》“为它的开花结果提供了丰富的养分”。[①]

与这种急切地在传统中寻求与西方对应的话语资源的民族主义倾向不同，20世纪90年代及其后的研究者能够较为冷静地看待泛神论与庄子的关系，于陈永志的观点来说，呈示出一种更高层次的“回归”。税海模认为，“留日期间他（按指郭沫若）对庄子的重新发现，则在‘与道冥合’的传统命题中，升华出张扬自我的‘我即是神’的现代意识来”[②]。“升华”一词的态度仍显暧昧，但在传统与现代的张力中凸显了现代维度，一定程度上截断了泛神论与庄子的直接对应关系。张顺发说，“他的‘我即是神，一切自然都是自我的表现’，显然突破了庄子把道作为万物本体思想的束囿，真实地体现了他高扬自我主观精神的彻底地不妥协地反抗压抑和摧残人性的民主主义思想”[③]。“突破”一词昭示出郭沫若的“泛神论”与庄子思想的不同。与张的观点相似而实有不同，吴定宇则直言郭沫若“建立了自己的泛神论”，“他为自己发现了泛神论这个‘八面玲珑的形而上的庄严世界’而兴奋了很长的时间，而庄子所阐释的‘道’，则一直被他当作这个‘庄严世界’之源”。[④] 吴定宇的这种处理方式使他清楚地看到“泛神论”在郭沫若这里既不同于西方泛神论，也与庄子的思想有别，而是郭沫若自己的泛神论。他没有否认西方泛神论与庄子的关系，但是强调二者是在郭沫若理解的层次上得到了融合，在郭沫若之外，它们的关系则未能确定。到吴定宇这里，可以说他已经完成了对陈永志观点的超越性回归，这种公允的论断至今未受到挑战，俨然已成定论。

伍世昭关于泛神论与庄子关系问题的论说与吴定宇等没有根本的差别，只是考察得更加细致。“由‘泛神论’到‘惟自我论’，郭沫若所借助的首先还是庄子道家学说、王阳明‘心学’和印度古代哲学”，但是“郭沫若所言‘一切自然都是自我的表现’却非来自于中国道家和印度古

---

① 区铁：《庄子：惠特曼对郭沫若的影响中介——兼论借鉴外国文学过程中的本土意识》，《外国文学评论》1988年第2期。

② 税海模：《郭沫若与道家文化》，《贵州社会科学》1992年第6期。

③ 张顺发：《庄子与郭沫若》，《郭沫若学刊》1997年第1期。（本节下引张顺发语皆出自该文）

④ 吴定宇：《自然与逍遥——郭沫若与道家文化》，《郭沫若学刊》1998年第2期。（本节下引吴定宇语皆出自该文）

代哲学”，而是与王阳明的“心学”有很大关系。因为“道”或“梵”“超越感觉，不可言说”，而王阳明的“良知”或“天理”则“本身就是精神主体先天就具备的东西”。① 这种细致的阐释无疑将“泛神论”与庄子关系的研究推向了深入，但阐释者这种细致入微的探究也存在着过度阐释的危险。

有关泛神论与庄子关系的争论已如上述。虽然我们不能说泛神论与庄子存在着必然的联系，但是在20世纪一二十年代的郭沫若身上，二者的确达成了默契。庄子以“泛神论”的名义获得了现代生命，同时庄子亦成为郭沫若进行文学创作和文艺思想建设的一个不可或缺的文化要素。

二、文艺非功利观与庄子关系的研究

郭沫若曾非常欣赏《庄子》中“梓庆削木为鐻”的故事，认为“可以道尽一切艺术的精神”，后又说“这没功利心便是艺术的精神”。② 有了这层因缘，论者也纷纷对郭沫若的非功利文艺观与庄子的关系大加阐说。由于郭沫若文艺的非功利观与文艺的功利观不可或离，因而研究者往往将二者放在一起考察，这种比较能够让我们更为清晰地看到庄子在郭沫若文艺思想中的地位。

周涤尘较早地全面论述了郭沫若的文艺功利观与老庄的关系，他在肯定学界关于郭沫若承袭西方哲学美学思想的研究成果的基础上，着重探讨了郭前期艺术功利观与老庄哲学、美学思想的渊源关系：“汲取庄子养生之道中恬淡无为、静一不变的净化观点，主张去掉私欲私念，实现创作中的清虚如静、巧思专一”；“汲取庄子‘本体论’思想，主张去掉私欲私念，实现创作中的‘物我合一’、出神入化”；“汲取道家无为无不为、无

---

① 伍世昭、李江山：《中西文化互释中的郭沫若早期诗学》，《文艺研究》2003年第3期。（本节下引伍世昭语皆出自该文）

② 郭沫若：《生活的艺术化——在上海美术专门学校讲》，《郭沫若全集（文学编）》第15卷，人民文学出版社1990年版，第211页。（郭沫若1925年4月3日在上海美术专门学校的讲演，最初发表于1925年5月20日上海《时事新报·艺术》第98期）

我即有我的辩证法思想，强调文艺的无功利动机可能转为有功利的效果”。[1] 前两点着眼于庄子对郭沫若非功利观的影响，最后一点则从道家的“无不为”里找到了郭沫若不废功利的思想渊源。

因为有“梓庆削木为鐻”的铁证，研究者在非功利上沟通郭沫若与庄子并不费力，上述周文已是一说。蔡震没有专门讨论这个问题，而他的一句话也能代表一种观点：“他（按指郭沫若）关于作家创作时不能带功利目的的看法，其实就是庄子‘天地与我并生，万物与我为一’思想的发挥改制”。李振声把老庄与康德放在一起来讨论其对郭沫若非功利观的启发：“由老庄对充满事功精神和经世志趣的儒家的严厉批判而倡导的摒弃一切人类的功利目的、返归自然无为的思想，与康德抽离去全部经验性的功利内容道德观，加以融会，使之泅缊衍化在自己的艺术观中，早期郭沫若就提出了对艺术功利问题的这样一种意见：‘艺术的精神就是这没功利性，我们已经明白了。’”[2] 张顺发说：“郭沫若的艺术没功利心的思想有着庄子厌世思想的印迹，他的艺术观也因此而染上浅淡的消极浪漫主义和唯美主义的色彩。”伍世昭也是在中西资源的结合中论郭沫若的非功利观，然而他的说法却比较新巧。他认为郭沫若的“无目的”话语来自西方康德等人，“这一话语成了郭沫若手中的一盏灯，他用这盏灯照亮了传统，回到了他所熟知的传统。他不是直接从中国传统文论‘审美之维’中去提炼与西方相近的诗学话语。他回到了老庄道家哲学，在老庄哲学与西方美学的比照参证中，去思考艺术‘无目的’问题”。“照亮”一词颇能显出论者的用心，其意在表明西方话语资源的东渐激活了郭沫若身上的传统文化要素，西方文化的输入给中国文化带来了新的活力。这种说法，比笼统地将庄子与康德等的影响合在一起注入郭沫若文艺观中的论法要新颖许多。

说到郭沫若的非功利观，就不能不联系他的功利观，二者的矛盾（抑或是辩证）也是见仁见智。周涤尘从道家“无为无不为”的信条中找到了郭沫若非功利与功利之辩证关系的根源，李振声却从“无为无不为”中看到了非功利与功利的“断裂”：“郭沫若早期艺术功利观由非功利向有功利

① 周涤尘：《郭沫若前期艺术功利观与老庄思想》，《湖南师院学报》（哲学社会科学版）1984 年第 6 期。

② 李振声：《郭沫若早期艺术功利观与既成哲学》，郭沫若研究学会编《郭沫若研究》第 4 辑，文化艺术出版社 1988 年版。

引渡过程中的逻辑断裂与康德道德观、老庄天道‘无为无不为’思想的逻辑断裂之间”存在着“对应关系”。张顺发虽然认为郭沫若文艺的非功利观有承自庄子厌世思想的一面，但又认为郭沫若“深沉而真挚的爱国主义的‘最高精神’，以及‘诗的创造是要创造“人”’的‘利世救人’的思想，使他从庄子自然无为的思想中主要吸取了自由创造的精神，把艺术技巧与自然的奥妙融会贯通”。这是在庄子自身的非功利观中找到的“功利”因素。更多论者从儒道两家的对应中来解释郭沫若功利与非功利的关系。税海模说：“郭沫若的前期文艺思想是从庄子美学吸取其超功利性，尊重文艺的内部规律；同时又从孔子美学中适当借鉴其诗教理论，从而形成其以道为主，以儒补道的文艺观。”① 吴定宇认为郭沫若文艺功利观存在着“两重性”，他见出的儒、道在郭沫若身上的体现不是“互补”而是“冲突”：“郭沫若在这一问题上的所表现出的两重性，正好反映出他文化心理上道家的‘道法自然’和‘无为无不为’思想与儒家‘内圣外王’、‘经世致用’思想的激烈冲突。”伍世昭也是着重儒“补”道的一面，认为“郭沫若以人格为中介连接无目的与功利性的直接来源，则是以孔子为代表的儒家思想资源”。

以上纷纭的论说没有局限于“梓庆削木为鐻”的故事，而是尽力从更为深广的层面探究庄子对郭沫若的影响，庄子自身所包蕴的非功利美学思想也经得起这种深入考究。研究者在郭沫若文艺功利观中所见出的郭对中外文化资源兼收并蓄的状况也昭示着庄子参与现代文化建设的复杂情势。我们欣赏伍世昭的“照亮”说，并不意味着默认庄子在中西文化交流中的被动地位，实际上，庄子自身的文化要素在现代文化中依然具有组建功能。

三、“自然流露”说与庄子关系的研究

郭沫若在给宗白华的信中说：

---

① 税海模：《试论郭沫若文化心理结构中的儒道积淀》，《郭沫若学刊》1988 年第 1 期。

我自己对于诗的直觉，总觉得以“自然流露”的为上乘，若是出以“矫揉造作”，只不过是些园艺盆栽，只好供诸富贵人赏玩了。[①]

郭沫若的这一自白显然与华兹华斯遥相呼应：“一切好诗都是强烈情感的自然流露。”[②] 从郭沫若对歌德、雪莱等西方浪漫主义作家的谙熟上来看，他认同华兹华斯的这一说法自在情理之中，并且他的创作也毫无疑问地直接受到了歌德等人的影响。研究者在注意到郭沫若所受西方影响的同时也没有忽视他对中国固有文化的承续，许多论者便从庄子那里找到了“自然流露”说的中国源头。

谷辅林说：“庄子的‘由内而外’的无拘无束的奔放思想，对郭沫若形成‘自然流露’说有着密切的内在联系。”[③] 李向阳认为：“郭沫若接受、继承、发扬了庄子标榜自然美，反对人为造作的观点。他在构建自己的诗歌美学思想时，强调‘诗的创造贵在自然流露’，‘诗不是“做”出来的，只是“写”出来的’，这个‘写’字强调的也是顺任自然。”税海模虽然没有直接引用郭沫若的“自然流露”说，但他所说“情感的自由表现”与“自然流露”并无差异，郭沫若在“情感的自由表现上”对道家的继承，在于道家“主张‘任其性命之情’，强调‘人的自然化’，认为人必须突破社会性束缚，使其自然性不受污染，才能成为与宇宙同构的真正的人”[④]。吴定宇则认为郭沫若的“自然流露”说“是对艺术功利性的否定”，将“自然流露”与“老、庄‘道’的观念和‘无为说’”联系起来。也有论者从文学的表现方面寻求郭沫若与庄子在“自然流露”上的一致，如杨胜宽指出“庄子的哲学思想，经由郭沫若的积极诠释和阐发，具有了代表民族精神和顺应时代潮流的再生意义，而《庄子》放浪纵恣、仪态万方的烂漫文风，直接成为他追求写真诗、好诗的理想范式，重激情、重直感、重自然，成为其新诗代表作《女神》的基本特色，都是郭沫若爱

① 田汉、宗白华、郭沫若：《三叶集》，见《郭沫若全集（文学编）》第 15 卷，人民文学出版社 1990 年版，第 47 页。

② 伍蠡甫、胡经之主编：《西方文艺理论名著选编》（中），北京大学出版社 1986 年版，第 43 页。

③ 谷辅林：《郭沫若前期思想及创作》，山东人民出版社 1983 版，第 63 页。

④ 税海模：《郭沫若与道家文化》，《贵州社会科学》1992 年第 5 期。

好庄子思想和《庄子》文风的证明”[①]；张顺发说，“郭沫若和庄子在艺术上都重神轻形，把精神当作形式的支配物，认为文学的艺术形式只要自然流露人的精神，便与精神和谐统一”。与吴定宇相似，他也把“自然流露”与“非功利”联系起来，“由此出发，他们（按指郭沫若与庄子）反对作家创作时的矫揉造作及主观功利思想”。

上述论者都找到了郭沫若与庄子在“自然流露”方面的关系，但是他们所发现的二者的相契点却不尽相同，一方面，这固然与他们在理解庄子上的差异有关，另一方面恰也说明庄子的“自然”精神浸润了他的全身，无论我们从哪一点考察庄子，几乎都能获得其“自然”的因子。需要说明的是，虽然郭沫若的非功利观与“自然流露”说确实存在着密切联系，然而细分起来，二者仍有差别。“非功利”主要是创作者对待文艺创作的心态，“自然流露”则注重艺术的传达过程，前者静，后者动，并不能全然对等，这是研究者在论述中不应忽略的。

四、其他的相关研究

有关郭沫若与庄子关系的研究当然不限于以上三个方面，“浪漫主义”也是研究者沟通郭沫若与庄子的至关重要的渠道。李向阳认为，“郭沫若的浪漫主义，溯本求源也是出于庄子”，“庄子借助离奇古怪的神话、寓言喻理，幻想奇特，文笔神妙所形成的浪漫主义特征对郭沫若发生了深刻的影响”。吴定宇也认为，“庄子的浪漫精神所追求的是人格的尊严、个性的发展、感情的放任、精神的自由和永恒，这些都在郭沫若的浪漫主义文艺思想中得以充分体现”。类似的说法还很多，无需一一列举。本文之所以没有将“浪漫主义”单独列出整理，就是因为“浪漫主义”在长期的使用中被泛化了，失去了应有的评价准的。如果以习称的“浪漫主义”来分门别类，上述泛神论、“自然流露”说都可以归于其门下。“浪漫主义”这种夸张的普适性有时恰能显露出其所执行的评价尺度的虚妄。

另外，蔡震还从郭沫若这里找到了与庄子“虚静”说相连接的地方：“‘我想诗人底心境譬如一湾清澄的海水，没有风的时候，便静止着如象一

---

① 杨胜宽：《郭沫若对庄子的认识与批判》，《郭沫若学刊》1993 年第 3 期。

张明镜……' 郭沫若在上面所描述的情形同庄子'虚静'的观点极为相似。庄子认为圣人要能故静，这种静是'万物无足以铙心者'。"税海模在庄子这里找到了郭沫若"创造"的源头："在庄子道家看来，本体'道'生天生地，创造万物，同样，与'道'合一的诗人也应该是与造化同工的'创造者'"，郭沫若也吸收了这种"创造"精神，"主张艺术家'应该做自然的老子'，'赋予自然以生命，使自然再生'"，甚至他办的杂志、报纸也多以"创造"命名。税海模还认为庄子对郭沫若的影响表现在"审美对象的扩大"及"对天然之美的推崇"上。[①] 还有的论述涉及从郭沫若与庄子所处时代的相似处求其精神的相通处、郭沫若对庄子的史学钩稽等方面，已经不是专在文艺范围内讨论问题了。郭沫若的历史小说也颇受关注，有一篇《鹓雏》（后改名为《漆园吏游梁》）是写庄子的，其对庄子的描写有讽刺意味。但从郭沫若自述的写作目的——"对于现实的讽喻"[②]来看，他无意于刻薄庄子本人，这是研究者应该注意的一种倾向。

以上所述，非功利、自然、虚静等观念俱是庄子美学精神的直接体现，泛神论是郭沫若赋予庄子的时尚观念，浪漫主义则是研究者以阐释之眼从庄子和郭沫若那里抽绎出的文学、美学方面的共同特征。这些研究大都集中在郭沫若从事文艺活动的早期，即20世纪10年代末到20年代中期这一阶段。这一时期是郭沫若文学创作的丰收期，《女神》更是树起了后来者难以企及的高标。在这之后，郭沫若参加北伐、流亡日本、主政第三厅等活动，这使他"失掉了'写作的马达'"[③]，高倡文艺的宣传作用：

---

① 税海模：《郭沫若与道家文化》，《贵州社会科学》1992年第6期。

② 郭沫若：《从典型说起——〈豕蹄〉的序文》，《郭沫若全集（文学编）》第16卷，人民文学出版社1989年版，第196页。（此篇系为1936年10月上海不二书店出版的作者所著历史小说集《豕蹄》写的序文，同时发表于上海《质文》月刊第2卷第1期）

③ 郭沫若：《〈盲肠炎〉题记》，《郭沫若全集（文学编）》第18卷，人民文学出版社1992年版，第6页。（最初发表于1947年6月上海《创世纪》月刊创刊号）

“文艺的本质就是宣传”①，“文艺不仅要政治的，而且要比政治还要政治的”② 等等。所以早期的郭沫若实是现代文学中郭沫若的代表，庄子恰与这一时期的郭沫若联系最为紧密。但也不能因而忽视郭沫若早期以后的言论，他后来的确因时局的需要说了许多“武断”的话，而他早期倾慕的那些艺术思想并没有完全离开他的大脑，在他后来的艺术话语中仍不断浮现，这也恰说明了艺术之穿透时空的生命力。

需要特别说明的是，郭沫若在中国美学现代建构的过程中开辟出了一块王国维、鲁迅都未曾着意的领域，即有意识地将庄子与现代文艺联系起来。前面两章，我们讨论了庄子的美学精神在王国维、鲁迅身上的延续，但这种延续仅是庄子美学精神在现代的“潜运”。郭沫若以泛神论称述庄子，把庄子的“没功利心”称为“艺术的精神”，并将这些认识融汇到文学创作中，他实际上把庄子美学这股潜流引出了地表。尽管在今天看来，郭沫若对庄子美学的认识未必真切，但不能抹杀郭沫若在那个时代以实际的阐释给古老的庄子带来的新生机。也许正是郭沫若那浪漫的诗人气质使他撇开历史的重负，以蓬勃的气势给庄子灌进了新的时代气息。从这个意义上讲，郭沫若实是开风气之先的人物。

如果我们在“庄子与中国美学的现代建构”这个大视野下来看问题，有关“郭沫若与庄子”的既往研究就不免有散漫之嫌。或许，我们应该在郭沫若以新的时代语言对庄子进行阐释的过程中，探察庄子切入现代文艺、美学思想的路径，注重郭沫若对庄子思想的“新”开拓。鉴于此，我们宜从以下几方面考虑问题：郭沫若对庄子的新开拓“新”在哪里？这种新开拓在郭沫若的文艺思想中有何表现？如何看待郭沫若对庄子的新开拓？回答这些问题，我们免不了要把有关泛神论、非功利观的话题重说一遍，而以一种新的视角观察问题或许能使我们有一些异样的发现。另外，文艺的自然流露说与庄子的渊源关系依然属于庄子美学的潜在生发，在考察这种潜在生发的时候，我们的注意力放在郭沫若对“自然流露”说的阐

① 郭沫若：《文艺与宣传——为庆祝“中华全国文艺界抗敌协会”的成立》，《郭沫若全集（文学编）》第18卷，人民文学出版社1992年版，第249页。（最初发表于1938年3月27日重庆《大公报》）

② 郭沫若：《文艺工作展望》，《郭沫若全集（文学编）》第20卷，人民文学出版社1992年版，第56页。（最初发表于1946年9月上海《群众》周刊第12卷第9期）

释与运用上或许能更好地将庄子自然观的美学意味移植到现代语境中来。

第二节　郭沫若对庄子美学的新开拓

一、泛神论与庄子美学的新识度

通过前述“泛神论与庄子”关系研究的梳理，我们可以肯定“郭沫若建立了自己的泛神论”之说，也就是说郭沫若的泛神论与西方的泛神论并不完全一样。之所以不一样，是因为郭沫若在吸收西方泛神论的时候糅合了中国哲学和印度哲学中与泛神论相似的元素，对西方以斯宾诺莎为代表的泛神论进行了“本土化”改装。在这一改装的过程中，庄子起了非常重要的作用。这不仅表现在郭沫若《〈少年维特之烦恼〉序引》对“泛神论”的经典表述中有直接来源于《庄子·齐物论》的“等齐生死”的话，[①] 更主要的表现在郭沫若经常谈及庄子是泛神论者，如《三个泛神论者》一诗中就把庄子与斯宾诺莎、加皮尔并称为泛神论者[②]，后来还不止

① 泛神便是无神。一切的自然只是神的表现，自我也只是神底表现。我即是神，一切自然都是自我的表现。人到无我的时候，与神合体，超绝时空，而等齐生死。人到一有我见的时候，只看见宇宙万汇和自我之外相，变灭无常而生生死存亡的悲感。万物必生必死，生不能自持，死亦不能自阻，所以只见得“天与地与在他们周围生动着的力，除是一个永远贪婪、永远反刍的怪物而外，不见有别的”。此力即是创生万汇的本源，即是宇宙意志，即是物自体（Ding an sich）。能与此力瞑合时，则只见其生而不见其死，只见其常而不见其变。体之周遭，随处都是乐园，随时都是天国，永恒之乐，溢满灵台。“在‘无限’之前，在永恒的拥抱之中，我与你永在。”人之究竟，惟求此永恒之乐耳。欲求此永恒之乐，则先在忘我。忘我之方，歌德不求之于静，而求之于动。以狮子搏兔之力，以全身全灵以谋刹那之充实，自我之扩张，以全部精神以倾倒于一切！——郭沫若《〈少年维特之烦恼〉序引》，见《郭沫若全集（文学编）》第15卷，人民文学出版社1990年版，第311～312页。（下文亦有几处涉及该段文字，不另注）

② 郭沫若：《三个泛神论者》，《郭沫若全集（文学编）》第1卷，人民文学出版社1982年版，第73页。（最初发表于1920年1月5日上海《时事新报·学灯》）

一次谈到泛神论对他理解庄子思想所起到的启发作用：

我在思想上是倾向着泛神论的，在少年时所爱读的《庄子》里面发现出了洞辟一切的光辉。[①]

和国外的泛神论思想一接近，便又把少年时分所喜欢的《庄子》再发现了。[②]

郭沫若提及泛神论是他理解庄子思想的触媒，似乎庄子只是被动地接受泛神论的阐释，事实上，这一阐释过程是双向的、交互的。泛神论的确给了庄子以新的面孔，同时庄子也以其深厚的文化积淀提供给泛神论以适合在中国生长的土壤，当然二者的交互生发都是在郭沫若的视域中完成的。关于西方泛神论在郭沫若这里发生的变化可以参看吴定宇的《论郭沫若与泛神论》[③]，本文将着重于庄子借郭沫若的泛神论所显出的新内蕴。

郭沫若对《庄子》的“再发现”以及所谓“洞辟一切的光辉”在郭沫若与泛神论的热恋期并没有明确的表述，反而在后来对庄子的“批判”中道出了这“光辉”的所在：

向这种“道”学习，和这浑沌的东西合而为一体，在他（按指庄子）看来，人生就生出意义来了。人生的苦恼、烦杂、无聊，乃至生死的境地，都可得到解脱。把一切差别相都打破，和宇宙万物成为一通，说我是牛也就是牛，说我是马也就是马，说我是神明也就是神明，说我是屎尿也就是屎尿。道就是我，因而也就什么都是我。道是无穷无际、不生不灭的，因而我也就是无穷无际、不生不灭的。未生之前已有我，既死之后也有我。你说我死了吗？我并没有死。火也烧不死我，水也淹不死我。我化成灰，我还是在。我化成为飞虫的腿，老鼠的肝脏，我还是在。这样的我

---

① 郭沫若：《我的作诗的经过》，《郭沫若全集（文学编）》第16卷，人民文学出版社1989年版，第212～213页。（最初发表于1936年11月上海《质文》月刊第2卷第2期）

② 郭沫若：《创造十年》，《郭沫若全集（文学编）》第12卷，人民文学出版社1992年版，第67页。

③ 吴定宇：《论郭沫若与泛神论》，《郭沫若学刊》2002年第3期。

是多么的自由呀，多么的长寿呀，多么的伟大呀。……一切差别相都是我的相，一切差别相都撤弃，……一切都混而为一。一切都是"道"，一切都是我。这就叫作："天地与我并生，而万物与我为一。"①

这段话是对《庄子·大宗师》"夫道，有情有信，无为无形。……在太极之上而不为高，在六极之下而不为深，先天地生而不为久，长于上古而不为老"一段的解释，间杂了《庄子》书中其他内容，如道"在屎溺"(《知北游》)、"入水不濡，入火不热"(《大宗师》)等，可说是"郭注庄子"。但从中我们也可以觉察到郭沫若掺入其中的强烈的感情色彩，与他那段"泛神便是无神"的名论加以比较，就可嗅出"庄子注郭"的味道了。郭沫若一句"向这种'道'学习"把"道"置换成了"我"，庄子对"道"的推崇在郭沫若这里就成了自我的扩张。所以，这段话可以视为郭沫若在庄子这里发现的泛神论，所谓的"光辉"也即在此。

笔者这种看法可能不能得到广泛的认同。很多论者以为郭沫若对泛神论的热衷只是在早期，后来就与泛神论疏离了，这种观点在 20 世纪 80 年代初尤为突出，如谷辅林说："从 1920 年下半年开始到 1924 年，郭沫若的泛神论思想进入了逐渐削弱和消失的阶段。"② 吴定宇近来依据对郭沫若泛神论的详细考察认为郭沫若对泛神论虽然用过"清算"、"挤掉"、"睡觉"等词，但并没有真正与泛神论"决裂"，吴言之甚详，可参看《论郭沫若与泛神论》一文。笔者这里再加上一条没有"决裂"的证据，郭沫若在 1947 年写作《闻一多做学问的态度》时，说了这样一句话："庄子的思想在我们中国古代本是一种泛神论的思想。"③ 由此可见，此时郭沫若仍然延续着早期对"庄子是泛神论者"的认定。虽然郭沫若后来不再经常提及泛神论，但泛神论作为他曾经景慕、热爱且对他的文学创作起过重要作用的

① 郭沫若：《庄子的批判》，《郭沫若全集（历史编）》第 2 卷，人民出版社 1982 年版，第 199 页。(该文写毕于 1944 年 9 月 26 日)

② 谷辅林：《郭沫若世界观中的泛神论问题》，《文学评论》编辑部编《文学评论丛刊》第 8 辑，中国社会科学出版社 1981 年版。

③ 郭沫若：《闻一多做学问的态度》，《郭沫若全集（文学编）》第 20 卷，人民文学出版社 1992 年版，第 335 页。(最初发表于 1947 年 8 月《大学》第 6 卷三、四期合刊)

哲学思想却深埋在他的精神深层，成为一种挥之不去的“情结”，在他的思想及创作中时不时有所表现。《庄子的批判》中的这一段话没有用“泛神论”贴上标签，而与他早期对泛神论的描述相比较，其中“泛神”的意味还是十分浓厚的，尤为明显的是对“我”的强调，“我”的“自由”、“伟大”及与万物为一的气度使我们似乎又看到了天狗的张狂。

扩张的自我是郭沫若赋予庄子的新意义。《庄子》中也有很多的“我”，除了作人称代词的“我”之外，还有一种富有哲学意味的“我”，如“丧我”之“我”，“天地与我并生，而万物与我为一”之“我”。“丧我”，成玄英疏曰“丧，犹忘也”[①]，“丧我”也就是忘去物我的分际，冥合物我的差别。联系下文看，“我”即是“人籁”，“丧我”达致的目标就是“天籁”，“夫吹万不同，而使其自己也，咸其自取，怒者其谁邪!”（《庄子·齐物论》）通俗一点讲，“我”代表具有好恶心知之性的人类，“丧我”即是要忘去“我”之为“我”的欲念，达到人天合一的境界。“天地与我并生，而万物与我为一”表面上是“天地”、“万物”皆为我服务，实际上则为“我”化入“天地”、同于“万物”，取消“我”作为“人”的特殊地位。郭沫若在他那段有关泛神论的名论中也提到“忘我”，但是“忘我”之方不是求于子綦的静，而求于歌德的动，“以狮子搏兔之力，以全身全灵以谋刹那之充实，自我之扩张，以全部精神以倾倒于一切”。从这个意义上说，郭沫若以泛神论对庄子的重新发现就是“动”的精神对“静”的意念的覆盖，在他那里，“天地”、“万物”都成了“我”的表象，都是为“我”服务的，“我”因而是“自由”、“伟大”的。“道家特别尊重个性，强调个人的自由到了狂放的地步”[②]，郭沫若所说的“个性”与他理解中的庄子的“我”是同一的。

郭沫若早年非常重视个性、自由，他写于1925年的《〈文艺论集〉序》中说“我从前是尊重个性，景仰自由的人”，后来看到水平线下的悲惨生活觉得主张个性、自由未免僭妄，但并没有因此否定个性、自由的重

---

① 郭庆藩：《庄子集释》，中华书局2004年版，第45页。

② 郭沫若：《庄子的批判》，《郭沫若全集（历史编）》第2卷，人民文学出版社1982年版，第206页。

要，而是要“与众乐乐”（《孟子·梁惠王下》），“争回大众人的个性与自由”。[①] 郭沫若的个性主要通过对“我”的强调来表达。郭的“我”不是沉迷于一己之天地的“小我”，而是“以全部精神以倾倒于一切”的“大我”，“我即神，一切自然都是自我的表现”的泛神论恰为“大我”的形成提供了契机。其实，郭沫若对于泛神论并不真正关心“神”是什么，他关心的是“泛”神之说对自我的一种扩张作用。他也就是在这一点上，于庄子那里发现了“洞辟一切的光辉”。庄子“道”的遍在如“神”的泛在，都能启示郭沫若将“我”上升到“可与神祇比伍”[②] 的境地，“神”、“道”、“我”合而为一了。由此，我们也可以看到，伍世昭关于“一切自然都是自我的表现”非来自中国道家而与王阳明“心学”大有渊源的说法就有些过于谨细了。

不过，伍世昭将郭沫若的“自我表现”的诗学话语建筑在郭“惟自我论”的哲学思想之上很有见地，“惟自我论”又以郭式泛神论为基础，“这种人神同一的思想使郭沫若有理由将‘自我’与神等同而抬高到与时代适应的足够的高度”。[③] 郭沫若的这种成就主要得益于对西方人文思想的吸取，但也不能不说，庄子思想中固有的与泛神论相似的因子构成了郭沫若接纳西方泛神论的“期待视界”。有的学者（如李向阳）因此认为郭沫若从庄子那里吸取了泛神论，继承了个性解放精神，这种说法多少带有民族主义的武断，但也不容否认，庄子对儒家礼仪的蔑视所启发的自然人性论在郭沫若这里的确产生了一定的历史回响。

在今天看来，郭沫若从泛神论角度对庄子作的新阐释并不十分恰当。“道”的遍在与“神”的泛在虽然在形式上有相似之处，但二者的精神却相去甚远。庄子的“道”与斯宾诺莎的“神”并不一样，庄子的“道”“有情有信，无为无形”（《庄子·大宗师》），如老子所说“惚兮恍兮”、

---

① 郭沫若：《〈文艺论集〉序》，《郭沫若全集（文学编）》第15卷，人民文学出版社1990年版，第146页。（最初发表于1925年12月16日上海《洪水》（半月刊）第1卷第7号，是为《文艺论集》初版写的序言）

② 郭沫若：《金字塔》，《郭沫若全集（文学编）》第1卷，人民文学出版社1982年版，第107页。（最初发表于1921年2月13日上海《时事新报·学灯》）

③ 伍世昭、李江山：《中西文化互释中的郭沫若早期诗学》，《文艺研究》2003年第3期。

“恍兮惚兮”、“窈兮冥兮”（《老子·二十一章》），难以确切把握；斯宾诺莎的“神”是“绝对无限的存在”，是“具有无限‘多’属性的实体”，①甚至可以通过证明得知其存在。庄子的“我”冥绝己欲，“静而与阴同德，动而与阳同波”（《庄子·天道》），任性逍遥，无宰物之志；郭沫若的“我”崇尚外张的自由，谋求自我之充实，与庄子“自适其适”（《庄子·大宗师》）的虚灵之“我”有很大距离。尽管郭沫若对庄子的阐释与《庄子》本旨并不完全一致，但我们丝毫不能忽视这种阐释的意义，因为正是融合庄子思想的郭式泛神论给郭沫若的文学创作提供了哲理基础，俾其《女神》蓬勃而出，成为中国现代新诗史上的里程碑之作。不管庄子愿不愿意，他都以泛神论的方式影响了中国现代的文艺创作，以一种不期然的方式走进了中国现代艺术哲学的苑囿。如果要探察庄子以泛神论的身份对郭沫若文学创作产生了哪些影响并非易事，在受“泛神论”影响的郭沫若的文学创作中，我们很难离析出纯属庄子的精神元素，只能大致指出郭沫若文学创作中泛神思想的表现亦包含有对庄子的现代诠释。关于此点，以前的论者已言之甚详，笔者无需重复了。

二、“艺术精神”与庄子美学的新定位

将庄子思想与艺术精神联系起来是郭沫若对庄子的另一新开拓，在中国现代史上，郭沫若恐怕是最早以“艺术精神”来言称庄子的一位。鲁迅及后来的文学批评史家如郭绍虞等虽也指出庄子思想对中国文艺发展的重要影响，但这种影响主要是庄子之源与中国文艺之流的关系，是以研究之眼探察的结果。郭沫若的“艺术精神”之谓不只是研究的结果，更主要的还是结合自己的创作、融汇时行的西方文艺思想对庄子作出的新认定。20世纪60年代，徐复观以庄子开出的思想境界为“中国艺术精神主体”，并以多种西方美学理论与庄子思想进行汇通，而郭沫若早在40年前就已着其先鞭了。郭沫若的点滴论述虽不可与徐复观严整的巨制相提并论，但郭沫若“艺术精神”的名称专利不可让予他人，而且这“艺术精神”里面确也包含了郭沫若不凡的见识。

---

① ［荷兰］斯宾诺莎著，贺麟译：《伦理学》，商务印书馆1983年版，第3页。

我们来看一下郭沫若对“艺术精神”的论述。在引述《庄子·达生》“梓庆削木为鐻”的故事后[1]，郭沫若说：

这一段文字，我以为可以道尽一切艺术的精神，而尤其重要的，便是其中的“不敢怀庆赏爵禄，不敢怀非誉巧拙，辄然忘吾有四肢形体”这几句话。这便是天才的秘密，便是艺术的生命所在的地方。

德国哲学家萧本华（Schopenhauer）说，天才即纯粹的客观性（Reine Objektivitat），所谓纯粹的客观性，便是把小我忘掉，溶合于大宇宙之中，——即是没我。——即是没有丝毫的功利心（Disintere - stedness），这没功利心便是艺术的精神。[2]

“不敢怀庆赏爵禄，不敢怀非誉巧拙，辄然忘吾有四肢形体”—天才—纯粹客观性—没我—艺术精神，像泛神论一样，郭沫若也以“艺术精神”把古今中外的艺术思想统一了起来，其中既有来自古老的庄子的艺术智慧，也有近代德国康德、叔本华的艺术理念。在我们看来，庄子“梓庆削木为鐻”故事透露出的艺术智慧与康德、叔本华的天才、纯粹客观性以及没功利心有相似之处，也有许多不一致的地方；而在郭沫若看来，它们都可以统一到“艺术精神”的名下，并无什么不同。郭沫若在做这种“统一”工作的时候已经不知不觉地完成了对庄子的新阐释。要明了“新阐释”新在何处，还需将庄子“梓庆削木为鐻”故事所呈现的艺术精神与郭沫若所援用的康德、叔本华的艺术理念稍加比较。

“梓庆削木为鐻”故事的核心是“齐（斋）以静心”。人之为人常有得失之虑，“齐以静心”就是要忘掉交战于心的患虑，回复到人的本然的

---

① 这段话郭沫若断句与郭庆藩本略有不同，特把郭沫若摘录的部分附注如下：梓庆削木为鐻，见者惊若鬼神。鲁侯见而问焉，曰：“子何术以为焉？”对曰：“臣，工人，何术之有？虽然有一焉：臣将为鐻，未尝敢以耗气也，必斋以静心。斋三日，而不敢怀庆赏爵禄。斋五日，不敢怀非誉巧拙。齐七日，辄然忘吾有四肢形体也。当是时也，无公朝。其巧专而外骨消。然后入山林，观天性。形躯至矣，然后成。见鐻，然后加手焉。不然，则已。”——《郭沫若全集（文学编）》第15卷，人民文学出版社1990年版，第210页。

② 郭沫若：《生活的艺术化——在上海美术专门学校讲》，《郭沫若全集（文学编）》第15卷，人民文学出版社1990年版，第211页。

性味。“三日”、“五日”、“七日”是不断忘记的过程，也即修养过程，至“忘吾有四枝形体”则“均于枯木”[①]，与天合一。此时才能观得天性，见得成镓。梓庆之镓之所以能让人“惊犹鬼神”即在于“以天合天”，前一个“天”是人之“天”，后一个“天”是镓之“天”，二者同归于自然。自然者，自然而然。以人性之自然顺物性之自然，与物同体，即“指与物化而不以心稽”，不以心的智识去探求外物，所得镓自然神妙。徐复观将《庄子·田子方》中“解衣般礴”的画史与梓庆相比，谓：

> 此画史之意境，与梓庆由心斋所达到的意境，实完全相合。他的儃儃然不趋，受揖不立，是他的“虚静之心”，“不敢怀庆赏爵禄”，“不敢怀非誉巧拙”，乃至“无（忘）公朝”。及其解衣般礴，裸，这是他的“辄然忘吾有四枝形体”。他在这种虚静的精神状态下，乃能“用志不分”，主客一体，这当然是一个伟大画家的精神境界。[②]

“齐以静心”通过修养功夫停止是非之心的活动，虽不是在说艺术，实通于一种艺术精神。《庄子》前文所说承蜩的佝偻丈人之“用志不分，乃凝于神”及斗鸡的“德全”皆与梓庆的“齐以静心”同意，其所达到的技艺极境也是艺术的境界。郭沫若极赏“不敢怀庆赏爵禄，不敢怀非誉巧拙，辄然忘吾有四枝形体”这几句话，正是抓住了庄子此处彰显的艺术精神的关键。

郭沫若没有从《庄子》文本中搜求玄妙的话语来解释他发现的这种艺术精神，也没有从中国传统的诗画艺术中追索庄子的精神流脉，而是以西方近代哲学、美学与庄子相附和，他举梓庆的故事原是要为康德“艺术即天才之作品”作注脚。但他没有停留在康德的说法上，又以叔本华之“天才即纯粹的客观性”相阐发。这里，郭沫若并不是刻意地去分析康德、叔本华的艺术观念，而是以他们的观念来证明他自己对于文艺的理解，所以郭对康、叔的天才说也不可能有深入的开掘。他说“其实天才并不是天生

---

① 成玄英疏语，见郭庆藩：《庄子集释》，中华书局2004年版，第659页。
② 徐复观：《中国艺术精神》，华东师范大学2001年版，第77页。

成的，也不是什么疯子，仍旧和常人没有两样"[①]，接着他就在梓庆的故事中探得了天才的秘密。但康、叔所说的"天才"绝非常人所能比，康德认为"天才就是天生的内心素质（ingenium），通过它自然给艺术提供规则"[②]；叔本华将"常人"与"天才"加以对比认为"常人的智慧为意志所支配，且严重的被束缚着，因而只能受容'动机'而活动"，而天才"是智慧的自由活动"，"是从为意志所用解放出来的智慧的活动"。[③] 可见，郭沫若对"天才"的理解比康、叔简单。而说到"天才的秘密"，郭沫若确实找到了庄子与康德、叔本华观念的相通处。康德对审美判断的无功利性的倡扬已众所周知了，叔本华对他的这一观念有继承亦有所发展，叔本华说："天才的创作，没有任何实利目的之副产品，更不能拿实用的标准来衡量"[④]；"天才的性能就不是别的而是最完美的客观性"，"天才的性能就是立于纯粹直观地位的本领，在直观中遗忘自己"[⑤]。对非功利的强调，对观照中"遗忘自己"的强调，的确与庄子通过不断地"忘"对"虚静"境界的追求有相似之处，郭沫若"这没功利心便是艺术的精神"的论断颇为确当。而他所说"把小我忘掉，溶合于大宇宙之中"却让我们想到了他30年前的那通有关泛神论的名论，"人到无我的时候，与神合体，超绝时空，而等齐生死"。郭沫若"非功利心"中的"没我"仍然隐含着自我的张扬，他主要的还是从"动"的精神中来领悟"非功利心"。

从上面的阐述我们可以看出，郭沫若的"艺术精神"融汇了庄子、康德、叔本华的艺术思想，但他又不忠于任何一家的理论，而是撮取他们的相似之处为我所用，生成他独特的艺术见解。在这一"艺术精神"的统一体中，庄子借康德、叔本华的"非功利心"走进了中国美学的现代视域，

① 郭沫若：《郭沫若全集（文学编）》第15卷，人民文学出版社1990年版，第210页。

② ［德］康德著，邓晓芒译，杨祖陶校：《判断力批判》，人民出版社2002年版，第150页。（着重号原文有）

③ ［德］叔本华著，陈晓南译：《叔本华论文集》，百花文艺出版社1987年版，第57、59页。

④ ［德］叔本华著，陈晓南译：《叔本华论文集》，百花文艺出版社1987年版，第59页。

⑤ ［德］叔本华著，石冲白译，杨一之校：《作为意志和表象的世界》，商务印书馆1982年版，第259页。

康德、叔本华也减缩了他们的思辨色彩来凑泊郭沫若的天才学说。郭沫若的“艺术精神”并不像他的泛神论那样浑整，有些时候显现出中西两条美学路径的分途发展。“创作家于其创作时，苟兢兢焉为个人的名利之见所囿，其作品必浅薄肤陋而不能深刻动人”①，这句话就偏向于庄子“齐以静心”的意念。《庄子·达生》有“以瓦注者巧，以钩注者惮，以黄金注者惛。其巧一也，而有所矜，则重外也。凡外重者，内拙”一段，更能形象地说明这种意念的必要。“文学家在自己的作品的创意和风格上应该充分地表现出自己的个性，而在自己的意识和文坛地位上则应该充分地化除个人本位的观点”②，这句话则偏向于“把小我忘掉，溶合于大宇宙之中”的观点，即把“功利之我”忘掉，以个性之“大我”成就文学创作。我们需注意郭沫若关于“我”的一些说法的矛盾之处。1925 年 4 月，他以“没我”为艺术精神，而在同年的 8 月份却又说：“文艺的本质是主观的，表现的，而不是没我的，摹仿的。”③ 这种矛盾并不是郭沫若认识上的缺欠，而是问题的不同层面。前一个“没我”是忘掉功利之“小我”，后一个“没我”是与摹仿相联系的“再现”的方法上的问题，不是对在“艺术精神”上张扬自我的否定。不过，我们也应该承认郭沫若一些说法上的不周全。他无意建构文艺理论的大厦，他有关文艺的言论常随创作实践及对文艺认识的改变而有所改变，所以没有必要刻意寻求他前后期文艺观点的一致。但也可以肯定地说，他钟爱的甚至已溶入他血液的一些观念，他不会也无法将之彻底抛弃，如泛神论，对自我、个性的尊崇与强调也在此列。

郭沫若以康德、叔本华“没功利心”的美学观念对庄子进行的新阐释，使古老的庄子获得了现代美学的新识度，虽是星星之火，但从 20 世纪中国美学观念的发展来看，实具燎原之势。“艺术精神”由郭沫若这位亲

---

① 郭沫若：《儿童文学之管见》，《郭沫若全集（文学编）》第 15 卷，人民文学出版社 1990 年版，第 275 页。（最初发表于 1921 年 1 月 15 日上海《民铎》杂志第 2 卷第 4 号）

② 郭沫若：《鼎》，《郭沫若全集（文学编）》第 16 卷，人民文学出版社 1989 年版，第 191 页。（最初发表于 1936 年东京《质文》第五、六期合刊）

③ 郭沫若：《文学的本质》，《郭沫若全集（文学编）》第 15 卷，人民文学出版社 1990 年版，第 350 页。（最初发表于 1925 年 8 月 15 日上海《学艺》杂志第 7 卷第 1 号）

事于文学创作的大家之口说出，更具有现实针对性。我们在惊喜于这种新见解的同时，也不能忽略庄子与康、叔美学观念的不同之处。庄子“齐以静心”的说法重在对自我的锤炼，锤炼到与物、与自然合一，消尽人特为人的偏执之时便达到了艺术境界；康德、叔本华的“天才”说却重视人之为人的精神特性，虽然他们在向艺术的进路中极力打压“人”的虚妄的欲念，但是在高扬主体精神上却走向了与庄子相反的一极。

第三节　“自然流露”与郭沫若的情绪诗学

一、郭沫若“自然流露”的情绪诗学

伍世昭不满意学界对郭沫若早期诗学“浪漫主义”、“表现主义”、“生命美学”、“唯美—印象主义”、“情绪写实主义”等的认定，认为应称之为“心灵诗学”，“所谓‘心灵诗学’，是指从创作主体的角度探讨文艺本源问题而形成的诗学理论”。[①] 笔者以为这种说法未免宽泛，依此说，鲁迅对“心”非常重视，称为“心灵诗学”亦无不可。相比之下，我还是觉得朱寿桐“情绪写实主义”[②] 的说法较能描画出郭沫若早期诗学的特点。即使是伍世昭的“心灵诗学”也是以“情感论”为其核心，并且认为“郭沫若所说的‘自我’、‘主观’等概念，很多时候与‘情感’与‘情绪’同义”。情绪一词在郭沫若早期理论话语中实占有特为重要的地位，我们略举几例，便可见一斑。

他在给宗白华的信中曾列出一个诗的公式：诗 =（直觉 + 情调 + 想象）+（适当的文字）。[③] 此处的“情调”跟他后来常说的“情绪”应是

---

① 伍世昭：《论郭沫若早期心灵诗学》，《中国文学研究》2003 年第 3 期。

② 朱寿桐：《创造社文学的情绪写实主义特征——兼论郭沫若创作的写实倾向》，见中国郭沫若研究学会编《郭沫若研究》第 9 辑，文化艺术出版社 1991 年版。

③ 田汉、宗白华、郭沫若：《三叶集》，见《郭沫若全集（文学编）》第 15 卷，人民文学出版社 1990 年版，第 16 页。

一个意思，如他说：

诗的本职专在抒情。

情绪的吕律，情绪的色彩便是诗。诗的文字便是情绪自身的表现（不是用人力去表现情绪的）。

诗的原始细胞只是些单纯的直觉，浑然的情绪。①

后来干脆说：

文学的本质是有节奏的情绪的世界。

诗是情绪的直写，小说和戏剧是构成情绪的素材的再现。②

从这些语句当中，我们可以看出“情绪”在郭沫若早期文艺理论中的地位和作用，即使像小说、戏剧这样偏重再现社会生活的文学样式，他也说成是“构成情绪的素材的再现”，“情绪”简直成了文艺表现（他也说过，“音乐、诗歌、舞蹈都是情绪的翻译”。见《文学的本质》）的最重要的内容。1926 年以后，“情绪”一词渐变为“感情”、“情感”，③ 而在文学中的地位与作用并没有发生显著变化，“文学的本质是始于感情终于感情的”④，“诗是强烈的情感之录音”⑤。

“情绪”不是我们现在寻常说的杂乱无章的心绪，是“美化”的情

---

① 田汉、宗白华、郭沫若：《三叶集》，见《郭沫若全集（文学编）》第 15 卷，人民文学出版社 1990 年版，第 47 ~ 49 页。

② 郭沫若：《文学的本质》，《郭沫若全集（文学编）》第 15 卷，人民文学出版社 1990 年版，第 352 页。

③ 他虽然说过“感情加了时序的延长便成为情绪”（《文学的本质》），但看他在之后对“感情”和“情感”两词的使用上，二者与“情绪”并无根本的区别。

④ 郭沫若：《革命与文学》，《郭沫若全集（文学编）》第 16 卷，人民文学出版社 1989 年版，第 38 页。（最初发表于 1926 年 5 月上海《创造月刊》第 1 卷第 3 期）

⑤ 郭沫若：《关于诗的问题》，《郭沫若全集（文学编）》第 16 卷，人民文学出版社 1989 年版，第 175 页。（最初发表于 1935 年 9 月 20 日东京《杂文》月刊第 3 期）

绪[①]，是诗、文学的"情感"。朱寿桐于20世纪80年代拈出创造社"情绪"的"诗学宇宙"[②]颇具见地，郭沫若作为创造社的旗手，他的"诗学宇宙"更具有"情绪色彩"，称之为"情绪诗学"亦不为过。笔者这样说无意于"主义"之争，而是意在为与"情绪"密切相关的诗性言说——"自然流露"作铺垫。

我自己对于诗的直感，总觉得以"自然流露"的为上乘，若是出于"矫揉造作"，只不过是些园艺盆栽，只好供诸富贵人赏玩了。[③]

郭沫若此处明确提出了对诗的"自然流露"的要求。诗"自然流露"，似乎"诗"成了"自然流露"当然的主语，而真正"自然流露"的则是情绪，即"情绪"自然流露。"然于自然流露之中，也自有他自然的谐乐，自然的画意存在，因为情绪自身本是具有音乐与绘画之二作用故"，这里，"情绪"显然是"自然流露"的主体。他后来也有直接的说法：

诗人写出一篇诗，音乐家谱出一支曲子，画家绘成一幅画，都是他们感情的自然流露。[④]

"诗是情绪的直写"，这"直写"也就是"自然流露"。"情绪"是郭沫若诗学话语中的重要概念，"自然流露"一说出现的频率不及"情绪"高，然视其与"情绪"的密切关系，它在郭沫若诗学中的地位自不可小觑。

郭沫若"自然流露"说的提出固然来自他对创作经验的反省，但也不

---

① "感情的美化"见田汉、宗白华、郭沫若：《三叶集》，《郭沫若全集（文学编）》第15卷，人民文学出版社1990年版，第49页。

② 朱寿桐：《情绪：创造社的诗学宇宙》，上海文艺出版社1991年版。

③ 田汉、宗白华、郭沫若：《三叶集》，见《郭沫若全集（文学编）》第15卷，人民文学出版社1990年版，第47页。（下句引文也出自该页）

④ 郭沫若：《文艺之社会的使命——在上海大学讲》，《郭沫若全集（文学编）》第15卷，人民文学出版社1990年版，第200页。（最初发表于1925年5月18日上海《民国日报·文学》周刊第3期，系1925年5月2日在上海大学的讲演）

能否认西方文艺理论对他的影响。由于语言的隔阂，我们不可能从西方文艺理论中寻找“自然流露”的语源，而西方浪漫主义艺术家对“情绪”的关注却不应忽视。艾布拉姆斯曾指出，浪漫主义者对“诗歌表现什么”这一问题没有一致的答案，而“情绪”毫无疑问是浪漫主义理论中的一个关键词，19 世纪 30 年代浪漫主义者有关“表现”的定义“一致认为诗歌表露情绪”①。其他时间关于“诗歌表露情绪”的说法也不鲜见，如沃尔特·司各特认为“艺术家的目的……是交流，即以色彩和文字传达出召唤他去创作的那些崇高的情感”②，华兹华斯早先更是明确地说“一切好诗都是强烈情感的自然流露”。郭沫若早年深受歌德、雪莱、惠特曼等浪漫主义作家的影响，自然也会吸纳他们的诗学理论。他与《少年维特之烦恼》产生共鸣的种种思想之第一点就是歌德的“主情主义”③，在《〈雪莱的诗〉小序》中也说“不是心坎中流露出的诗通不是真正的诗”④，“心坎中流露出来”的也就是情绪。

二、郭沫若“自然流露”说与庄子的渊源

郭沫若的“自然流露”说受西方影响确凿无疑，很多论者也在中国的庄子处找到了它的文化血脉。以往的有关“自然流露”与庄子关系的研究略嫌散漫，欲明确二者的关系，有必要对庄子的“自然”意念加以梳理，以判定郭沫若在什么层次上继承了这一古老的文化传统。

关于道家的“自然”说，钱穆早有阐发，今摘述如下：庄老之“自然”无大差异，老子之“道法自然”意为“道至高无上，更无所取法，仅取法于道之本身自己之如此而止”，“道”之外非别有一自然，王弼注“自

① ［美］M. H. 艾布拉姆斯著，郦稚牛、张照进、童庆生译，王宁校：《镜与灯：浪漫主义文论及批评传统》，北京大学出版社 1989 年版，第 70 页。

② ［美］M. H. 艾布拉姆斯著，郦稚牛、张照进、童庆生译，王宁校：《镜与灯：浪漫主义文论及批评传统》，北京大学出版社 1989 年版。第 71 页。

③ 郭沫若：《〈少年维特之烦恼〉序引》，《郭沫若全集（文学编）》第 15 卷，人民文学出版社 1990 年版，第 310 页。（最初收入 1922 年 4 月泰东图书局出版的《少年维特之烦恼》，同时发表于 1922 年 5 月《创造季刊》创刊号）

④ 郭沫若：《〈雪莱的诗〉小序》，《创造季刊》第 1 卷第 4 期，1923 年 2 月印行。

然”实以“自然”为“道”之别名，何晏、夏侯玄、向秀、张湛诸家殆与之同，皆有违老子之旨；至郭象注庄始“畅阐自然之义”，“盖天地间万形万化之生之有，皆不自无生，不自无有。亦不自道生，不自道有。复不自天生，不自天有。皆万形万化之自然生，自然有。……知亦自然而知，为亦自然而为，能亦自然而能，得亦自然而得。此之谓物之性，此之谓物之理，即此之谓物之自然。……人之于其生也，实无所别择，无所祈向，则惟有任性而动，当理而为，自然顺化，一循乎天而止”，“郭象之说，若未背乎庄而实有超乎庄之外者”，“虽谓中国道家思想中之自然主义，实成立于郭象之手，亦无不可”。[①] 庄子没有过多地使用“自然”，但在郭象看来，无往而非自然精神。而郭象张大“自然”之说亦有弊，钱穆在文末指出“然郭象之说，辨矣而未能谓之是”，并以权载、宗密为例斥庄子之弊，盖如荀子谓庄子“蔽于天而不知人”（《荀子·解蔽》）。

郭象揭“自然”之为《庄子》之底里实独具慧眼，但“自然”之下毕竟有人的存在，庄子亦不能轻忽。《庄子》一书追求之终极可以说是“自然”，由于人的参与，“自然”不得不分为两端。其一以“天籁”之“吹万不同，而使其自已也，咸其自取，怒者其谁邪”（《庄子·齐物论》）为代表，郭象注曰“无既无矣，则不能生有；有之未生，又不能为生。然则生生者谁哉？块然自生耳”[②]，天机自张，无假他求，自然而然。其二则以庖丁解牛、佝偻者承蜩、梓庆为鐻、匠石运斤等寓言为代表，其最终之结果虽合于“自然”，但首先要削掉人之为人的偏执，这一过程需要人力，即通过自身之修养达到“以天合天”的境界。郭象注庄特重第一义之“自然”，于第二义“自然”中常以“任性”取消了人力，这是后世人不甚满意的地方。两“自然”同趋于一诣，并无根本之相悖处，唯第一义“自然”乃彻头彻尾之自然，第二义“自然”是假人力达到的自然罢了。两“自然”以“人”分，亦有以“人”合之点，“真情”说便是显证：

真者，精诚之至也。不精不诚，不能动人。故强哭者虽悲不哀，强怒

---

① 钱穆：《郭象〈庄子注〉中之自然义》，见《庄老通辨》，生活·读书·新知三联书店2005年版。

② 郭庆藩：《庄子集释》，中华书局2004年版，第50页。

者虽严不威，强亲者虽笑不和。真悲无声而哀，真怒未发而威，真亲未笑而和。真在内者，神动于外，是所以贵真也。(《渔父》)

情感由内而外，自然发抒，毫无假饰，这是人之为“人”而又特别“自然”的地方。

道家（特别是庄子）的“自然”意念落实到后世文艺中便形成了中国文艺家千年来所追求的艺术理想。叶维廉曾对中国美学里“自然”的观念给以道家式的阐发：

我们应该重看我们美学里“自然”的观念。传统诗论画论里特别推重作品中自然的兴发，要作品如自然现象本身呈露、运化、成形的方式去呈露、结构自然。这个美学的理想要把自然（物象不费力不刻意的兴现）和艺术（人为的刻意的努力）二者间的张力缓和统合。严格的说，艺术，顾名思义，是不可以成为自然的；所以道家美学里所说的是“重获的自然”，“再得的原性”，一种“近似”自然的活动，“近似”自然兴发的表现力。①

叶维廉所说的“自然”重在庄子第二义之自然，是假人力重获的自然。之所以如此，是因为叶维廉注重的是对中国写景诗的阐发，写景诗中物象努力挣脱语言的限制而自由兴发，从而迹近自然的“真实世界”，正是对庄子道家美学的潜在运用②，此处的道家美学亦可称为“自然美学”。叶维廉对写景诗的偏重无意间忽略了庄子“真情”说对后世的影响，这正是庄子第一义之自然在后世文艺中大放光彩的着力点，第一章中已述及，此不另赘。

叶维廉解“自然”是从具体的诗作入手，而在中国的文艺理论中也有以“自然”为尚的传统，刘绍瑾即以专文揭示出这一“潜在的文学理论体系”：“因内符外：具有本体论色彩的‘自然’诉求”、“直寻兴会：艺术创作论上的‘自然’追求”、“从‘清真’到‘平淡’：美学风格上的‘自

---

① 叶维廉：《比较诗学》，（台湾）东大图书公司1983年版，第104页。

② 参见刘绍瑾、佀同壮：《叶维廉比较诗学中的庄子情结》，《文史哲》2003年第5期。

然’趣尚”。这里所说的诸种“自然”如果着落到具体的作品上，也还是人力争取的结果，如果仅就理论上言之，则可以说是庄子第一义“自然”之演绎。儒家也有“自然”之说，但不如道家彻底：“在因内符外，由情及辞这一层面，他们确实主张‘自然’，反对造作；但在艺术所因之‘内’，即艺术情感的理解上，他们则不再要求‘自然’了。”① 儒家忽视的“内”正是庄子重视的“真情”。所以，特别是在向艺术的进路中，道家，尤其是庄子才是“自然”美学观念的源泉。

三、中西融汇中的“自然流露”文艺观

中国文化中有如此悠久的“自然”传统，深受传统文化熏染的郭沫若的“自然流露”说受其惠泽自在情理之中。如果我们再细察一下郭沫若自己对“自然流露”的表白，就会发现他这一说法与中国自身的文化传统更为接近。就在前引“自然流露”的表述之后，郭沫若接着说：

> 天然界的现象，大而如寥无人迹的森林，细而如路旁道畔的花草，动而如巨海宏涛，寂而如山泉清露，怒而如雷电交加，喜而如星月皎洁，莫一件不是自然流露出来的东西，莫一件不是公诸平民而听其自取的。

这多么像郭象注庄的那句“万物万化亦与之万化”，天然界现象的自然流露即“万物万化”，平民的“听其自取”则是“与之万化”，庄子的第一义之自然即在其中。“诗的生成，如象自然物的生存一般，不当参以丝毫的矫揉造作”②，郭沫若诗歌的“自然流露”说就是从天然界现象的“自然流露”中化出，与庄子的“自然”说有明显的亲缘关系。

我们虽不能从华兹华斯“自然流露”说那里寻求语源关系，但也应该重视他“自然流露”的观念。艾布拉姆斯在《镜与灯》中也曾引华兹华斯

---

① 刘绍瑾：《自然：中国古代一个潜在的文学理论体系》，《文艺研究》2001 年第 2 期。

② 田汉、宗白华、郭沫若：《三叶集》，见《郭沫若全集（文学编）》第 15 卷，人民文学出版社 1990 年版，第 47 页。

那句“自然流露”的名言，中译者译为“自然流溢”，艾氏解释道：

华兹华斯的“流溢”这个隐喻，是以物理上的容器作比方的。这个容器也许是人造水池或天然泉井，水在其中，满溢而出。这个容器当然就是诗人，诗歌的素材便是从中而来，它们既非事物也非行为，而恰恰是诗人液体般的情感。①

这种解释在我们看来算不得出位，也符合我们的生活经验，但与郭沫若以天然界现象为喻所作的解释相比，仍少了些内涵，这缺少的内涵便是“化”的意念②，生命的律动。郭沫若后来提到老子“道法自然”时说：“所谓‘自然’当然是指天地中一切云行雨施的变化。”③ 此处之“自然”郭沫若定为名词，而从他对“自然流露”所作的解释看，与作副词的“自然”在精神上是相通的。因而可以说，郭沫若从中国文化传统中得来的“自然”意念要多一些。

我们不能不说，“流露”或“流溢”以“液体”相阐更为合适，西方浪漫主义者对情感的强调更是郭沫若感兴趣的地方。我们也不能不注意中国自身的文化传统提供的“真情”说，郭沫若对真情传统显然也有承继。《三叶集》里郭沫若给宗白华的第一封信中说：

我想我们的诗只要是我们心中的诗意诗境底纯真的表现，命泉中流出来的 Strain，心琴上弹出来的 Melody……那便是真诗，好诗。④

联系郭沫若对情绪、情感的倡扬，这“纯真的表现”也可以说是“真

① ［美］M. H. 艾布拉姆斯著，郦稚牛、张照进、童庆生译，王宁校：《镜与灯：浪漫主义文论及批评传统》，北京大学出版社 1989 年版，第 69 页。

② 庄子的“化”有“顺”的意思，即顺时而化，《庄子·大宗师》“浸假而化予之左臂以为鸡”一段颇能显此意。

③ 郭沫若：《先秦天道观之进展》，《郭沫若全集（历史编）》第 1 卷，人民文学出版社 1982 年版，第 354 页。（写毕于 1935 年 12 月 23 日）

④ 田汉、宗白华、郭沫若：《三叶集》，见《郭沫若全集（文学编）》第 15 卷，人民文学出版社 1990 年版，第 13 页。

情的表现”。郭沫若所说“原始人和婴儿的言语，都是些诗的表示”[①] 固然有对西方文化人类学的借鉴，但原始人和婴儿毫无虚饰地表露自己的情感也暗合于庄子“精诚之至”的理想。甚至郭沫若自己也想化身为“赤子”，以求那真切的声音：

我不愿当个那么样的通人，我只想当个饥则啼、寒则号的赤子。因为赤子的简单的一啼一号都是他自己的心声，不是如象留声机一样在替别人传高调。[②]

看来，郭沫若的“自然流露”说也是兼容中西的结果，这是处于那个时代的文艺家不能避免的文化处境。我们不能准确量化出郭沫若“自然流露”说中东西方文化的成分，但可以大致说，郭沫若诗歌强烈情感的直露、对自我的张扬直承西方文学家如歌德、雪莱、惠特曼等的成分多一些；“自然流露”的文艺观念直承中国传统的“自然”说多一些。因为“自然”的语源在中国，并且中国与西方的“自然”观念在根源上本也存在着不同的地方，已有学者对此作过研究。饶芃子认为在“文学的自然成文”方面，中国与西方都有“无为自然论”，“中国的‘无为自然论’显然基于老庄‘无为无不为’的自然观。所谓‘无为无不为’的前一个‘无为’指的是‘人不为’，后一个‘无不为’指的是‘自然无所不为’”，“西方的‘无为自然论’源于古老的‘灵感论’或‘神灵附体说’，只不过这种外在的神灵在近代诗学中变成了内在的无意识和天才”。两种“无为自然论”的区别在于：“西方诗学更强调天才的天赐性，以及天才和人才的不可通约性”，“中国诗学虽也强调天才的天然性，但并不认为它只是一部分特选者的禀赋，而是每个人都禀有的自然”。[③] 虽然“无为自然论”无法绕过“自然”与“人为”的悖论，但也无妨这种自然而然的状态成为

① 田汉、宗白华、郭沫若：《三叶集》，见《郭沫若全集（文学编）》第 15 卷，人民文学出版社 1990 年版，第 48 页。

② 郭沫若：《批评与梦》，《郭沫若全集（文学编）》第 15 卷，人民文学出版社 1990 年版，第 232 页。（最初发表于 1923 年上海《创造季刊》第 2 卷第 1 期）

③ 饶芃子等：《中西比较文艺学》，中国社会科学出版社 1999 年版，第 24 ~ 25 页。

中国千年来的审美理想，郭沫若的“自然流露”之“自然”也主要指这样的“自然”。郭沫若也崇尚天才，而他理解的“天才”与一般人并无什么不同，这就使他的“自然”的观念更倾向于中国的文化传统。

第四章

庄子与中国现代美学双璧——朱光潜、宗白华

“中国现代美学”到了朱光潜、宗白华这两位学者这里开始大放光彩。王国维接受康德、叔本华的美学观念并将其融进中国文学、美学现象的理解中，开启了中国美学的现代维度；鲁迅、郭沫若以风格各异的文艺思想促成了中国现代美学的另样发展；朱光潜、宗白华则以“美学家”的身份实现了中国现代美学的规模化进展。中国现代美学的生成不是一个前后相承、层递累积的过程，不同时期、不同的美学人物以多样的美学见解共同完成了中国现代美学这一“艺术拼图”。其中，朱光潜、宗白华的美学思想无疑是最耀眼的部分。

朱光潜、宗白华这两位同龄的美学家有很多相似点，也有着诸多不同之处，学界对此早有评说，其中引用最多的恐怕还是李泽厚的这番话：

> 朱先生的文章和思维方式是推理的，宗先生却是抒情的；朱先生偏于文学，宗先生偏于艺术；朱先生更是近代的，西方的，科学的；宗先生更是古典的，中国的，艺术的；朱先生是学者，宗先生是诗人……①

朱光潜的《文艺心理学》介绍的基本是西方的美学派别、美学观念，其以中国传统诗歌为分析对象的《诗论》所用理论也大多是西方的，“近代的，西方的，科学的”之评颇为得当；宗白华多以中国传统艺术为考察对象，考察的方法多从中国传统文化中得来，字里行间充盈着浓郁的东方情调，说他是“古典的，中国的，艺术的”亦近情理。不过，这种分别只是相对而言，也正如李泽厚自己所说“这种对照只在极有限度的相对意义上”，不是不可移易的标签。对于朱光潜的《文艺心理学》，沙巴蒂尼早有“移花接木”之说②，古典情怀十分明显；宗白华考察中国的诗、画、书法等艺术也以西方艺术为潜在的参照，西方视角也很突出。朱、宗两位都具有深厚的国学基础，又都有游学欧洲的经历，这使得他们从容地出入于古

① 李泽厚：《美学散步·序》，上海人民出版社1981年版。

② “移花接木”说其实是朱光潜的概括，《读书》1981年第3期《外国学者论朱光潜与克罗齐美学》摘译了意大利汉学家马利奥·沙巴蒂尼（Mario Sabatini）《朱光潜的〈文艺心理学〉中的“克罗齐主义”》后，朱光潜加按语说“此文的基本论点是说《文艺心理学》的作者企图移西方美学思想之花接中国文艺思想传统（主要是道家的）之木”。

今中外之间，收获各自具有现代意义的美学成果。

然而我们又不能无视他们的不同。朱光潜结合自己的审美经验，调和古今中西美学之说，成一家之言，语言晓畅，条理明晰，虽无意于折中，其所用方法却无疑是折中[①]，也正如他所说“学文艺的人虽不能不偏，后来却要能不偏，能凭空俯视一切门户派别，看出偏的弊病”[②]，他从事美学研究也是如此（由偏入手而求不偏）。宗白华纯以一片诗心谛听艺术含蕴的“生命”的律吕，语约义丰[③]，言近旨远，虽也见出中西艺术之不同，却无是己非他之念，中西艺术皆归趣于宇宙生命的创化。朱光潜美学以“推理”见长，论辩色彩浓厚，易得而学；宗白华美学以诗意见胜，读者需随他的诗心悟解艺术中传达的生命的灵境，难以得而学。

进入新世纪以来，或许是宗白华的诗性气质更令人着迷，或许是由现象学美学所引发的对中国古学的关注，以宗白华为选题的博士论文来了一次集中的爆发：胡继华《中国文化精神的审美建构——宗白华美学简论》（北京师范大学 2002 年）、刘萱《自由生命的创化——宗白华美学思想研究》（北京师范大学 2002 年）、云慧霞《宗白华文艺美学思想研究》（北京大学 2003 年）、肖湛《生命·心灵·艺境——论宗白华生命美学之体系》（北京大学 2003 年）、欧阳文风《宗白华与中国现代诗学》（暨南大学 2003 年）、王德胜《宗白华美学思想研究》（山东大学 2003 年）、王进进《宗白华美学思想述评》（浙江大学 2005 年）、时宏宇《宗白华艺术学思想研究》（山东师范大学 2006 年）、姜勇《宗白华美学与现代新儒学》（吉林大学 2008）、田智祥《宗白华的精神人格与美学之路》（山东师范大学 2009）。这些论文从不同的视角切入宗白华诗意的学术世界，多有创见，将宗白华研究向前推进了一大步。相比之下，对朱光潜的研究就没那么热

---

① 《文艺心理学》“作者自白”说：“做学问持成见最误事。有意要调和折衷，和有意要偏，同样地是持成见。我本来不是有意要调和折衷，但是终于走到调和折衷的路上去，这也许是我过于谨慎，不敢轻信片面学说和片面事实的结果。”——《朱光潜全集》第 1 卷，安徽教育出版社 1987 年版，第 198 页。

② 朱光潜：《谈趣味》，《朱光潜全集》第 3 卷，安徽教育出版社 1987 年版，第 347 页。

③ 宗白华曾在《致舒新城函》中说：“弟做文努力于言简意赅，不愿拉长许多废话。”观《宗白华全集》，知此言贯穿了他著述的始终。见《宗白华全集》第 2 卷，安徽教育出版社 1994 年版，第 65 页。

闹，相应的博士论文不多：薛雯《人生美学的创构——朱光潜与克罗齐美学关系研究》（苏州大学 2003 年）、陈洪杏《挣扎中的审美眺望——西学东渐背景下的朱光潜美学》（中国人民大学 2005 年）、高金岭《论朱光潜对西方美学的翻译与引进》（山东大学 2005 年）。章启群、袁济喜在他们的近著中给予宗白华的篇幅也远远多于朱光潜。[①] 这种情况并不意味着宗白华比朱光潜重要，事实上，朱光潜在 20 世纪后期的美学声望要比宗白华隆盛，而据中国期刊网的数据显示，1979 年至 2009 年有关朱光潜的研究论文也比以宗白华为对象的研究论文多出将近一倍。进入新世纪，之所以出现博士论文选题数量的差别，一方面，从选题内容来看，朱光潜研究逐渐走向细部考察，宗白华研究虽然切入点不同，但仍然着重其美学的整体构架，这说明宗白华研究没有朱光潜研究那么深入，可待发掘的空间还比较大；另一方面，也不能不承认，当今的美学研究热点的确有所转移，宗白华对中国艺术的诗性言说在寻求“中华民族的伟大复兴”的大背景下更令人钟爱。不管怎样，朱、宗二位在中国现代美学史上各擅所长、交相辉映，他们共同构织了中国现代美学史上的辉煌图景。

在这一美学图景中，庄子的思想仍是不可忽略的文化要素。朱、宗二位都没有厚道薄儒之说，朱光潜还明确地赞美过肇源于孔子的“无言之美”[②]，但谁也无法低估庄子在中国现代美学建构中的作用。朱光潜经常以道家语言解释西方的美学思想，他的这种做法并不是偶然随意的举动，实是因为道家[③]智慧中含有与现代西方美学相汇通的内容，马利奥·沙巴蒂尼的“移花接木”说无意中指出了这一点。宗白华论中国传统艺术更不能舍却庄子，“庄子是具有艺术天才的哲学家，对于艺术境界的阐发最为精妙”[④]，庄子已成为宗白华的千古知音。

---

① 章启群：《百年中国美学史略》，北京大学出版社 2005 年版；袁济喜《承续与超越：20 世纪中国美学与传统》，首都师范大学出版社 2006 年版。

② 朱光潜：《无言之美》，《朱光潜全集》第 1 卷，安徽教育出版社 1987 年版。

③ 朱光潜所谓“道家”常指道教，可参看《中西诗在情趣上的比较》一文有关老庄和道家的说法，见《朱光潜全集》第 3 卷，安徽教育出版社 1987 年版。

④ 宗白华：《中国艺术意境之诞生（增订稿）》，《宗白华全集》第 2 卷，安徽教育出版社 1994 年版，第 364 页。

第一节　“移花接木”——庄子与朱光潜美学

意大利汉学家马利奥·沙巴蒂尼于1970年指出：

朱光潜用来解释美感经验，并归纳其特性的三种理论——直觉的形相（克罗齐），心理的距离（布洛）和移情作用（费肖尔、立普斯、古鲁斯、浮龙李）——有一个基础，都在道家的理论中找到了它们自己的正当理由。①

朱光潜后来谈到这个问题时说：

他批评我移克罗齐美学之花接中国道家传统之木，我当然接受了一部分道家影响，不过我接受的中国传统主要的不是道家而是儒家，应该说我是移西方美学之花接中国儒家传统之木。②

一为旁观者，一为当局者，孰是孰非呢？学界对朱光潜与儒道两家关系的看法也莫衷一是。宛小平近来对这一问题的纷争进行了梳理，略为三派：阎国忠代表的“褒儒贬道”说，文洁华以新儒家观点批评“朱光潜美学仍囚于西方主客两分图圄”之说（即朱光潜未探得道家美学真意——笔者按），钱念孙的“外儒内道”说。宛小平接着阐说道：“我们认为在哲学的形而上方面，朱光潜受道家影响可能远远大于儒家对他的影响，不过退到人生哲学的观点看，则钱念孙先生的说法无懈可击。”③“形而上方面”的重要表现应该是朱光潜对道家思想的美学阐发，这其实是认同了沙巴蒂

① 见《外国学者论朱光潜与克罗齐美学》，《读书》1981年第3期。

② 此系1983年的说法，见《答郑树森博士的访问》，《朱光潜全集》第10卷，安徽教育出版社1993年版，第648页。

③ 宛小平：《边缘整合——朱光潜和中西美学家的思想关系》，安徽教育出版社2003年版，第45～46页。

尼的说法。而在《读者》摘译沙巴蒂尼的文章后，朱光潜的按语也肯定沙巴蒂尼“移花接木”的说法是正确的。中国传统文化观念中能与西方美学思想相契者厥为道家，徐复观《中国艺术精神》以西方多种美学观念与庄子学说相汇通就是著例。朱光潜论说中涉及儒道的评价时并没有表现出对道家的特别偏爱，但在对西方美学思想进行中国化的解释中，道家语言、道家思想的确占了主要方面。

朱光潜言道家经常“老庄”并称，没有刻意突出庄子的地位，我们也不能因为谈“庄子的古典新义”这一话题而以庄子涵盖了朱光潜所说的道家。但不容怀疑的一点是，庄子思想比尚权变的老子思想更接近于美学精神①，并且老子思想中的艺术精神部分几乎都在庄子这里得到了进一步的发展。郭沫若曾说：“真正的道家思想，假使没有庄周的出现，在学术史上恐怕失掉了它的痕迹的。”郭沫若所说的“真正的道家思想”很可能不包括老子的权变思想，“从庄子的思想上看来，他只采取了关尹、老聃的清静无为的一面，而把他们的关于权变的思想扬弃了”②。道家思想的流脉岂能舍却权变，郭沫若“真正的道家思想”云者实在是因为他太爱庄子了，喜欢庄子文章中涵融的文学、美学精神。我们探究朱光潜美学与道家的关系，这里的道家主要的还是指庄子。

一、形象的直觉——“用志不分，乃凝于神”

朱光潜融合克罗齐之说，称美感经验为“形象的直觉”，这一说法是《文艺心理学》第一章标题，以后各章都是在“形象的直觉”的基础上伸展开去的。他的另一部代表作《诗论》，其中的“诗境”说也以“形象的直觉”为理论基源。其他散论中谈及美亦多涉及“形象的直觉”。由此可见，“形象的直觉”实为朱光潜前期美学思想中的一种核心观点。对于这

---

① 参见刘绍瑾《庄子与中国美学》“庄、老异同”一节，广东高等教育出版社1989年版。

② 郭沫若：《郭沫若全集（历史编）》第2卷，人民文学出版社1982年版，第197、201页。

种美感经验[①]，朱光潜常以道家语言相阐发，如：“美感的态度就是损学而益道的态度”，“‘用志不分，乃凝于神’。美感经验就是凝神的境界”，[②]“老子所说的‘为而不有，功成而不居’可以说是美感态度的定义”[③]。道家语言在此执行的不仅是语言功能，其中蕴涵的美学精神也融汇到朱光潜所说的“美感经验”中去了，而且他用来称说“美感经验”的“物我两忘”、“物我合一”也是以道家特别是庄子思想为基底的。朱光潜这一做法并不是有意要融汇西方美学和道家思想，更不是以西方美学观念来阐释道家思想，但这一做法实际上却达到二者的会归，道家思想也借以获得了通向现代的向度。

美感态度并不直接等于美感经验，美感态度是美感经验的准备，所以朱光潜所引道家语言也不在一个思想层面上。大致说来，“损学而益道”与“为而不恃，功成而不居”均指美感态度，当在一个层面上；“用志不分，乃凝于神”与“物我两忘”、“物我合一”从美感经验产生的顺序上来讲不可分，而从逻辑上言之，则可于“凝神”境界之后考察“物我合一”。看似简单的引用包含了朱光潜对道家美学的理解。朱光潜没有对道家美学进行专门的阐发，但“形象的直觉”这一处于核心地位的美学观念却为我们提供线索，以进窥朱光潜理解中的道家美学。

老子说：“为学日益，为道日损。”这句话很可以应用到美感经验上去。学是经验知识，道是直觉形象本身的可能性。对于一件事物所知的愈多，愈不易专注在它的形象本身，愈难直觉它，愈难引起真正纯粹的美感。美感的态度就是损学而益道的态度。[④]

朱光潜没有生解老子的“道”，而是以譬喻的方式说“道是直觉形象本身的可能性”。事实上，他也无需生解老子之“道”，他的目的不在解

---

① “美感的经验”就是直觉的经验，直觉的对象是上文所说的“形象”，所以“美感经验”可以说是“形象的直觉”。——《朱光潜全集》第1卷，安徽教育出版社1993年版，第208页。

② 朱光潜：《朱光潜全集》第1卷，安徽教育出版社1993年版，第210、213页。

③ 朱光潜：《朱光潜全集》第2卷，安徽教育出版社1987年版，第47页。

④ 朱光潜：《朱光潜全集》第1卷，安徽教育出版社1993年版，第210页。

老，而在于解释美感态度。然而，这看似不经意的引譬确也指出了老子思想中近于美感经验的成分。老子的这句话关键是一个"损"字，"损而又损，以至于无为。无为而无不为"（《老子·四十八章》）。朱光潜常以"无所为而为"指称美感①，一方面固是由于"无所为"的非功利特征；另一方面，如果作深度考察，则会发现"损"是"无所为"的奥妙所在。损去"学"带来的知识经验，才能迹近"道"的直觉。

老子"为学日益，为道日损"的美学精神在《庄子》中得到了更好的展开，也可以说老子的这一说法在其观念世界中不得不归向权术，在庄子的视界里才得以进一步生发为艺术精神。《庄子·知北游》黄帝与知的对话中曾引老子此言："为道者日损，损之又损以至于无为，无为而无不为也。"黄帝引此言意在表明"道"不可以言诘。而庄子对老子这种美学精神的继承并不在于直接引用老子的语言，而在于对"损"所潜含的美学意味的阐发。老子之"学"，河上公注为"政教礼乐之学"，陈鼓应从其说，认为"为学""仅指对于仁义圣智礼法的追求"，② 由此可推解"损学"即是对仁义礼法的否定。《庄子》中对仁义礼法的否定是通过"忘"的修养功夫：

> 颜回曰："回益矣。"仲尼曰："何谓也？"曰："回忘仁义矣。"曰："可矣，犹未也。"他日，复见，曰："回益矣。"曰："何谓也？"曰："回忘礼乐矣。"曰："可矣，犹未也。"他日，复见，曰："回益矣。"曰："何谓也？"曰："回坐忘矣。"仲尼蹴然曰："何谓坐忘？"颜回曰："堕肢体，黜聪明，离形去知，同于大通，此谓坐忘。"（《庄子·大宗师》）

"忘"的过程实近于老子"损"的过程。"堕肢体，黜聪明"与"离形去知"同义反复，"堕肢体"为"离形"，"黜聪明"为"去知"。"聪属于耳，明关于目，而聪明之用，本乎心灵"③，耳之所闻，目之所接，经心

---

① 如"用之于美感的方面则为康德所说的'无所为而为'的观赏"，"美感是不沾实用，无所为而为的"，"艺术的活动全是无所为而为"，见《朱光潜全集》第1卷，安徽教育出版社1993年版，第211、272、324页。这样的说法很多，不再一一举例。

② 陈鼓应：《老子注译及评介》，中华书局1984年版，第250页。

③ 郭庆藩：《庄子集释》，中华书局2004年版，第285页。

之作用，即生价值判断，是为“知”，是为“仁义”，而外显于“礼乐”。此处之“知”与老子“为学日益”之“学”实无二致，“绝学无忧”（《老子·十九章》）则更能见出“学”与此处“知”之似点。《庄子》中颜回通过“忘”的功夫达致“坐忘”境界的过程与朱光潜所说“损学益道”的过程十分相似。

《庄子》中“知”字据涂光社统计有594处[1]，大多“知”字具有被肯定的意义，尤其是“真知”（《庄子·大宗师》）之“知”几可与“道”冥合。“聪明心知”之“知”则与“真知”相对，是庄子极力排斥的。何为“真知”？“知人之所为者，以其知之所知以养其知之所不知，终其天年而不中道夭者，是知之盛也。”（《庄子·大宗师》）郭象注曰：

> 若夫知之盛也，知人之所为者有分，故任而不强也；知人之所知者有极，故用而不荡也。故所知不以无涯自困，则一体之中，知与不知，闇相与会而俱全矣，斯以所知养所不知也。[2]

虽然“知之盛”，仍然“有患”，郭象曰：

> 虽知盛，未若遗知任天之无患也。[3]

“有真人然后有真知”，“真知”云者，是摆脱了一切认知努力的“任天”之“知”，“真知”之境与“离形去知”达到的“坐忘”之境殆无差别。

“聪明心知”之“知”还达不到“知之盛”的高度，“坐忘”忘掉的则是一切需要付诸认知努力的“知”，其达到的则是“内不觉其一身，外不识有天地，然后旷然与变化为体而无不通”[4] 的境界。“坐忘”的境界在现代美学界看来实近于一种审美的直觉，如徐复观说：

---

① 涂光社：《庄子范畴心解》，中国社会科学出版社2003年版，第206页。
② 郭庆藩：《庄子集释》，中华书局2004年版，中华书局2004年版，第225页。
③ 郭庆藩：《庄子集释》，中华书局2004年版，第225页。
④ 郭象语，见郭庆藩《庄子集释》，中华书局2004年版，第285页。

在坐忘的意境中，以“忘知”最为枢要。忘知，是忘掉分解性的、概念性的知识活动，剩下的便是虚而待物的，亦即是循耳目内通的纯知觉活动。这种纯知觉活动，即是美的观照。

所谓观照，是对物不作分析的了解，而只出之以直观的活动。[①]

而“心斋的意境，便是坐忘的意境”[②]，故“心斋”也可以说是“坐忘”之境的另一种表达。

若一志，无听之以耳而听之以心，无听之以心而听之以气！听止于耳，心止于符。气也者，虚而待物者也。唯道集虚，虚者，心斋也。（《庄子·大宗师》）

郭绍虞在谈到这段话时说，庄子“所重的知识是性知，是先天之知。这先天之知，是不用经验，不以触受想思知的”，“至于不听以耳，不听以心，而听以气的性知，未免玄之又玄了。实则庄子所谓听以气云者，即是直觉。盖庄子之所欲探讨而认识者，即庄子之所谓‘道’”。[③] 郭绍虞没有专门谈审美，但他论庄子对后世艺术批评的暗示，与审美也是相通的。“听之以气”的直觉也就是审美的“心斋”境。朱光潜后来谈到“心斋”时说：

老子所谓“抱朴守一”，庄子所谓“心齐”，都恰是西方哲学家与宗教家所谓“观照”（contemplation）与佛家所谓“定”或“止观”。[④]

此处所说“观照”（contemplation）如果向审美靠拢就是审美的直觉

① 徐复观：《中国艺术精神》，华东师范大学出版社 2001 年版，第 44 页。

② 徐复观：《中国艺术精神》，华东师范大学出版社 2001 年版，第 43 页。

③ 郭绍虞：《中国文学批评史》（上），百花文艺出版社 1999 年版，第 37 ~ 38 页。

④ 朱光潜：《看戏与演戏——两种人生理想》，《朱光潜全集》第 9 卷，安徽教育出版社 1993 年版，第 259 页。

了，如康德“无所为而为的观赏”即为 disinterested contemplation[①]。

朱光潜虽然将“心斋”与“观照”并称，但在谈及美感经验时并没有以“心斋”、“坐忘”来阐解“形象的直觉”，而是说“美感经验就是‘凝神’的境界”。[②]“用志不分，乃凝于神”本就是“心斋”、“坐忘”的另一种说法。“用志不分，乃凝于神”出自《庄子·达生》：

仲尼适楚，出于林中，见痀偻者承蜩，犹掇之也。仲尼曰：“子巧乎！有道邪？”曰：“我有道也。五六月累丸二而不坠，则失者锱铢；累三而不坠，则失者十一；累五而不坠，犹掇之也。吾处身也，若厥株拘；吾执臂也，若槁木之枝；虽天地之大，万物之多，而唯蜩翼之知。吾不反不侧，不以万物易蜩之翼，何为而不得？”孔子顾谓弟子曰：“用志不分，乃凝于神，其痀偻丈人之谓乎！”

这则故事与下文的“纪渻子养斗鸡”、“梓庆削木为鐻”所含的妙理是一致的。“痀偻者承蜩，犹掇之也”所说的不仅是技艺精熟之境，同时也是心的修养的极境。“用志不分，乃凝于神”所达到的境界与“梓庆削木为鐻”故事中的“齐以静心”以及“辄然忘吾有四枝形体”的境界是相通的，都可与审美的观照互相阐发。徐复观在引“痀偻者承蜩”一段后说：“痀偻丈人所说的，实即由忘知忘己以呈现其虚静之心，而将此虚静之心凝注于蜩翼（艺术对象）之上；此时蜩翼以外之一切，皆以将其忘掉，而蜩翼即无异于天地万物。这正是美的观照的具体实现。”[③]

“美感经验的特征就在物我两忘”，“物我两忘的结果就是物我同一”。[④]朱光潜没有将“物我两忘”、“物我同一”推源于道家，但寻绎其源，仍是道家特别是庄子的说法。庄子所谓“心斋”、“坐忘”所达到的也就是“物我两忘”的境界，如徐复观说：“庄子在心斋的地方所呈现的‘一’，实即艺术精神的主客两忘的境界。庄子称此一境界为‘物化’，或

① 朱光潜：《朱光潜全集》第 1 卷，安徽教育出版社 1993 年版，第 211 页。

② 美感经验是“形象的直觉”，美感经验又是“凝神”的境界，也可以说“形象的直觉”即“凝神”的境界。

③ 徐复观：《中国艺术精神》，华东师范大学出版社 2001 年版，第 73 ~ 74 页。

④ 朱光潜：《朱光潜全集》第 1 卷，安徽教育出版社 1993 年版，第 213、214 页。

‘物忘’。”他接着称庄周化蝶为“主客合一的极致”，“因主客合一，不知有我，即不知有物，而遂与物相忘”。[①]《中国美学史》也曾提到：“在庄子学派那里，审美境界的达到是与物我同一的达到分不开的。审美的境界，即是物我一体，‘万物与我为一’的境界。”[②] 另外，朱光潜的这种美感经验与庄子的“见独”也有潜在的相通处。他说：

如果心中只有一个意象，我们便不觉得我是我，物是物，把整个的心灵寄托在那个孤立绝缘的意象上，于是我和物便打成一气了。[③]

这里的“孤立绝缘”与郭象注“见独”所说的“忘先后之所接”[④] 几为同义，关键的还是一个“忘”字。《庄子·大宗师》述“见独”曰：

吾犹守而告之，参日而后能外天下；已外天下矣，吾又守之，七日而后能外物；已外物矣，吾又守之，九日而后能外生；已外生矣，而后能朝彻；朝彻，而后能见独；见独，而后能无古今；无古今，而后能入于不死不生。

这不断“外”的过程其实就是“忘”的过程，忘“生”而后能“朝彻”、“见独”，至“见独”则能与时间同一，进入一种无古无今、不分生死的清明境界，与朱光潜所说的“物我同一”的审美境界正相仿佛。

《文艺心理学》第二、三章分别讲“心理的距离”与移情作用，是对第一章的补充与延伸。“‘距离’含有消极的和积极的两方面。就消极的方面说，它抛开实际的目的和需要；就积极的方面说，它着重形象的观赏。”[⑤]“距离”中最关键的还是消极方面——“抛开实际的目的与需要”，也就是“忘”。忘掉功利目的，不对物进行分解性认知，也就近于美感的

---

① 徐复观：《中国艺术精神》，华东师范大学出版社 2001 年版，第 53 页。

② 李泽厚、刘纲纪主编《中国美学史》第 1 卷，中国社会科学出版社 1984 年版，第 269 页。

③ 朱光潜：《朱光潜全集》第 1 卷，安徽教育出版社 1993 年版，第 213 页。

④ 郭庆藩：《庄子集释》，中华书局 2004 年版，第 254 页。

⑤ 朱光潜：《朱光潜全集》第 1 卷，安徽教育出版社 1993 年版，第 218 页。

态度了。谈到移情作用时，朱光潜说“我们对于人和物的了解和同情，都因为有‘设身处地’或‘推己及物’一副本领”，并引《庄子·秋水》庄、惠濠梁之辩为证，继而说“诗人和艺术家看世界，常把在我的外射为在物的，结果是死物的生命化，无情的有情化”。[①] 对庄、惠濠梁之辩的美学意义，徐复观说得更加直接：“庄子是以恬适的感情与知觉，对鱼作美的观照，因而使鱼成为美的对象。”[②] 这便是“推己及物”，这便是移情，其所达到的境界就是“物我合一”的境界。

以上所述未必是朱光潜的本意，而他提供的理解道家美学的线索却让我们不妨作上述推想。设若朱光潜对庄子美学进行专门的阐发，以他对西方美学的熟知来看，其汇通庄子与西方美学的功绩决不会让于徐复观。

二、人生的艺术化——“鱼相与忘于江湖”

如果不考虑消费社会造成的审美的泛化所导致的人们审美力缩减这一偏弊，“日常生活审美化”无疑是一种十分诗意的生活方式。20 世纪 30 年代，朱光潜也有类似的提法：“人生的艺术化。”[③] 朱自清对这一提法很是看重，说“这是孟实先生自己最重要的理论”[④]。彼时朱光潜《文艺心理学》已写就，朱自清也已看过，[⑤] 而他仍然把“最重要”的评价给了“人生的艺术化”。这一方面或许因为在朱自清看来，《文艺心理学》虽然是部大书，但主要还是绍介之作，而“人生的艺术化”则是朱光潜融合为学和人生体验的创论；另一方面，也是更为重要的方面，审美化的生活在当时

---

① 朱光潜：《朱光潜全集》第 1 卷，安徽教育出版社 1993 年版，第 234～235 页。

② 徐复观：《中国艺术精神》，华东师范大学出版社 2001 年版，第 59 页。

③ 朱光潜：《朱光潜全集》第 2 卷，安徽教育出版社 1993 年版，第 90 页。（此系《谈美》最后一节标题：“‘慢慢走，欣赏啊！’——人生的艺术化”。）

④ 朱自清：《〈谈美〉序》，《朱光潜全集》第 2 卷，安徽教育出版社 1993 年版，第 100 页。

⑤ 可参看朱光潜《文艺心理学》“作者自白”和朱自清《〈谈美〉序》，分别见《朱光潜全集》第 1、2 卷，安徽教育出版社 1993 年版。

已成为部分文人、学者自觉不自觉践行的生活方式，朱自清也是践行者之一，[①] 自然会给“人生的艺术化”以高评。当代的研究者也每每因循朱自清的评价给“人生的艺术化”以很高的学术地位，如劳承万称“人生艺术化是朱光潜美学思想体系中最重要的、属于他自己的思想”[②]，爱箫认为“人生的艺术化”是朱光潜“早期文艺美学思想的总指归”[③]，王旭晓认为《人生的艺术化》一文是朱光潜“美学思想的出发点与指归目标的阐明”[④]，李范则说“人生的艺术化”是朱光潜美育思想的核心[⑤]，尤战生延续了李范的看法[⑥]，近来有篇硕士论文把“人生的艺术化”定为朱光潜美学思想的核心也颇下了一番功夫[⑦]。这些评价都有言之成理之处，笔者无意去反驳，然而“人生的艺术化”与“形象的直觉”、诗境理论等专门的

---

① 周小仪曾对这一时期的唯美主义文艺思想作过简要梳理，可资参考：“朱自清、俞平伯均附和周作人，提倡一种‘刹那主义’的生活态度，专注于唯美的瞬间感受，具有浓厚的生活艺术化色彩。在此之前，蔡元培就提出了‘以美育代宗教说’(1917)，主张以美育改造人生，‘陶养吾人之感情，使有高尚纯洁之习惯’。诗人、美学家宗白华也撰文《新人生观问题的我见》(1920)，阐述‘唯美主义的人生观’或‘艺术的人生观’，即‘积极地把我们人生的生活，当作一个高尚优美的艺术品似的创造，使他理想化，美化’。郭沫若在《生活的艺术化》(1925) 中把王尔德‘穿着很奇怪的服装，在伦敦街市上游行’的传说称之为‘生活的艺术化’的‘外部生活’形式，但是进而强调‘用艺术的精神来美化我们的内在生活’，‘养成一个美的灵魂’。在20世纪30年代，美学家朱光潜也专门论述过‘人生的艺术化’(1932) 问题，认为‘人生本来就是一种较广义的艺术。每个人的生命史就是他自己的作品’。翻译过王尔德的批评论文的林语堂向西方介绍‘中国最优越睿智的哲人们所知道，并且在他们的民间智慧和文学里表现出来的人生观和事物观’，其专著的中文译本也取名为《生活的艺术》(1938—1941)。”——周小仪《唯美主义与消费文化》，北京大学出版社2002年版，第223~224页。

② 劳承万：《朱光潜美学论纲》，安徽教育出版社1998年版，第142页。

③ 爱箫：《“人生的艺术化”——理解朱光潜早期文艺美学思想的枢机》，《天府新论》1998年第6期。

④ 王旭晓：《“人生的艺术化”——朱光潜早期美学理想与他的人格理想》，见叶朗主编《美学的双峰：朱光潜、宗白华与中国现代美学》，安徽教育出版社1999年版。

⑤ 李范：《朱光潜美育思想的核心——“人生的艺术化”》，见叶朗主编《美学的双峰：朱光潜、宗白华与中国现代美学》，安徽教育出版社1999年版。

⑥ 尤战生：《“人生的艺术化”——朱光潜美育思想的核心观念》，《求是学刊》2003年第5期。

⑦ 陈恒：《朱光潜“人生的艺术化”理论研究》，浙江师范大学硕士学位论文，2005年5月。

美学、艺术理论终究有所不同，将之说成一种人生态度、处世方式似乎来得更切实一些。应该承认，朱光潜的美学业绩与其艺术化的人生取向有着不可分割的关系，从这个意义上说，“人生的艺术化”实是一种美学精神。这种美学精神的形成自然离不开中西文化资源的陶养，以前的研究者也曾论述。在中国文化资源方面，道家特别是庄子的思想实处于前提与基础的地位，这一点还有待本书的发掘。

“人生的艺术化”是《谈美》最后一章的副标题，朱光潜说：

人生本来就是一种较广义的艺术。每个人的生命史就是他自己的作品。这种作品可以是艺术的，也可以不是艺术的，……分别全在性分与修养。①

什么样的性分和修养才是艺术的呢？艺术化的人生既在创造，又在欣赏，而关键在于能欣赏，“你是否知道生活，就看你对于许多事物能否欣赏。欣赏也就是‘无所为而为的玩索’”②。只要你有欣赏的眼光，有“无所为而为”的态度，哲学的、科学的对象也会成为美感对象，人生便是艺术化的人生。在《谈美》的“开场话”中，朱光潜就有类似的表述：

要求人生净化，先要求人生美化。

人要有出世的精神才可以做入世的事业。

艺术的活动是“无所为而为”的。我以为无论讲学问或是做事业的人都要抱有一副“无所为而为”的精神，把自己所做的学问事业当作一件艺术品看待，只求满足理想和情趣，不斤斤于利害得失，才可以有一番真正的成就。③

可见，所谓“出世的精神”就是“无所为而为”的精神。“无所为而为”即老子常说的“无为而无不为”，所以“出世的精神”盖指道家的精

① 朱光潜：《朱光潜全集》第 2 卷，安徽教育出版社 1987 年版，第 91 页。
② 朱光潜：《朱光潜全集》第 2 卷，安徽教育出版社 1987 年版，第 96 页。
③ 朱光潜：《朱光潜全集》第 2 卷，安徽教育出版社 1987 年版，第 6 页。

神。然而朱光潜第一次谈到“以出世的精神，做入世的事业”时，并没有与道家联系起来，他早年在《悼夏孟刚》（1926 年 5 月）中提到“绝我而不绝世”的态度时，说：“持这个态度最显明的要算释迦牟尼，他一生都是‘以出世的精神，做入世的事业’。”① 而从他的论说来看，“出世”之说与道家精神更为接近。后来的《生命》一文，朱光潜以其对佛家的了解无法圆满解答“既证明生命空幻而还要这样护持生命”这一属于佛家的问题②，但在庄子“化”的意念中却找到了解决这一问题的钥匙。对此，鲁迅也有一段妙论，或可作为参证：

故自史迁以来，均谓周之要本，归于老子之言。然老子尚欲言有无，别修短，知白黑，而措意于天下；周则欲并有无修短白黑而一之，以大归于“混沌”，其“不谴是非”，“外死生”，“无终始”，胥此意也。中国出世之说，至此乃始圆备。③

鲁迅所谓“出世”未必与朱光潜之“出世”同，但朱光潜的“出世”之说确有向庄子道家的倾斜。

朱光潜所谓“出世”并不意味着消极逃避，而是一种“入世”的心态。“出世”而“入世”即老子常说的“无为而无不为”，“出世”即是“无为”，如果我们要从朱光潜引用的庄子语汇中找一个形象的说法，那就是“鱼相与忘于江湖”。初看起来，朱光潜“出世”、“人生艺术化”的说法与“鱼相与忘于江湖”了无相涉，细察之下则会发现，“鱼相与忘于江湖”实是“人生的艺术化”的形象写照。

朱光潜十分欣赏陶渊明，他在《陶渊明》一文中说：

陶渊明打破了现在的界限，也打破了切身利害相关的小天地界限，他的世界中人与物以及人与我的分别都已化除，只是一团和气，普运周流，人我物在一体同仁的状态中各徜徉自得，如庄子所说的“鱼相与忘于江

---

① 朱光潜：《朱光潜全集》第 1 卷，安徽教育出版社 1993 年版，第 76 页。
② 朱光潜：《朱光潜全集》第 9 卷，安徽教育出版社 1993 年版，第 277 页。
③ 鲁迅：《鲁迅全集》第 9 卷，人民文学出版社 2005 年版，第 377 页。

湖”。[①]

陶渊明的人生实在是一种艺术化的人生，这也是朱光潜的人生理想，这也便是“鱼相与忘于江湖”的境界。朱光潜在《生命》一文中也说：

人的最聪明的办法是与自然合拍，如草木在和风丽日中开着花叶，在严霜中枯谢，如流水行云自在运行无碍，如“鱼相与忘于江湖”。[②]

“鱼相与忘于江湖”在朱光潜这里就是摆脱了外在事功的拘囿，与自然万物一样自然而然地生活的境界。这也就是“出世”，也就是“无为”。

“鱼相与忘于江湖”语出《庄子·大宗师》：

泉涸，鱼相与处于陆，相呴以湿，相濡以沫，不如相忘于江湖。与其誉尧而非桀也，不如两忘而化其道。

“鱼相与忘于江湖”的故事显然是为了说明后面的道理。鱼儿与其濒临绝境，相互帮助以示友爱，不如互不相识，逍遥于江湖之中以尽其天命。“誉尧而非桀”即是是非，与其任是任非，不如是非双遣而通达道境。成玄英疏：“犹大道之世，物各逍遥，鸡犬声闻，不相往来。”[③] 人们对老子的小国寡民之世颇多苛责，谓其消极，却没有觉察到其中隐含的深切的关怀。与其礼尚往来而生偏爱，不如忘怀礼义而各成自然之命。“自然之命”说得玄妙一点，就是郭象所谓的“性”。《庄子》此段郭象注曰：

与其不足而相爱，岂若有余而相忘。

夫非誉皆生于不足。故至足者，忘善恶，遗死生，与变化为一，旷然无不适矣，又安知尧桀之所在耶。[④]

---

① 朱光潜：《朱光潜全集》第3卷，安徽教育出版社1987年版，第259页。

② 朱光潜：《朱光潜全集》第9卷，安徽教育出版社1993年版，第278页。

③ 郭庆藩：《庄子集释》，中华书局2004年版，第242页。

④ 郭庆藩：《庄子集释》，中华书局2004年版，第242、243页。

所谓“足”不应简单地理解为外在条件的充足，“足”应是“性”之足，如郭象《庄子·逍遥游》篇题注曰：

夫小大虽殊，而各放于自得之场，则物任其性，事称其能，各当其分，逍遥一也，岂容胜负于其间哉![1]

“物任其性，事称其能”即是“足”也，如是才有“鱼相忘乎江湖，人相忘乎道术”（《庄子·大宗师》）之说。鱼与人皆任其天性，即可相忘而逍遥。郭象所谓“性”与其所谓“自然”、所谓“独化”皆可相通。钱穆说“自然即独化也”[2]，李昌舒也说“郭象哲学的核心范畴是‘独化’，‘独化’的主体是‘性’”[3]。现在人们研究古学特喜标一“逻辑起点”，而中国古学的许多所谓概念皆可循环相阐，不像西方的认识论那样有严整的秩序。自然即独化，独化即因循自性的独化，性即自然之性。

朱光潜“鱼相与忘于江湖”的艺术化人生境界可以从三个方面来理解：“诱然皆生而不知所以生，同焉皆得而不知所以得”、“无我”、“化”。

（一）诱然皆生而不知所以生，同焉皆得而不知所以得

《谈人生与我》讲作者的两种看待人生的方法，其一是把自己摆在前台，其二是把自己摆在后台。

站在前台时，我把我自己看得和旁人一样，不但和旁人一样，并且和鸟兽虫鱼诸物也都一样。

我把自己看作草木虫鱼的侪辈，草木虫鱼在和风甘露中是那样活着。象庄子所说，它们是“诱然皆生，而不知所以生；同焉皆得，而不知所以得”。

所谓“不知”即是“自然”，成玄英疏曰：

---

① 郭庆藩：《庄子集释》，中华书局2004年版，第1页。

② 钱穆：《庄老通辨》，生活·读书·新知三联书店2005年版，第438页。

③ 李昌舒：《自然与自由——论郭象哲学之“性”》，《中国哲学史》2005年第3期。

诱然生物，禀气受形，或方或圆，乍曲乍直，亭之毒之，各足于性，悉莫辨其然，皆不知所以生，岂措意于缘虑，情系于得失者乎！①

世间万物皆顺其自然本性而存在，像朱光潜后来所说的"与自然合拍"，也就不会有什么得失之患。"生活自身就是方法，生活自身也就是目的"，"世间少我一个，多我一个，或者我时而幸运，时而受灾祸侵逼，我以为这都无伤天地之和"。② 这真是庄子"安时而处顺"的现实运用。

"我站在后台时把人和物也一样看待……是非善恶对我都毫无意义。"这也就是庄子所说"与其誉尧而非桀，不如两忘而化其道"，只是冷静旁观，不作是非的分辨。这种看待人生的方法与站在前台没有根本的区别，同样是无为，同样是自然。

（二）无我

朱光潜在一次讲演中说：

我学文学和美学所得的是学会看人，把"自我"置诸物外，纯粹作为旁观者，这样自己常是小说家、戏剧家去看人，看社会，这种"无我"的境界使自己摆脱许多无谓的烦恼与纷纭。③

"无我"也是庄子的观念，"无我"在庄子那里即"丧我"、"忘我"，即去掉"我"的好恶心知之性与是非之心，此一境界也就是"两忘而化其道"的境界。文学或美学带来的"无我"的态度在《谈学文艺的甘苦》中说得更为详细，因朱光潜特重视这一段，在《谈冷静》中又加以引证，我们也不避繁冗，将其抄录于下，以见朱光潜的真意：

我应该感谢文艺的地方很多，尤其是它教我学会一种观世法。一般人常以为只有科学的训练才可以养成冷静的客观的头脑。……我也学过科

① 郭庆藩：《庄子集释》，中华书局2004年版，第322页。

② 此段和下段所引朱光潜语俱见《谈人生与我》，《朱光潜全集》第1卷，安徽教育出版社1987年版，第57～59页。

③ 朱光潜：《研究文学的途径》，《朱光潜全集》第8卷，安徽教育出版社1993年版，第385～386页。（原刊《大学新闻周报》第3卷第10期，1935年5月7日）

学，但是我的冷静的客观的头脑不是从科学得来的，而是从文艺得来的。凡是不能持冷静的客观的态度的人，毛病都在把“我”看得太大。他们从“我”这一副着色的望远镜里看世界，一切事物于是都失去它们的本来面目。所谓冷静的客观的态度就是丢开这副望远镜，让“我”跳到圈子以外，不当作世界里有“我”而去看世界，还是把“我”与类似“我”的一切东西同样看待。这是文艺的观世法，这也是我所学得的观世法。[①]

文艺给了朱光潜冷静的态度，这冷静就是“让‘我’跳到圈子以外”，即是“无我”[②]。而说“把‘我’与类似‘我’的一切东西同样看待”也就是《谈人生与我》中站在后台时的态度，又与“诱然皆生而不知所以生，同焉皆得而不知所以得”同调了。朱光潜的冷静得之于文艺而非科学，也就决定了朱式冷静的特殊性。如他所说：“冷静并不如庄子所说的‘形如槁木，心如死灰’，但是象他所说的游鱼从容自乐。”[③]“游鱼从容自乐”虽出自庄与惠濠梁之辩的故事，但依循的仍然是“鱼相与忘于江湖”的意旨。

朱光潜后来所说的看戏的人生理想也可以视为朱式冷静的演绎。《谈人生与我》中说他“平时很喜欢站在后台看人生”，自然也欣赏看戏人的人生理想。老庄俱属“看戏”的一类，庄子尤其如此。在引述了庄子“看戏”的观点后，朱光潜特别称道庄子的一个譬喻：“至人之用心若镜，不

---

① 朱光潜：《谈学文艺的甘苦》，《朱光潜全集》第3卷，安徽教育出版社1987年版，第343~344页。

② 不能讳言，“无我”的观念也有得自佛家处，如《谈冷静》中说“佛家主张‘无我相’，老子劝告孔子‘去子之骄气与多欲’，都是有见于‘执我’的错误”，我们不能因为谈庄子与朱光潜的关系而故意抹杀这一事实。老子语出自《史记·老子韩非列传》。

③ 朱光潜：《谈冷静》，《朱光潜全集》第4卷，安徽教育出版社1988年版，第82页。（“形如槁木，心如死灰”即庄子所谓“丧我”，而庄子“丧我”之意并不真在“槁木”、“死灰”，而在于“天籁”，“夫吹万不同，而使其自己也，咸其自取，怒者其谁邪！”）

将不逆，应而不藏”。[①] 庄子原文的后面还有一句话：“故能胜物而不伤”（《庄子·应帝王》），郭象注曰：“物来乃鉴，鉴不以心，故虽天下之广，而无劳神之累。”[②]“心”以“镜”譬，即谓心纳万物而不以万物为念，故患虑无所经怀。朱光潜之所以激赏这个譬喻，还是由于他那一直以来的看法——“是非善恶对我都毫无意义”，或许这种看法本就得自于庄子。

（三）化

前述两点有密切联系，但仍大致可分为前台的态度、后台的态度。朱光潜后又于《生命》一文拈出庄子“化”的意念，可以说统合了前、后台的态度，突破了“我执”，超脱了生死。其引《庄子》文“今大冶铸金”[③]一段后说：

在这个比喻里，庄子破了“我执”，也解决了生死问题。

庄子所谓寐觉，是比喻生死。睡一觉醒过来，本不算一回事，生死何尝不如此？寐与觉为化，生与死也还是化。

也正如庄子所说“浸假而化予之左臂以为鸡，予因之以求时夜；浸假而化予之右臂以为弹，予因之以求鸮炙……”，朱光潜继而说：

试想宇宙中有几许因素来化成我，我死后在宇宙中又化成几许事物，经过几许变化，发生几许影响，这是何等伟大而悠久，丰富而曲折的一个游历，一个冒险？这真是所谓“逍遥游”！

---

① 庄子尤其如此。他齐是非，一生死，逍遥于万物之表，大鹏与鯈鱼，姑射仙人与庖丁，物无大小，都触目成象，触心成理，他自己却“凄然似秋，暖然似春”，哀乐毫无动于衷。他得力于他所说的“心齐”；“心齐”的办法是“若一志，无听之以耳，而听之以心”，它的效验是“虚室生白，吉祥止止”。他在别处用了一个极好的譬喻说：“至人之用心若镜，不将不逆，应而不藏。”——《朱光潜全集》第9卷，安徽教育出版社1992年版，第259页。（“暖然似春”，“暖”应为“煖”。“不将不逆”亦为“不将不迎”）

② 郭庆藩：《庄子集释》，中华书局2004年版，第309页。

③ 今大冶铸金，金踊跃曰“我且必为镆铘”，大冶必以为不祥之金。今一犯人之形，而曰“人耳人耳”，夫造化者必以为不祥之人。今一以天地为大炉，以造化为大冶，恶乎往而不可哉！成然寐，蘧然觉。——《庄子·大宗师》

其意犹未尽，又接着说：

> 这种人生态度就是儒家所谓“赞天地之化育”，郭象所谓“随变任化”（见《大宗师》篇“相忘以生”句注），翻成近代语就是“顺从自然”。①

朱光潜于庄子的“化”已经说得非常明白了，无需我们再行费词。庄子的“化”追求的也就是突破外物带来的心的拘滞，以成其无待的逍遥。这里面关键的还是一个“顺”字，顺从自然，即自然而然，也就是朱光潜下文所说的“与自然合拍”，亦即“鱼相与忘于江湖”隐含的意义。朱光潜“人生的艺术化”也可以说是“人生的自然化”，人只有保持一种无为的、冷静的、自然的心态，才能生出欣赏的眼光，才能使生活美化、艺术化。

第二节　庄子与诗性美学家宗白华

宗白华美学对中国传统文化、古典艺术的关注决定了他与庄子的关系比其他几位美学家更为明显。由于这层密切关系，学界谈及宗白华美学与传统的关系时都会或多或少地涉及庄子，但集中地探究庄子与宗白华美学关系的文章还未前见。汪裕雄、萧湛两位在他们有关宗白华美学的论著中也没有特意突出庄子的地位，然而他们在梳理宗白华美学思想的过程中，相较于其他论者，的确更倾向于道家、庄子。汪裕雄、桑农的《艺境无涯——宗白华美学思想臆解》将宗白华“意境创构论”分为三部分：外师造化，中得心源；俯仰往还，远近取与；化实景为虚境，创形象为象征。每一部分都与道家、庄子有密切联系，现摘要述之。“外师造化，中得心源”，“造化”二字即来自《庄子·大宗师》，“张璪的八字诀，是建立在

---

① 朱光潜:《生命》,《朱光潜全集》第9卷，安徽教育出版社1992年版，第277～278页。

老庄论道基础上的"；"俯仰往还，远近取与"源自《周易·系辞》，而"《周易》的观照法也与老庄之学多有相通"，汪裕雄对庄子尤为看重，"较之老子，庄子的体道方式，已从静观于道转入精神活动的自由扩展，其观照方式，也从哲理领悟进于体道的内在体验。其上下流眄、远近往还的所在，已是心灵创造的又一时空。其中的高与远，已是意中之高，意中之远。逍遥之境，实乃想象中、体验中的心灵之境。从这一点说，它与审美的意境，已颇难区分了"，"在魏晋，类似庄子'逍遥游'的人生理想，有了新的名称，那就是'玄远'"；至于"虚"，更离不开老庄的贡献，"老庄的'虚空'，是生成万物、养育万物生命的真源"。[①] 汪裕雄的阐述是沿着宗白华的思路以求宗白华美学与庄子关系的外显，是在宗白华美学的建构中估价庄子参与其中的作用，看得出汪无论对于庄子还是对于宗白华都有深刻的理解。萧湛《生命·心灵·艺境——论宗白华生命美学之体系》[②] 专列一章论"道家的影响"，又另有一节谈"《庄子》与禅宗的境界形而上学"。与汪裕雄不同，萧著没有着重论述道家、庄子在宗白华美学建构中所起的作用，而是从宗白华对道家、庄子思想的运用着眼，进一步阐解影响宗白华的道家之源，作者这样做，或许是想通过对道家思想的深入理解，不言自明地呈现宗白华美学与道家美学的渊源关系。汪、萧两位的研究为我们论题的进一步展开提供了有益启示，汪裕雄的论作尤能为我们今天的研究提供方法上的参考。我们谈庄子与宗白华美学的关系，首先欲从宏观角度确定庄子在宗白华美学中的地位，在此基础上进而考察庄子思想在宗白华美学中的运用。

在进入讨论之前，我们对宗白华美学的认识需要明确几个前提：①我们专门谈庄子与宗白华美学的关系可能会于无意间放大阐释者的权力，给人以庄子在宗白华美学中起了主要作用的感觉。宗白华对庄子可能有所偏爱，但在大多数情况下，宗白华对待儒道两家并无厚薄之分，传统文化在宗白华的视域中是一个浑然的整体，其对后世艺术的影响没有绝对的界分，如"我们有'天地为庐'的宇宙观。老子曰：'不出户，知天下。不

① 汪裕雄、桑农：《艺境无涯——宗白华美学思想臆解》，安徽教育出版社 2002 年版，第 131、151、154、171 页。

② 萧湛：《生命·心灵·艺境——论宗白华生命美学之体系》，上海三联书店 2006 年版，萧湛即肖湛。

窥牖，见天道。’庄子曰：‘瞻彼阕者，虚室生白。’孔子曰：‘谁能出不由户，何莫由斯道也?’”[①] ②宗白华进行中西艺术比较时，也曾说西方绘画“正面对立的态度也不免暗示着物与我中间一种紧张，一种分裂，不能忘怀尔我，浑化为一，而是偏于科学的理知的态度”[②]，不能否认其中包含着一些对“正面对立”态度的不满，但这并不意味着宗白华贬低西方绘画的实绩。宗白华对待中西艺术的态度，正如汪裕雄所说是一种“艺术通观”(中西艺术的通观)[③]，有同异之别，无优劣之分。如宗白华说“西洋画表现气韵生动，实较中国色彩为易”[④]，《论素描》更极赞“素描是返于‘自然’，返于‘自心’，返于‘直接’，返于‘真’，更是返于纯净无欺”[⑤]。③宗白华美学的“古典”与“现代”。自李泽厚给宗白华美学以“古典”的定位之后，有关宗白华美学的“古典”与“现代”问题有过一段时间的争论[⑥]。其实，“古典”与“现代”完全没有必要细分，宗白华以现代身份观照古典艺术，本身就是一个古典美学资源走向现代的成功个案。

一、宗白华“生命”美学的庄子底色

“生命”一词在宗白华的美学论著中出现的频率非常高，自然、艺术

---

① 宗白华:《中国诗画中所表现的空间意识》,《宗白华全集》第2卷，安徽教育出版社1994年版，第429页。(原刊于《新中华》第12卷第10期，1949年5月16日出版)

② 宗白华:《中西画法所表现的空间意识》,《宗白华全集》第2卷，安徽教育出版社1994年版，第146页。(原载商务印书馆出版的《中国艺术论丛》，1936年第1辑)

③ 汪裕雄、桑农:《艺境无涯——宗白华美学思想臆解》，安徽教育出版社2002年版，第219页。

④ 宗白华:《论中西画法的渊源与基础》，《宗白华全集》第2卷，第107页。(原刊于中央大学《文艺丛刊》，第1卷第2期，1934年10月出版)

⑤ 宗白华:《论素描——〈孙多慈素描集〉序》，《宗白华全集》第2卷，安徽教育出版社1994年版，第117~118页。(《孙多慈素描集》于1935年出版)

⑥ 胡继华、云慧霞曾对相关的论争进行过梳理，可参阅。分别见胡继华《宗白华：文化幽怀与审美象征》“引言”部分，文津出版社2005年版；云慧霞《宗白华文艺美学思想研究》“引论”部分，中国社会科学出版社2009年版。

皆是生命的表现，不少论者因而称宗白华美学为“生命美学”[①]。20 世纪 90 年代中期以来，有关宗白华“生命”美学观念的讨论就没有间断过[②]，一些博士论文也纷纷以“生命”立题，即使不以“生命”为题的论著也每每涉及“生命”的言说。何为“生命”？陈望衡认为“生命的本质在于精神”。从他的论述来看，这种说法无可厚非，而本书以为不宜对“生命”再作抽象的框定，“生命”本身就是宗白华美学最后的据点。宗白华关于“生命”的集中表述出现在《看了罗丹雕刻以后》：“我们知道‘自然’是无时无处不在‘动’的……动者是生命之表示，精神的作用；描写动者，即是表现生命，描写精神。自然万象无不在‘活动’中，即是无不在‘精神’中，无不在‘生命’中。艺术家要想借图画、雕刻等以表现自然之真，当然要能表现动象，才能表现精神、表现生命。”[③]“动”是“生命”、“精神”的表征，“生命”与“精神”则难再作清晰的区分，“生命”即“精神”，“精神”即“生命”。宗白华的这种生命观点与叔本华的唯意志论、伯格森的生命哲学不无关系，及其转向中国艺术的深入探讨后，又深得《周易·系辞》“生生之谓易”的启示[④]，而现实的观感和体验则直接促成了这种动感“生命”观。宗白华一颗敏感的诗心似乎天然就有觉知自然、生命之“动”的功能，自然的一切都能在宗白华美学的心灵里生命化、节奏化。

宗白华“生命”美学的创生、发展过程始终离不开对中西文化、艺术

---

① 李衍柱、陈望衡分别有《生命的艺术化　艺术的生命化——宗白华生命美学新体系》和《宗白华的生命美学观》，见《文学评论》1997 年第 3 期和《江海学刊》2001 年第 1 期。

② 除上注两篇文章外，还有成立的《中国生命文化与传统美学——宗白华先生的美学视野》（见叶朗主编《美学的双峰：朱光潜、宗白华与中国现代美学》，安徽教育出版社 1999 年版）、邓家林的《生命之舞——宗白华先生论中国艺术的审美灵境》（《河北大学学报》（哲学社会科学版）1998 年第 2 期）、徐迎新《以生命价值点化中国艺术境界：宗白华与“艺境”》（《辽宁大学学报》（哲学社会科学版）2006 年第 1 期）等。

③ 宗白华：《看了罗丹雕刻以后》，《宗白华全集》第 1 卷，安徽教育出版社 1994 年版，第 312 页。

④ 宗白华“生命”观念的渊源所自，很多论者都曾探讨，尤以萧湛阐述详尽，可参看《生命·心灵·艺境——论宗白华生命美学之体系》（上海三联书店 2006 年版）第二章、第四章。

的深刻理解。与我们对宗白华钟情于中国古典艺术的印象不同，他对中西艺术的态度实如汪裕雄所说是一种“艺术通观”（中西艺术的通观）[①]，并不强分优劣。虽然有时他说西方绘画“正面对立的态度也不免暗示着物与我中间一种紧张，一种分裂，不能忘怀尔我，浑化为一”[②]，但这并不意味着贬低西方绘画的实绩，如他说“西洋画表现气韵生动，实较中国色彩为易”[③]，《论素描》更极赞“素描是返于‘自然’，返于‘自心’，返于‘直接’，返于‘真’，更是返于纯净无欺”[④]。而中国传统文化在宗白华的视域中也是一个浑然的整体，其对后世艺术的影响没有绝对的界分，如“我们有‘天地为庐’的宇宙观。老子曰：‘不出户，知天下。不窥牖，见天道。’庄子曰：‘瞻彼阕者，虚室生白。’孔子曰：‘谁能出不由户，何莫由斯道也？’”[⑤] 宗白华对中西文化艺术的“通观”并不妨碍他有钟情的对象，或许由于庄子所具有的特殊的艺术气质，宗白华对于庄子确有一种不易为人察觉的偏爱。

在接触西方大哲之前，宗白华已经与庄子莫逆于心了，“庄子、康德、叔本华、歌德相继地在我的心灵的天空出现，每一个都在我的精神人格上留下不可磨灭的印痕”[⑥]。在后来的美学历程中，宗白华由于多关注中国艺术、中国美学，康、叔、歌诸人对其的影响表现并不显著，庄子的影响却始终如一。这不仅影响了他的精神人格，在他的美学研究中也留下了深深的印迹，这从他对庄子毫不吝惜的溢美之词中可见一斑：“庄子是中国学

① 汪裕雄、桑农：《艺境无涯——宗白华美学思想臆解》，安徽教育出版社 2002 年版，第 219 页。

② 宗白华：《中西画法所表现的空间意识》，《宗白华全集》第 2 卷，安徽教育出版社 1994 年版，第 146 页。

③ 宗白华：《论中西画法的渊源与基础》，《宗白华全集》第 2 卷，安徽教育出版社 1994 年版，第 107 页。

④ 宗白华：《论素描——〈孙多慈素描集〉序》，《宗白华全集》第 2 卷，安徽教育出版社 1994 年版，第 117～118 页。（《孙多慈素描集》于 1935 年出版）

⑤ 宗白华：《中国诗画中所表现的空间意识》，《宗白华全集》第 2 卷，安徽教育出版社 1994 年版，第 429 页。

⑥ 宗白华：《我和诗》，《宗白华全集》第 2 卷，安徽教育出版社 1994 年版，第 151 页。

术史上最与自然接近的人"[1]，"庄子的理想人格'藐姑射仙人，绰约若处子，肌肤若冰雪'，不是这晋人的美的意象的源泉么"[2]，"庄子是具有艺术天才的哲学家，对于艺术境界的阐发最为精妙。在他是'道'，这形而上的原理，和'艺'，能够体合无间。'道'的生命进乎技，'技'的表现启示'道'"[3]。宗白华论中国文化艺术常"老庄"并举，即使在这种情况下，侧重点仍在庄子，这从宗白华后来对老、庄的比较中可以看出："庄子的空间意识是'深闳而肆'的，它就是无穷广大、无穷深远而伸展不止、流动不息的。这和老子的'致虚极，守静笃'正相反的。……中国许多画家的空间意识也表现着这个境界。"[4] 由此可推见，"后来成为中国山水花鸟画的基本境界的老、庄思想及禅宗思想也不外乎静观寂照中，求返于自己深心的心灵节奏，以体合宇宙内部的生命节奏"[5] 和晋人的美感"以老庄哲学的宇宙观为基础"[6] 两段话中的"老庄"，庄子的地位都有胜于老子。

宗白华非常欣赏《周易》里的"一阴一阳之谓道"，称其为"中国人的最根本的宇宙观"[7]。这种宇宙观与道家也有深刻的联系，宗白华在将《周易》与老庄思想作比较时说："我觉得老子、庄子和儒家《周易》里的思想相比较，他们较为倾向于'空间'意识，而缺乏《周易》里'时

---

① 宗白华:《读书与自动的研究》,《宗白华全集》第1卷，安徽教育出版社1994年版，第199页。

② 宗白华:《论〈世说新语〉和晋人的美》,《宗白华全集》第2卷，安徽教育出版社1994年版，第271页。

③ 宗白华:《中国艺术意境之诞生（增订稿）》,《宗白华全集》第2卷，安徽教育出版社1994年版，第364页。

④ 宗白华:《道家与古代时空意识》,《宗白华全集》第3卷，安徽教育出版社1994年版，第282页。

⑤ 宗白华:《论中西画法的渊源与基础》,《宗白华全集》第2卷，安徽教育出版社2004年版，第109页。

⑥ 宗白华:《论〈世说新语〉和晋人的美》,《宗白华全集》第2卷，安徽教育出版社2004年版，第278页。

⑦ 宗白华:《中国诗画中所表现的空间意识》,《宗白华全集》第2卷，安徽教育出版社2004年版，第434页。

空合一体’的积极性、创造性、现实性。”[①] 这是在说老庄与《周易》之不同，但二者毕竟在“空间意识”方面存在一致之处。而且，老庄“倾向于‘空间’意识”，并非没有“时间”意识。宗白华在另一处说过：“庄子却爱逍遥游。他要游于无穷，寓于无境。他的意境是广漠无边的大空间。在这大空间里作逍遥游是空间和时间的合一。”[②] 庄子逍遥游的“空间和时间的合一”尤能见出其与《周易》的相通点。后来陈鼓应专门考察了《周易》与道家思想的渊源，进一步印证了宗白华的看法。陈鼓应说：“阴阳学说在《系辞》中发展到了很高的程度，而且构成了它的一个重要理论内容。考其渊源，主要应该是受到了道家且主要是庄子思想的影响。”我们有理由相信，《周易·系辞》于庄子思想有相承之处，也可以说“一阴一阳之谓道”有着庄子思想的底蕴。宗白华自己也经常引用庄子的“静而与阴同德，动而与阳同波”（《庄子·天道》）来证明他的美学见解，如“活泼的庄子也说他‘静而与阴同德，动而与阳同波’，他把他的精神生命体合于自然的旋律”[③]，“全以波动力引起吾人游于一个‘静而与阴同德，动而与阳同波’的宇宙”，“中国人抚爱万物，与万物同其节奏：‘静而与阴同德，动而与阳同波’”[④]。“静而与阴同德，动而与阳同波”分明就是“一阴一阳之谓道”的形象化。

李衍柱在总结宗白华的“生命美学”时说：“在宗先生看来，在人类史上，真正体现艺术生命化、生命艺术化的伟人，在西方是歌德，在中国则是庄子。”[⑤] 的确如此，具有特殊艺术气质的庄子为宗白华的“生命”美学涂抹上了一层虽不亮丽但含蕴丰富的底色。宗白华“生命”美学的基调使其对中国艺术的关注带有明显的现代祈向，庄子思想与“生命”美学的

---

① 宗白华：《道家与古代时空意识》，《宗白华全集》第 3 卷，安徽教育出版社 2004 年版，第 280 页。

② 宗白华：《中国古代的音乐寓言与音乐思想》，《宗白华全集》第 3 卷，安徽教育出版社 2004 年版，第 440 页。

③ 宗白华：《中国文化的美丽精神往那里去?》，《宗白华全集》第 2 卷，安徽教育出版社 2004 年版，第 401 页。

④ 宗白华：《中国诗画中所表现的空间意识》，《宗白华全集》第 2 卷，安徽教育出版社 2004 年版，第 434、438 页。

⑤ 李衍柱：《生命艺术化　艺术生命化——宗白华生命美学新体系》，《文学评论》1997 年第 3 期。

结合也能体现出庄子思想的现代价值。在中国艺术精神的论述中，中国艺术“静”境的获得和空白的运用与生命之“动”美学观念的有机融合，尤能体现出宗白华对庄子思想创造性阐释的现代关怀。

二、虽动而静：中国艺术的“静”境与庄子艺术精神

正是对生命之“动”的欣赏，宗白华极赞充分表现生命“动相”的“舞”：“尤其是‘舞’，这最高度的韵律、节奏、秩序、理性，同时是最高度的生命、旋动、力、热情，它不仅是一切艺术表现的究竟状态，且是宇宙创化过程的象征”，“‘舞’是中国一切艺术境界的典型”。[①] 然而，与公孙大娘所舞的剑舞已不能复现于今日的情形不同的是，诗、书、画艺术一直流传至今，未致澌灭。于是宗白华从静态的诗、书、画艺术，特别是绘画艺术中寻求中国艺术的生命表现。

绘画如何表现生命的“动”呢？中国绘画“所表现的精神是一种‘深沉静默地与这无限的自然，无限的太空浑然融化，体合为一’。它所启示的境界是静的，因为顺着自然法则运行的宇宙是虽动而静的，与自然精神合一的人生也是虽动而静的。它描写的对象，山川、人物、花鸟、虫鱼，都充满着生命的动——气韵生动。……它表现着无限的寂静，也同时表示着自然最深最后的结构”[②]。这“最深最后的结构”可以说就是“生命的动”，一种“生生的节奏”。生命的“动”对应的气韵生动不难把握，而这里的“静”却非常耐人寻味。它有“安静”、“寂静”的意味，但又远非这种物理的“静”所能涵括。宗白华的语言意含隽永就表现在这里，他不是在用口说话，而是在用心、用体悟说话，总给读者一种“瞻之在前，忽焉在后”的感觉。不过，从他的叙述中我们还是能够发现一些端倪：“静不是死亡，反而倒是甚深微妙的潜隐地无数的动，在艺术家超脱广大的心襟里显呈了动中有和谐有韵律，因此虽动却显得极静。这个静里，不

① 宗白华：《中国艺术意境之诞生（增订稿）》，《宗白华全集》第2卷，安徽教育出版社1994年版，第366、369页。

② 宗白华：《介绍两本关于中国画学的书并论中国的绘画》，《宗白华全集》第2卷，安徽教育出版社1994年版，第44页。

但潜隐着飞动，更是表示着意境的幽深。唯有深心人才能刊落纷华、直造深境幽境。”① 可见，宗白华所谓的“静”离不开“艺术家超脱广大的心襟”，亦因此，中国艺术的“静”境更是一种“幽深的意境”。这种意境不同于西方艺术的意境，同样是表现生命，“西方艺术家永远追求着光、热和生命”，而中国画家意境则是“淡泊以明志，宁静以致远”②。所以，这“静”实是中国画艺的基蕴。

中国艺术的“静”境承载着中国传统文化的生命，其中又以对道家、特别是庄子的承续最为显著。论到中国艺术意境的结构特点时，宗白华首推“道”。这个“道”不独是道家之道，更是整个中国文化的道。但在具体论述中，庄子的色彩还是占了较大比重。如宗白华以庄子“庖丁解牛”的寓言故事来阐发道艺无间的艺术事实，称“庄子是具有艺术天才的哲学家，对于艺术境界的阐发最为精妙”。接下来又以“象罔得珠”的故事来阐说道艺的关系，说“只有艺‘象罔’才能得到真‘玄珠’”，“象罔”的“非无非有，不皦不昧”正是“艺术形象的象征作用”，“真理闪耀于艺术形象里，玄珠的㻞于象罔里”。象罔对应“艺”，真理、玄珠则对应“道”。道是什么？中国文化向来拒绝这种直接的诘问，老、庄在谈到“道”的问题时似乎也总喜欢“顾左右而言他”，这并非是故弄玄虚，实在是因为这种需要靠深刻的心灵去把握的对象是难落言筌的。“道”开掘了一种向精神层面跃进的深度，它不是逻辑理智可以稽求的，只有“非无非有，不皦不昧”的“象罔”才能体察得到。宗白华同样没有勉力回答“道”的问题，而是说“灿烂的‘艺’赋予‘道’以形象和生命，‘道’给予‘艺’以深度和灵魂”。③ 这深度就是艺术家心灵的深度，是艺术家“超脱广大的心襟”。因此，中国艺术的“静”境也可以说就是“道”境，而这“道”主要是道家特别是庄子的道。

中国艺术的“静”境具有庄子的品格，而要达至这种“静”境，无论

---

① 宗白华：《凤凰山读画记》，《宗白华全集》第2卷，安徽教育出版社1994年版，第377页。

② 宗白华：《题〈张茜英画册〉》，《宗白华全集》第2卷，安徽教育出版社1994年版，第404页。

③ 宗白华：《中国艺术意境之诞生（增订稿）》，《宗白华全集》第2卷，安徽教育出版社1994年版，第364～368页。

是创作还是欣赏，也需要庄子的修养功夫——虚静。宗白华很少直接用“虚静”这个词阐说中国艺术，他经常使用的是“静照”。“静照”一词来自王羲之的诗句“争先非吾事，静照在忘求”，作为 contemplation 的对应语，在宗白华这里具有特殊的美学意义。但在宗白华早期的美学研究中，contemplation 对应的不是“静照”，而是“静观”：“Contemplation（静观）此字之意，即停止一切冲动，用极冷静之眼光观察之。叔本华谓吾人若用 Contemplation 之状态，去观察，实为审美之要道。”①“静观”被宗白华视为审美方法的第一步，且基本是在叔本华的立足点上。在《论〈世说新语〉和晋人的美》中，“静观”变成了“静照”：“‘静照’（contemplation）是一切艺术及审美生活的起点。”②“静观”转变为“静照”不仅仅是称谓的变化，更重要的是美学意义的深化。如果说“静观”基本是在西方美学的立场上，那么“静照”的使用则完成了一次文化转身，即由叔本华式的审美静观转化为融合了叔氏静观论的中国式审美观照。晋人的审美生活浸润了虚玄的道家理想，虽然“照”字的佛家色彩较为显著，但在宗白华这里，“静照”显示的主要还是道家特别是庄子的“虚静”思想，这从宗白华后来对“静照”的阐释中能更为明显地看出来。

《论文艺的空灵与充实》一文说：“艺术心灵的诞生，在人生忘我的一刹那，即美学上所谓‘静照’。静照的起点在于空诸一切，心无挂碍，和世务暂时绝缘。这时一点觉心，静观万象，万象如在镜中，光明莹洁，而各得其所，呈现着它们各自的充实的、内在的、自由的生命，所谓‘万物静观皆自得’。这自得的、自由的各个生命在静默里吐露光辉。”③这里我们分明看到庄子的身影了。“心无挂碍，和世务暂时绝缘”就是梓庆的“不敢怀庆赏爵禄，不感怀非誉巧拙，辄然忘吾有四枝形体”，忘却世间的纷扰，才能进行美的观照。以这种心灵去观察万象，才能真正体味到生命的律动，即生命的自得、自由、自然。后面一句简直就是《庄子·天道》

---

① 宗白华：《美学》（讲稿），《宗白华全集》第1卷，安徽教育出版社1994年版，第437~438页。

② 宗白华：《论〈世说新语〉和晋人的美》，《宗白华全集》第2卷，安徽教育出版社1994年版，第275页。

③ 宗白华：《论文艺的空灵与充实》，《宗白华全集》第2卷，安徽教育出版社1994年版，第345页。

中论“虚静”一段的翻版：“其自为也，昧然无不静者矣。圣人之静也，非曰静也善，故静也；万物无足以铙心者，故静也。水静则明烛须眉，平中准，大匠取法焉。水静犹明，而况精神！圣人之心静乎！天地之鉴也，万物之镜也。夫虚静恬淡寂寞无为者，天地之平而道德之至也，故帝王圣人休焉。”宗白华在《中国美学思想主题研究笔记》中谈到“艺术创造之精神的心理的基础”[①] 时，也恰恰是以这段话作为重点说明的对象。从“审美方法的第一步”，到“一切艺术及审美生活的起点”，再到这里的“精神的心理的基础”，宗白华始终沿循着叔本华的美学理路，同时又以庄子的虚静论作为“期待视野”，最终形成了具有中国文化底蕴的“静照”美学观。庄子“万物无足以铙心，故静”的说法似乎与宗白华所论相反。宗白华论述的重点在于心静故能观万物之自为，庄子论说的重点在于心任万物之自为故静，但若单纯从静达到的境界来看，二者实无什么分别。“圣人之心静乎！天地之鉴也，万物之镜也”，用庄子自己的话解释就是“圣人之用心若镜，不将不迎，应而不藏”（《庄子·大宗师》），也即是宗白华“万象如在镜中”的话。中国的绘画无论是创造还是欣赏，都需要虚静的心灵。只有心灵虚静，才能表现宇宙生命的自然的动相；只有虚静的心灵，才能欣赏自然的生命。“虚则静，静则动，动则得矣”（《庄子·天道》），宗白华更以一句话作点睛之论：“深沉的静照是飞动的活力的源泉。”[②]

所以，中国绘画“静”境的获得得益于庄子。“静”的真谛在于自然，即任万象在一个自由的境中自然兴发，不放纵人的好知的心去裁割万物，万物因而能在此“静”境中呈现其生命的动相。这里面关键的一点是创作者、欣赏者本身也要“自然”化，如叶维廉所说的复得“原性”，即回复到庄子所说的“天放”、“素朴”的自然状态，[③] 才能与自然万物融为一体，才能任艺术境界中的物象自由呈现。

---

① 宗白华：《宗白华全集》第 3 卷，安徽教育出版社 1994 年版，第 545 页。

② 宗白华：《中国艺术意境之诞生（增订稿）》，《宗白华全集》第 2 卷，安徽教育出版社 1994 年版，第 367 页。

③ 叶维廉：《饮之太和》，（台湾）时报文化出版公司 1980 年版，第 243 页。

三、无画处皆成妙境

与形而上的“静”的品格不同，中国绘画“空白”的使用多少具有形而下的技艺层面的意思，中国古代画论中就有很多“空白”的应用法，如清代钱杜说：“丘壑太实须间以瀑布，不足再间以云烟，山水之道，宁空无实。”（《松壶画忆》）“空白”的使用确乎是一种技艺，而使用空白的目的却仍然要归结到形而上的意义中去，如笪重光说“无画处皆成妙境”（《画筌》）。“妙境”即是“空白”的目的，只可意会，不可言传。中国古代画论中亦有许多与“妙境”相仿的词，谢赫的“气韵生动”就常被人拿来形容空白造成的艺术效果。这些词语并不纯然是蹈虚之论，而是古代艺术家的从艺箴言，带着他们生命的温度。但对于一般人来讲，古代艺术家的这种表达方式终有一层隔膜。

宗白华非常重视中国艺术中的“空白”，将之与“道”、“舞”并列为中国艺术意境的特点。宗白华的美学语言虽然也含蓄蕴藉，但与古人不同的是，他将生命之“动”的现代元素引入到“空白”的阐释中，抓住了时代脉搏，使中国艺术的“空白”理论质实了许多。“中国画最重空白处。空白处并非真空，乃灵气往来生命流动之处”①，“空白在中国画里不复是包举万象位置万物的轮廓，而是溶入万物内部，参加万象之动的虚灵的‘道’”②。即使是不可言说的“道”，由于与生命之“动”的内在通联，也不再那么晦涩朦胧。宗白华的这种糅合古代审美体验与现代观念于一炉的表达方式，既维系了传统美学的生命又具有明显的现代向度，让一般读者接受起来更为亲切。

论到“空白”，宗白华另一超越古人又具有现代祈向的做法是对整幅空白画底的重视。他说：“纸上的空白是中国画真正的画底”，“在一片空白上随意布放几个人物，不知人物在空间，还是空间因人物而显。人与空

---

① 宗白华：《徐悲鸿与中国绘画》，《宗白华全集》第2卷，安徽教育出版社1994年版，第51页。

② 宗白华：《论中西画法的渊源与基础》，《宗白华全集》第2卷，安徽教育出版社1994年版，第101页。

间，溶成一片，俱是无尽的气韵生动”。[1] 古人论“空白”的妙处多在于有画处与无画处的交相辉映，即所谓虚实相生，宗白华当然也重视这种虚实相生，但他进而从整幅空白画底着手探讨中国画境的奥妙，不能不说是一种创造。这种创造的基础即是中西比较。“中国画家面对这幅虚白，不肯让物的底层黑影填实了物体的‘面’，取消了空白，像西洋油画；所以直接地在这一片虚白上挥毫运墨，用各式皴文表出物的生命节奏。”[2] 由于与西洋油画对空白画底的处理方法不同，同样是表现气韵生动，中国画自有其特点：“其气韵生动为幽淡的、微妙的、静寂的、洒落的，没有彩色的喧哗炫耀，而富于心灵的幽深淡远。”[3] 中西美学思想交汇、融通中形成的比较视野明显具有现代意识，这是讥讽西洋画“笔法全无，虽工亦匠”的邹一桂所无法企及的高度。

宗白华论“空白”的妙处并不局限于绘画，在谈到中国艺术意境的“空白”特点时，他说：“中国的诗词、绘画、书法里，表现着同样的意境结构，代表着中国人的宇宙意识。”中国人根本的宇宙观是《周易》的“阴阳之道”，中国艺术的空白特点自然也承继着这种宇宙观，但更为深刻而直接的则是对道家文化传统的接续：“这无画处的空白正是老、庄宇宙观中的‘虚无’。它是万象的源泉，万动的根本。”[4] 其中，庄子的贡献尤大，宗白华更多地是以庄子的话来说明“空白”艺术的文化渊源：“庄子说：‘虚室生白。’又说：‘唯道集虚。’中国诗词文章里都着重这空中点染，抟虚成实的表现方法，使诗境、词境里面有空间，有荡漾，和中国画面具有同样的意境结构。”宗白华既重视整幅画底的空白，也重视无画处的空白，虽然这两种空白没有根本的不同，但在表现上毕竟存有差别。庄子的话对应于这种差别也有不同的侧重。“唯道集虚”侧重于整个虚白的

① 宗白华：《介绍两本关于中国画学的书并论中国的绘画》，《宗白华全集》第2卷，安徽教育出版社1994年版，第45页。

② 宗白华：《中国艺术意境之诞生（增订稿）》，《宗白华全集》第2卷，安徽教育出版社1994年版，第369页。

③ 宗白华：《论中西画法的渊源与基础》，《宗白华全集》第2卷，安徽教育出版社1994年版，第108页。

④ 宗白华：《介绍两本关于中国画学的书并论中国的绘画》，《宗白华全集》第2卷，安徽教育出版社1994年版，第45页。

画底，道集于虚，虚则显道，显的过程即是画家用画笔在虚空中点染生命的过程。“虚室生白”则侧重于无画处的空白，“庄子曰：‘瞻彼阕者，虚室生白。’这个虚白不是几何学的空间间架，死的空间，所谓顽空，而是创化万物的永恒运行着的道。这‘白’是‘道’的吉祥之光（见《庄子》）”[1]，“白”即“光”，光从画的空白处显出，照亮了整个画境，画境遂呈现出生气郁勃之貌。

中国艺术的“空白”与老庄的“虚无”绝不是简单的对应关系，“虚无”传递的是一种艺术精神，“中国画中的虚空不是死的空间间架，俾物质能在里面移动，反而是最活泼的生命源泉”[2]，“虚空”而成为“活泼的生命源泉”正是靠心灵的、精神的作用才得以实现。这种结果更要归功于庄子，庄子的“游”是使空白生命化的关键所在。宗白华比较老庄的空间意识时说：“《庄子》书这‘游’字却泄漏了庄子的秘密。而且他所说的‘老子以虚空不毁万物为寔’这句话更适合于他自己的‘虚空’观念，因为这里正是‘大而无垠’的、包罗万象的虚空，并不是老子的‘凿户牖以为室’、‘橐籥’、‘三十辐同一毂’里的刚巧‘其小无类’的虚空。”庄子“虚室生白”虽有继承老子处，但“二人一‘游’一‘守’，终竟是不同的”。[3] 庄子“包罗万象”的虚空并非要提供一个至为广大的空间来恣意妄为，而是要呈现一种“乘天地之正，御六气之辨”（《庄子·逍遥游》）以作无穷之“游”的精神逍遥之境。这种“游”主要是“心游”，如“乘物以游心”（《庄子·人间世》）、“游心乎德之和”（《庄子·德充符》）、“汝游心于淡，合气于漠”（《庄子·应帝王》）等，“心游”即是精神之“游”，落实于艺术上便是一种自由的艺术精神，是艺术生命力的源泉。刘绍瑾在其《庄子与中国美学》中指出“‘游’不是肉体的飞升，只是心灵的逍遥，精神的容与”[4]，正中庄子“游”之肯綮。所以，庄子以“心游”

---

① 宗白华：《中国诗画中所表现的空间意识》，《宗白华全集》第2卷，安徽教育出版社1994年版，第438页。

② 宗白华：《中国诗画中所表现的空间意识》，《宗白华全集》第2卷，安徽教育出版社1994年版，第439页。

③ 宗白华：《道家与古代时空意识》，《宗白华全集》第3卷，安徽教育出版社1994年版，第282～283页。

④ 刘绍瑾：《庄子与中国美学》，广东高等教育出版社1989年版，第42页。

成其“深闳而肆”的空间意识，也以“心游”使这“深闳而肆”的空间生气充盈，流动不息。中国艺术“空白”的活泼生命不是来自其自身的空间表现，而是得益于道家特别是庄子的精神滋养。

第五章

庄子与中国美学史书写

由前面几章的论述我们可以看出庄子在中国现代美学中的重要地位。从王国维不自觉地以庄子思想作为接受西方美学的期待视野，到宗白华对庄子美学的诗性演绎，庄子在诸位美学家的视域中都是一条或隐或显的重要线索。不过，1949 年前的庄子美学研究大都是吉光片羽，对庄子在中国美学中的地位及其对现代美学的贡献缺乏整体的观照。1949 年后，台港学者徐复观于 1966 年推出《中国艺术精神》，最先对庄子在中国艺术美学中的影响进行全面的阐述，称庄子的美学思想为“中国艺术精神主体”，一部中国山水画史基本上也是在庄子思想的沾溉下完成的。大陆由于政治思想的干预，对庄子思想曾一度给以否定的评价，直至 20 世纪 70 年代末第二次美学热的兴起，庄子思想才逐渐走出历史阴影，成为参与中国美学建设的重要力量。中国美学史的写作及庄子美学研究专著的出现便给我们提供了一幅庄子美学全景图。透过这幅全景图，我们会更加清晰地看到庄子美学思想在中国美学现代建构中的运动轨迹。

第一节　中国美学与中国美学史

现在我们谈“中国美学”自然包括中国古典美学和现代美学，但“中国美学”的说法曾一度与中国古典美学是重合的，因为只有中国古代的美学才能毫无争议地贴上“中国”的标签。在先行的中国美学史家那里，中国美学的合法性是毫无疑问的，中国美学史的任务就是从中国浩如烟海的文化资料中“找”出属于“美学”的那部分。20 世纪 60 年代，宗白华中国美学史的初步探索“找”美学的策略十分明显。80 年代的几部美学史著作有意识地脱离“找”美学的轨道，逐渐加强中国美学的体系性构建力度，其中便隐含着论证中国美学合法性的企图。90 年代的一些有关中国美学性质的讨论彰显了一种将“中国美学”合法化的自觉，同时蔚成风气的审美文化研究以及由此促动的中国审美文化史的写作，一方面是美学研究的新拓展，另一方面也可以视为对中国美学合法化的新探索。所以，中国美学史的写作过程也是“中国美学”的建构过程，是将西方美学的合法性进行本土化转换的过程。

宗白华在20世纪60年代对中国美学史的初步探索虽然处于一种“找”美学的阶段，但他确立的寻找范围为后来的美学史家奠定了基础。他谈到的中国美学史的两个特点也是他勾勒的中国美学史的研究范围，其一是哲学家著作中及文学艺术理论中包含的美学思想，其二是各门传统艺术在审美特殊性和审美观方面的相同或相通处。前者几乎是后来的美学史著作普遍重视的内容，后者则为中国美学的体系性构建提供了某种启示。另外，宗白华所强调的对考古学及古文字学成果的关注也为审美文化研究开启了一条路径。①

20世纪80年代，李泽厚、刘纲纪主编的《中国美学史》以其实际成果超越了“找”美学的阶段。他们分中国美学史研究为“广义的研究”和“狭义的研究”，广义的研究基本与宗白华勾勒的范围相同，但更注重美学思想的考察；狭义的研究则是“以哲学家、文艺家或文学理论批评家著作中已经多少形成的系统的美学理论或观点作为主要研究对象”，集中注意于“我们民族的审美意识发展在理论上的表现”。这种狭义的研究所具备的一种意义是“从理论上分析我国美学基本的范畴、规律和特征，探讨中国美学体系的基本构成”，显示了构建中国美学的自觉。② 叶朗的《中国美学史大纲》建构中国美学体系的意图更为明确，“绪论”中第一节的题目便是“系统研究中国美学史是建立现代美学体系的迫切需要”，“现代美学体系”当然不能没有中国古典美学的参与，因为建立现代美学体系也需要“古典美学与当代美学的相互贯通”。关于中国美学史的研究范围，他的观点与此前的《中国美学史》基本一致，认为“中国美学史的研究对象是历史上各个时期的表现为理论形态的审美意识，也就是历史上各个时期出现的美学范畴、美学命题以及由这些范畴、命题构成的美学体系”③。敏泽的《中国美学思想史》也谈到建立“科学的中国美学体系”，认为“美学思

① 宗白华：《中国美学史中重要问题的初步探索》，《宗白华全集》第3卷，安徽教育出版社1994年版，第447～449页。（该文为作者在1963年为北京大学哲学系、中文系高年级学生开设的中国美学史讲座的讲稿，由叶朗整理，后经宗白华先生审校，载于《文艺研究》1979年第6辑）

② 李泽厚、刘纲纪主编《中国美学史》第1卷，中国社会科学出版社1984年版，第4～8页。

③ 叶朗：《中国美学史大纲》，上海人民出版社1985年版，第1～6页。

想史研究的对象，最根本的一点，就是要研究我们伟大民族的审美意识、观念、审美活动的本质和特点发展的历史”，因而他也注重“美学思想的理论形态”。[①] 这几部美学史的编排体例并不一样，但在研究对象的确定上却有观念上的一致之处，那就是“审美意识的理论形态”。它们都强调“理论形态”是构建理论体系的需要，“审美意识”之谓，则是对“中国美学”的一种既模糊又准确的概括。虽然这几部美学史都没有对“中国美学”的说法做形而上的追问，但研究对象的确定，显露了他们对“中国美学”的基本看法，其中既有对西方哲学性美学特点的依循，也有对中国美学合法化的潜在探索。

20 世纪 90 年代以来的美学史写作呈现出多样发展的态势，有沿袭 20 世纪 80 年代美学史的写作思路的，有对其进行反思进而谋求超越的，有另辟蹊径试图以新的观念重新整合中国美学的，还有一个重要方面则是中国美学史在审美文化方面的积极拓展。王向峰的《中国美学论稿》（中国社会科学出版社 1996 年版）、陈望衡的《中国古典美学史》（湖南教育出版社 1998 年一版，武汉大学出版社 2007 年二版）等基本沿袭了 80 年代美学史的写作思路。周来祥主编的《中国美学主潮》、张法的《中国美学史》则在反思既有的美学史著作基础上有一种超越的诉求。《中国美学主潮》不满意当时写美学史的两种主张，即“写中国美学思想史”和“写中国审美意识史”，于是“试图紧紧抓住各时代美学的总范畴和主导理想，而凡表现这一总范畴和主导理想的理论资料和审美创造，都要加以总结和概括，并尽量使两者相互补充，相互对照，相互生辉，以补两种主张偏颇之弊”。[②] 张法在《中国美学史 · 导言》中肯定了 20 世纪 80 年代中国美学史的“建立”工作，但认为“中国美学史一直处在一个远未定型的状态之中”，因为中国美学史的写作是以西方学术体系为标准的，西方学术在不断更新，“中国美学史”当然也不能“定型”。张法在新的时代语境下重写美学史欲达到以下三个目的：“呈示中国美学所由以产生的基础，即中国文化的自然—社会生存方式”；“呈示中国审美的独特风貌”；“呈示中国思

① 敏泽：《中国美学思想史 · 序》，齐鲁书社 1987 年版。

② 周来祥：《中国美学主潮 · 前言》，山东大学出版社 1992 年版。

维在审美上的独特把握方式和理论形态”。[①] 张法重写美学史的动因显示了中国学术界自身的紧张，同时也展现了论证中国美学合法性的鲜明意图。皮朝纲主编的《中国美学体系论》在中国美学的研究对象上认同20世纪80年代的主流看法，认为“应主要研究那些已经上升为理论形态的美学思想”，而对于“中国美学”的性质却有自己的看法：“中国古代美学是人生美学”，“中国古代美学的思想体系是在体验、关注和思考人的存在价值和生命意义的过程中生成和建构起来的”。[②] 这种论断可以说是中国学人对“中国美学”合法性的明确认定，虽然它未必能获得广泛赞同，但毕竟是回归中国本土文化的可贵努力。朱良志谈到“中国美学”时说：“关于中国美学的研究，我以为不是中国有没有美学的问题，而是中国到底有什么样的美学；从内在逻辑中把握中国美学的特点，不把中国美学当作论证西方美学的资料，是当今中国美学研究不可忽视的方面。”[③] 这恐怕是当今大多数美学学人的心声。陈炎主编的《中国审美文化史》、吴中杰主编的《中国古代审美文化论》、周来祥主编的《中华审美文化通史》等呈现了中国美学史在审美文化方面的进展。陈炎在《中国审美文化史·绪论》中肯定了“审美思想史”与“审美物态史”取得的成果，认为“两种研究发展到一定水平的时候”，“将两者统一起来的‘审美文化史’便有可能出现了”。[④] 吴中杰主编的《中国古代审美文化论》分“史论”、“范畴”、“门类”三卷，实际是对当前几种美学史研究方式的叠加。周来祥认为审美文化应包括五大内容：理性形态的审美文化即美学思想，感性形态的审美文化即各类文学艺术现象，人类生产、生活等物质性文化中包含审美因素的文化，人类社会生活的节庆文化、风尚习俗文化中的审美情趣，富有审美性的典章制度和伦理政治文化等其他人类文化。[⑤] 这种认定几乎扩展到社会生活的各个领域。当然，审美文化史的写作不能仅看作中国美学史研究范围的扩展，中国美学史家的每一次尝试和探索都内隐着一种建构“中国美学”的愿望，审美文化史的写作也不例外。

---

① 张法：《中国美学史·导言》，上海人民出版社2000年版。

② 皮朝纲：《中国美学体系论》，语文出版社1995年版，第4~6页。

③ 朱良志：《中国美学十五讲·引言》，北京大学出版社2006年版。

④ 陈炎：《中国审美文化史·绪论》，山东画报出版社2000年版。

⑤ 周来祥：《中华审美文化通史·总论》，安徽教育出版社2007年版。

中国美学史论著很多，以上的梳理我们仅拣取了其中的代表，但这足以让我们窥斑知豹。可以说，中国美学史的写作一直追寻着西方的学术范式，总处于一种不断更新的过程中，这是中国美学自身焦虑的表现。不过，几十年的美学史写作所欲达到的目标也日渐清晰，那就是回归中国本土文化，尊重中国文化自身的规定性，确立中国美学在世界文化中的合法性地位。不容否认的是，无论怎么“回归”，中国美学都无法摆脱西方美学的影响，因为美学得以成为一门学科的依据是西方的。但我们也应该看到，中国美学在接纳西方美学时也有自己的“期待视野”，几十年的美学史写作所关注的“审美思想”、“审美意识”、“审美文化”等，其所强调的“审美”是中国文化赋予中国美学的一种“期待视野”。中国缺乏西方那种严整的美学理论，但不缺乏经验性的审美形态，这种特点就决定了中国美学对西方美学的鉴取着重于“审美”的元素。

第二节　庄子在中国美学史中的地位

在中国美学史的漫长岁月里，庄子仅是其中的一个环节，但他对后世的深远影响决定了他不止是一个环节，而是中国美学的一个重要源头。而且，在中国学人接受西方美学的“前理解”中，庄子都是一个不可或缺的理论基点。聂振斌曾说：“西方美学理论的影响和中国传统美学的更新集中表现为功利主义和非功利主义美学理论的建构和论争，两者互补又竞争。”① 的确如此。回望20世纪的美学历程，一方面，美学研究往往受到时代发展的影响而呈现出较强的功利色彩，另一方面，美学研究者又难以舍弃对心无挂碍的审美观照的追求，非功利的美学观对美学家来说始终具有灵动的魅力。于是，庄子“无待的逍遥”就成了中国美学家挥之不去的美学情结。王国维、朱光潜、宗白华等在接受康德、叔本华、克罗齐等西方美学家的美学思想时都不约而同地在庄子身上发现了相契点，进而在他

---

① 聂振斌：《走向21世纪的中国美学——反思历史，指向未来》，《学海》2001年第1期。

们的美学思想中融进了庄学元素。中国美学史论著由于是“史”著，所能给庄子的只能是一定的篇幅，但在这有限的篇幅里，大都给了庄子较高的评价。中国美学是“审美”的美学，庄子则提供了中国式的审美心态，这使得庄子在西方美学中国化的过程中和中国美学的建构中都成了非常重要的参照人物。

宗白华20世纪60年代的初步探索中没有给庄子特殊的地位，如在讨论“虚和实”这一中国美学的重要问题时，他认为孔孟重“实”，老庄重“虚”，但“孟子与老庄并不矛盾。他们都认为宇宙是虚和实的结合，也就是易经上的阴阳结合”。[①] 宗白华总是以诗意的心灵观照中国古代文化，在他看来，“错采镂金的美”与“芙蓉出水的美”并无轩轾之分。不过，他的《论中西画法的渊源与基础》、《中西画法所表现的空间意识》、《论〈世说新语〉与晋人的美》、《中国艺术意境之诞生》、《中国诗画中所表现的空间意识》[②] 等一系列论文分明给了道家特别是庄子更多的关注。这之后由于众所周知的原因，中国美学史的探索经历了十几年的停滞。20世纪70年代末，随着第二次美学热的兴起，中国美学史的探索也得以继续进行。施昌东的《先秦诸子美学思想述评》[③] 对庄子的评价基调仍然以否定为主，进入80年代，庄子才逐渐走出了低迷状态，并在中国美学史写作中占据了重要地位。20世纪80年代以来中国美学史对庄子的梳理呈现两条明显的线索，一条以李泽厚的“庄子的哲学是美学”及“审美态度”说为导引，另一条则以徐复观的“中国艺术精神主体”说为导引，两条线索时有交叉和融合。

李泽厚在《美的历程》中谈“儒道互补”时就突出了庄子的地位。在美学方面，他特别强调庄子为道家代表，而不是老子，“与美学——艺术领域关系更大和影响深远的，除儒学外，要推以庄子为代表的道家”[④]。他虽然主张“儒道互补”，但在美学、艺术方面，还是倾向于道家所作的贡献：“儒家强调的是官能、情感的正常满足和抒发（审美与情感、官能有

---

① 宗白华：《中国美学史中重要问题的初步探索》，《宗白华全集》第3卷，安徽教育出版社1994年版。

② 见《宗白华全集》第2卷，安徽教育出版社1994年版。

③ 施昌东：《先秦诸子美学思想述评》，中华书局1979年版。

④ 李泽厚：《美的历程》，文物出版社1981年版，第53页。

关)，是艺术为社会政治服务的实用功利；道家强调的是人与外界对象的超功利的无为关系，亦即审美关系，是内在的、精神的、实质的美，是艺术创造的非认识性的规律”，“艺术作为独特的意识形态，重要性恰恰是其审美规律”。[①]《中国美学史》基本呈现了“庄子的哲学是美学”及“审美态度”说：

以反对人的异化，追求个体的无限的自由为其核心的庄子哲学是同他的美学内在地、自然而然地联系在一起的。

庄子哲学所提倡的人生态度，就其本质来看，正是一种审美的态度。

中国美学关于审美感受（美感）以及艺术创造中审美主体的心理特征和规律的观察研究，其基本的理论主要是由庄子美学奠定的。[②]

《漫述庄禅》中更直接提出“庄子的哲学是美学”[③]，《庄子美学札记》中第一节标题便是“‘逍遥游’——审美态度的建立”[④]。此后有关中国美学史的很多论著都沿袭了李泽厚的观点，并进而进行更为深入的阐发。叶朗高度评价庄子，说“在先秦哲学家中，庄子的性格最富于美学的意味”。他也阐述了庄子哲学与美学的紧密联系：“庄子的美学是和庄子的哲学紧密联系着的。它的核心内容是对于‘自由’概念的讨论，以及对于‘自由’和审美关系的讨论。”[⑤] 他没有直接采用李泽厚“审美态度”的说法，而用“审美心胸”来概括庄子超越功利的美学见解。成复旺对李泽厚观点的承续较为直接：“人们说道家（主要指庄子）的哲学就是美学。这样说并不错，但略嫌笼统”，“如果说老、庄对人的否定同时就是对美的否定的话，那么他们向天的回归则同时就是向美的回归”，“他们的回归天地之境其实就是他们的审美，因为那基本上是一种审美的心理活动”，“他们所追求的那种虚静恬淡的自然人格，又提供了一种真而淡的美的形态。这就是

① 李泽厚：《美的历程》，文物出版社 1981 年版，第 54～55 页。

② 李泽厚、刘纲纪主编《中国美学史》第 1 卷，中国社会科学出版社 1984 年版，第 240、241 页。

③ 李泽厚：《漫述庄禅》，《中国社会科学》1985 年第 1 期。

④ 李泽厚：《庄子美学札记》，《中国文化与中国哲学》1986 年创刊号。

⑤ 叶朗：《中国美学史大纲》，上海人民出版社 1985 年版，第 106、111 页。

道家的美学，这就是他们的美学与哲学的衔接与部分重合”；“学界论庄子的美学，往往一上来就是：‘审美态度的确立’。的确，老庄的人生态度是审美的态度；相对于儒家而言，这种态度可以称作‘审美态度的确立’”。他同样高度认可了道家在中国美学中的重要地位：“审美境界论的主要思想来源、或者说真正思想来源，是道家学说，是道家的道论，或曰道象论。”[①] 陈望衡也说：“《庄子》对中国美学的影响甚大，它可以说是中国浪漫主义文艺传统的源头，同时又是尚情主义、艺术唯美主义的源头”，“《庄子》美学的精粹不在于谈美谈艺术的那些片段言论，而在于整个哲学思想”，“庄子的美学贡献主要在审美心理学方面”。[②] 廖群在《中国审美文化史》中讲到：“庄子全部的心思，就等于教人怎样‘审美’地活着；所以，他的哲学就是他的美学，二者在这里是浑然一体的。”[③] 周来祥主编的《中国美学主潮》亦肯定庄子在中国美学建设中的重要作用：“道家追求主体心境的和谐，较儒家还要彻底”，“从严格的意义上讲，道家美学的正式创立者不是老子，而是庄子。从积极的意义上看，老子不过提供了道家哲学的基础，而庄子则将其发展为系统的美学思想”。[④] 后来《中国审美文化通史（秦汉卷）》论及道家也有“庄子哲学是美学”的影子：“道家偏于求真，以体道、合道为美，艺术上尚‘无为’，追求超功利的审美特性，是一种偏于自然的美学，偏于哲学的美学”。[⑤] 朱良志关于庄子的论说与李泽厚的观点有些反其道而行之的味道，他说：“我们不能说庄子的哲学就是美学，传统中国学术浑沦一片，没有纯粹的美学学科，庄子的努力也不是为了建立一种美的学术。但他要建立一个真实的世界，通过纯粹的体验，揭示被人类知识系统所遮蔽的世界的秘密。庄子所建立的这个世界是关乎美的”，“庄子哲学中含有丰富的美学思考，它是早期中国人有关美的思考的卓越代表”。[⑥] 这种说法是对先期美学言论的反思，透露了中国美

---

① 成复旺：《中国古代的人学与美学》，中国人民大学出版社 1992 年版，第 132～165 页。

② 陈望衡：《中国古典美学史》，武汉大学出版社 2007 年版，第 127、160 页。

③ 廖群：《中国审美文化史（先秦卷）》，山东画报出版社 2000 年版，第 310 页。

④ 周来祥主编：《中国美学主潮》，山东大学出版社 1992 年版，第 63～64 页。

⑤ 周来祥：《中华审美文化通史·总论》，安徽教育出版社 2006 年版。

⑥ 朱良志：《中国美学十五讲》，北京大学出版社 2006 年版，第 3 页。

学的一种自觉，但它不是对前人观点的全面反拨与超越，而是话语方式及看问题角度递变的结果。李泽厚“庄子哲学是美学”的提法是对庄子思想所蕴涵的美学精神的高度评价，指示了庄子美学研究的一个路向，因而没必要拘泥于这种提法的字面意思。

徐复观的《中国艺术精神》以两倍于孔子的篇幅叙述庄子，“发现庄子之所谓道，落实于人生之上，乃是崇高的艺术精神；而他由心斋的功夫所把握到的心，实际乃是艺术精神的主体”①，中国后世的绘画艺术史特别是山水画史基本是庄子艺术精神的展开。徐复观对庄子在艺术、美学方面的评价达到了前所未有的高度。《中国艺术精神》1966 年由台湾学生书局初版，由于政治原因，并没有立即影响到大陆学界。1987 年，《中国艺术精神》由沈阳春风文艺出版社出版后也没有立即产生很大影响，其对大陆学界的影响直到 20 世纪 90 年代才逐渐显露出来，进入 21 世纪始呈现出蓬勃之势。《中国艺术精神》于 2001 年又由华东师范大学出版社出版，几年之内数度再版，进而出现不同版本的《中国艺术精神》。一部学术著作有这样的出版盛况足以说明它的受关注程度及影响力。粗略看来，似乎中青年学者更乐见徐复观对庄子的诗意评价，近年来的中国美学史论著论到庄子时也更为频繁地引用了徐复观的言论。如吴中杰主编的《中国古代审美文化论》谈及道家美学时所说的“以老、庄为代表的道家美学常被认为是中国纯艺术精神的代表”②，就显然有徐复观的声音。

李泽厚的“哲学是美学”说与徐复观的“中国艺术精神主体”说不是两条互相排斥、互不联系的线索，其实二者更多的是交叉与融合。1987 年之前，大陆学界就已有人接触到了《中国艺术精神》，或许由于政治原因，并未见明确的引用。李泽厚的某些言论就与徐复观的观点有神似之处，如李泽厚指出庄子的“忘”“之所以是审美态度，正因为它的特点在于强调人们必须截断对现实的自觉意识，‘忘先后之所接’（郭象《庄子注》），而后才能与对象合为一体，获得愉快。这种愉快的获得却又正是由于对对象形式作整体身心的同构感应和主客吻合而产生的”③。这段论说与徐复观

① 徐复观：《中国艺术精神・自叙》，华东师范大学出版社 2001 年版。

② 吴中杰主编，《中国古代审美文化论》（史论卷），上海古籍出版社 2003 年版，第 94 页。

③ 李泽厚：《庄子美学札记》，《中国文化与中国哲学》1986 年创刊号。

所谓“现象学的归入括弧，中止判断，实近于庄子的忘知”、“心的主客合一”、“艺术的共感”[①] 显有相通之处。这种神似与其认为是李泽厚对徐复观的间接引用，毋宁说是两岸学者在庄子问题上的心有灵犀。叶朗《中国美学史大纲》书后的参考文献中列有徐复观的《中国艺术精神》（台湾学生书局 1983 年第八版），他有关“审美心胸”的一些言论不仅与徐复观有神似之处，有些地方竟至有形似之处了，如叶朗所说的庄子有关“心斋”、“坐忘”的论述“可以看作是审美心胸的真正的发现（在某种意义上也可以看作是审美主体的发现）”[②] 就与徐复观“中国艺术精神主体之呈现——庄子的再发现”的表述有相合之处。虽然如此，庄子一章并没有直接引述徐复观的言论。由此看来，1987 年之前，李泽厚、徐复观的两条线索就已经呈现融合的趋势了。之后 10 年间的美学史写作，李泽厚这条线索更为显著。2000 年以来，李泽厚、徐复观两条线索的交叉融合就逐渐频繁起来。如朱志荣主编的《中国美学简史》说“庄子的哲学具有浓郁的美学色彩，徐复观先生认为庄子的思想‘本无心于艺术，却不期然而然地会归于今日之所谓艺术精神之上’，在中国艺术史上产生了广泛而深远的影响”[③]；李天道主编的《中国古代人生美学》也有“人生问题是道家哲人特别是庄子哲学美学思想的主要问题，也即是说庄子美学的核心问题就是人生问题”，“徐复观在谈到这个问题时有很好的阐述：‘其出发点及归宿点依然落实于现实人生之上’，‘他们之所谓道，实际上是一种最高的艺术精神’”[④]。

我们拈出这两条线索并不意味着除此之外再无其他线索，也不意味着李泽厚、徐复观的观点无法超越。不过，就目前情况来看，的确没有哪种观点能够凌驾于李、徐二位的观点之上。近 30 年来，中国美学史对庄子的论述基本上可以看作是“庄子哲学是美学”说及“中国艺术精神主体”说的扩展与深化。之所以没有出现卓异且有号召力的新观点，大概是因为学界普遍认同了李、徐两位的观点，认可他们对庄子美学思想的高度评价，

---

① 徐复观：《中国艺术精神》，华东师范大学 2001 年版，第 47 页及第二章第九、十节标题。

② 叶朗：《中国美学史大纲》，上海人民出版社 1985 年版，第 119 页。（着重号原文有）

③ 朱志荣主编《中国美学简史》，北京大学 2007 年版，第 85 页。

④ 李天道主编《中国古代人生美学》，中国社会科学出版社 2008 年版。

同样也说明学界对庄子在中国美学中的地位及作用给予了充分肯定。当然，也还有其他的线索，如张法的《中国美学史》认为孟子和庄子共同为士人美学思想奠定了基础：“正是在承认审美客体只是享乐的时代共识中，孟子和庄子完全不从朝廷美学体系，而是从纯士人思想的角度，给中国美学开出了一种新的维度：主体性维度。”类似这样的线索严格说来不能称为“线索”，因它们没有产生广泛的影响，但它们的价值在于丰富了庄子美学的研究视野，表现出了可贵的探索创新精神。

中国美学史关于庄子的论述要待庄子美学研究专著的出现始臻于完善。任何一部庄子美学研究专著都不会是就庄子而论庄子，必然涉及庄子美学之源与流的关系，它们是中国美学史的有力补充。刘绍瑾的《庄子与中国美学》于1989年出版，书写了庄子美学研究的新篇章。其“绪言”中讲到：

> 《庄子》一书的美学意义，不是以美和艺术作为对象进行理论总结，而是在谈到其“道”的问题时，其对“道”的体验和境界与艺术的审美体验和境界不谋而合。由于这种相合，后世很自然地把这些带有美学色彩的哲学问题移植到对艺术的审美特征的理解中，从而使庄子的哲学命题获得了新的意义。从这个意义上，我们认为，《庄子》中所蕴藏的文艺思想、美学理论，并不是以其结论的正确性取胜，而是以其论述过程中的启发性、暗示性、触及问题的深刻性见长。①

这种说法既融合了李泽厚、徐复观的观点又有自己的创见，被认为是“对庄子美学的理解有自己独到的定位和合乎情理的阐释”②。其后出现了一系列庄子美学研究专著，如张利群的《庄子美学》（广西师范大学出版社1992年版）、杨安仑的《中国古代精神现象学——庄子思想与中国艺术》（东北师范大学出版社1993年版）、阮忠的《庄子创作论》（国地质大学出版社1993年版）、陶东风的《超迈与随俗——庄子与中国美学》

---

① 刘绍瑾《庄子与中国美学》，广东高等教育出版社1989年版，第10～11页。

② 包兆会《二十世纪〈庄子〉研究的回顾与反思》，《文艺理论研究》2003年第2期。

（首都师范大学出版社 1995 年版）、涂光社《庄子范畴心解》（中国社会科学出版社 2003 年版）、包兆会《庄子生存论美学研究》（南京大学出版社 2004 年版）、徐克谦《庄子哲学新探：道·言·自由与美》（中华书局 2005 年版）、时晓丽《庄子审美生存思想研究》（商务印书馆 2006 年版）、杨鹏飞《庄子审美体验思想阐释》（辽宁大学出版社 2010 年版）、王焱《得道的幸福：庄子审美体验研究》（暨南大学出版社 2012 年版）、郑笠《庄子美学与中国古代画论》（商务印书馆 2012 年版）等。这些论著从不同角度论述了庄子思想的美学意义，使中国美学史著作对庄子美学的宏观架构得到了更加具体的阐发与补充，同时也使人们更加清楚地了解到庄子在中国美学中的地位和作用。

儒道两家都是中国文化的主干，在显性层面，儒家的优胜是毫无疑问的；而在隐性层面，特别是审美层面，道家特别是庄子开出的一脉成就了中国文化的一大特色。据有关统计，从 1980 年到 2004 年的 25 年间，中国美学史研究方面按人物美学思想研究的数量来排位，庄子稳居第一，而且庄子美学研究的数量比居第二位的孔子高出了将近一倍。[①] 从上面我们的梳理来看，庄子取得如此“骄人”的成绩完全在情理之中。美学研究者对庄子的钟爱、对他的高度评价都说明一个问题，那就是庄子在中国美学的“现代”建构中具有非常特殊的地位。庄子仅是先秦诸子中的一“子”，而他的思想的美学光辉却烛照了其身后的文化史，造就了中国持色的审美心态，这种审美心态可以说是中国学人接受西方美学思想的非常关键的期待视野。不夸张地说，庄子已经成为现代意义的中国美学之“眼”。

第三节　庄子美学的几个重要问题

中国美学史对庄子的论述只能限于一定的篇幅，论及其对后世的影响也只能提纲挈领。事实上，庄子对后世的影响无论是在具体人物身上还是

① 参见牟娟《25 年来中国大陆中国美学史研究综述》，《南平师专学报》2007 年第 1 期。

在美学范畴方面都十分显著，尤其是在构建中国美学的基本元素——范畴方面，更能说明庄子的影响力，而提纲挈领的叙述显然不能惬庄子之心。庄子美学专著是中国美学史的重要补充，而对庄子美学问题的论述也不能准确聚焦，因此有必要梳理一下庄子美学的几个重要问题或范畴，以呈现庄子美学思想对中国文化的穿透力。庄子的美学命题很多，若浏览学界的研究情况，则易见出这样几大热点：“自然”、“言意”、“虚静”等。①

（一）自然

“自然”在中国美学中具有极高的地位，道家无疑是开其先河者，因而“自然”也就成了论庄者瞩目的焦点。关于“自然”，历代论家几乎都有发挥与评说。20 世纪论者的论说未必胜过前贤，但在梳理与总结上颇见其功。如果说“自然”论在 20 世纪仍有长足发展的话，那便是由于西学的引入促成的“自然美”的观念。

郭绍虞非常重视庄子之“自然”与文论的关系，“由文学或文学批评的观点而言，自然的顶点，本也即是神境；所以庄子论神，虽与文学批评无关，而其精微处却与文艺的神秘性息息相通”②。罗根泽在论述庄子的“艺术创作论”时特别看重庄子的“自然”，认为“庄子是自然主义的哲学家，对于‘道’的意见是‘任自然’，对于‘艺’的意见也是‘任自然’”③。

新时期的论者无论是文学批评史家还是美论家都注重庄子的“自然美”，这种自然美多指不假雕琢的自然本性之美，较少涉及自然现象之美，而且论“自然”常与“朴素”、“真”、“天”等联系起来。蔡钟翔等认为“自然”是“老庄的审美理想”，庄子“反对人为的艺术，正是为了维护自然之美”，“这种崇尚自然的美学观点，对古代文论发生了极大的影响”，

---

① 李泽厚、刘纲纪主编的《中国美学史》、叶朗的《中国美学史大纲》都曾对中国美学与中国文学理论的研究对象作出了区别。诚然，美学并不等同于文学理论，但对庄子来说，除了恢诡谲怪的言辞外，他的美学与其对后代文论的启示实不能二分，所以我们把文学理论家的观点也纳入进来，尽量地展现一个世纪以来学界的多种论说。同时，为避免堆砌观点，我们主要选取重量级学者的具有代表性的观点进行梳理，不再面面俱到。

② 郭绍虞：《中国文学批评史》，百花文艺出版社 1999 年版，第 34 页。

③ 罗根泽：《中国文学批评史》（一），中华书局 1962 年版，第 61 页。

而"素美"和"真美"的观点都是由自然论派生而来。① 顾易生也称庄子"崇尚自然朴素之美","朴素而天下莫能与之争美"是"庄子审美观与文艺思想的纲"。② 张少康说"庄子认为最高最美的艺术,是完全不依赖于人力的天然的艺术,而人为造作的艺术"则会"对人们任其自然的审美意识起一种破坏作用"。③ 张文勋称"自然"为"庄子的美学原则",并且说"以自然为宗的理论,用之于文学艺术,却有很大的启发作用,反对人工雕琢,主张素朴自然,这种审美观的形成,无疑是和老庄崇尚自然的思想有关"。④ 吴调公说"归根到底,他(庄子——引者注)赞成自然之美。他的审美实践和艺术实践说明,他要通过浮想的飞驰捕捉那种飘忽幽窅的、在他看来是事物本体的东西",而且庄子的自然之美首先是"朴素、率真之美"。⑤ 曹础基文章的标题即是"以天和天——庄子关于艺术创作的法则","天"即"自然"。⑥ 漆绪邦称"在庄子的术语中,自然与'天'同义","自然之道,是庄子思想的纲,是在一切问题上都强调着的,但对于文学和文学理论影响最为直接的,是其关于自然人性和自然之美的观点"。⑦ 论者太多,难以备举。

时论对"自然美"也有一些反对的声音。陆永品即否定庄子有"自然美"观,而认为庄子"以自然为宗",以"虚无"为美。⑧ 后又有方勇继

---

① 蔡钟翔、黄保真、成复旺:《中国文学理论史》,北京出版社 1987 年版,第 45 ~ 46 页。

② 顾易生、蒋凡:《中国文学批评通史——先秦两汉卷》,上海古籍出版社 1996 年版,第 195 页。

③ 张少康、刘三富:《中国文学理论批评发展史》,北京大学出版社 1995 年版,第 63 页。

④ 张文勋:《老庄的美学思想及其影响》,《古代文学理论研究》第 8 辑,上海古籍出版社 1983 年版。

⑤ 吴调公:《庄子美学思想平议》,《人文杂志》1984 年第 3 期。

⑥ 曹础基:《以天和天——庄子关于艺术创作的法则》,《学术研究》1986 年第 3 期。

⑦ 漆绪邦:《道家思想与中国古代文学理论》,北京师范学院出版社 1988 年版,第 19 ~ 20 页。

⑧ 陆永品:《关于庄子"美学思想"问题》,《文学评论丛刊》第 22 辑,中国社会科学出版社 1984 年版。

其“虚无之美”论。[1] 但这种观点与“自然美”的观点各执一端，前者并不能从根本上否定后者，因而难备一说。罗宗强并不从整体上否定《庄子》的自然观，而是认为确属庄子所作的内七篇“否定语言的功能，并非提倡自然的无华饰的语言”，“不能认为他（庄子——引者注）提倡自然的美的文艺”。[2] 持论虽则谨慎，但对自然美的理解稍欠活脱。

庄子“自然美”与西方现象学的汇通可视为对庄子“自然”说开发的另一重要维度。这一方面，叶维廉作出了重要贡献，他的“真实世界”之谓就有统合现象学与庄子自然说的努力。“真实世界”是指人的认知思考行为发生前的世界，在此世界中所有存在物都不会受人为概念的影响。受道家特别是庄子影响的中国诗“以自然自身构作的方式构作自然，以自身呈现的方式呈现自然”[3] 的特点就是“真实世界”的具体体现。此后，刘绍瑾与陶东风在其专著中都有承继并有所发挥。刘绍瑾说“现象学美学与庄子‘以物观物’的自然美学影响所及的中国艺术理论都特别强调读者在艺术美感实现过程中的作用”。[4] 陶东风则认为受道家影响的“兴”“突出诗人感物的自然性，表现情感的含蓄性以及本样呈露的特点，主要是庄子自然美学观念的体现”。[5]

（二）言意

庄子的“言意”说直接开启了魏晋的“言意之辨”，对后世美学深有影响，自然也为 20 世纪论庄者所重。

郭绍虞十分称赏郭象注庄的一段话“夫言意者有也，而所言所意者无也。故求之于言意之表，而入乎无言无意之域而后至焉”，说“所谓言意之表，所谓无言无意之域，均不是故作玄妙之谈”，因为庄子的“道”“本是要离言说相和文字相的”，所以读者对“道”的理解切不可拘泥于

---

① 方勇：《庄子崇尚自然朴素之美说质疑》，《中州学刊》1987 年第 3 期。

② 罗宗强：《读庄疑思录》，《南开学报》1985 年第 2 期。

③ 温儒敏、李细尧编：《寻求跨中西文化的共同文学规律——叶维廉比较论文选》，北京大学出版社 1987 年版，第 103 页。

④ 刘绍瑾：《庄子与中国美学》，广东高等教育出版社 1989 年版，第 120 ~ 127 页。

⑤ 陶东风：《从超迈到随俗——庄子与中国美学》，首都师范大学出版社 1995 年版，第 110 页。

语言。[①]

如果说郭绍虞说得还不够透彻明白的话，新时期的论者则有较为细致的阐述。同样是解释郭象这段话，张文勋称它“提出了思维的三种境界，语言文字所能表达者，只是物的表象；由言及意，意所认识的东西才是本质，而本质的东西只能意会不能言传；在言意之后，还有更深一层，那就是道，也就是无，这就是无言无意的妙境了”，这“妙境”“只能说是一种神秘的直觉活动”，直觉活动“和形象思维的特征不可分割地联系在一起，所以老庄所强调的近似直觉的一些思维活动，很自然地被后人引进美学理论中，用以形容形象思维的某些特征”。他进而说庄子之“意”是“伴随‘象’而存在的”，并称赞王弼将言意与象联系起来是“一大发明”。[②]

新时期最为论者关注的还是庄子的“言意”关系。“言尽意”、“言不尽意”这对矛盾自魏晋以来一直为学界所重视，但也一直未得到很好的解决。新时期的论者在统和这对矛盾方面取得了重要进展，做法便是借“道”论“意”，以“道”替换言不尽之“意”（这种观点亦以“得意忘言”之“意”为道，并且重视“忘”的功夫），而还原“意”为当下现实之“意”，即言可尽之“意”，言意的关系变成了言、意、道的关系。如此，“言尽意”、“言不尽意”都在各自一定的范围内取得了合理性，矛盾便得到了消解。李泽厚、漆绪邦、刘绍瑾、朱立元和王文英、陶东风（以持论先后为序）等皆持此说，论述最为详备者当属朱立元和王文英。朱立元《试论庄子的言意观》一文不仅区分了言、意、道，还进一步区分了大言、小言，大知、小知。大言、大知与道同属形上超验领域，所对应之“意”不可尽，小知、小言所对应之“意”则可尽。而“从庄子哲学的‘道无’本体论和体道的‘直觉’感悟论来看，‘言不尽意’论是庄子的主导倾向”。朱立元主要从哲学的角度进行细密分析，于美学理论不无启发作用。[③]

张少康亦主“言不尽意”，但并未借“道”以论，而是认为“言和意的关系，也和有和无的关系一样”，言“不能把人的无边无涯的思维内容

---

① 郭绍虞：《中国文学批评史》（上），百花文艺出版社 1999 年版，第 39 页。

② 张文勋：《老庄的美学思想及其影响》，《古代文学理论研究》第 8 辑，上海古籍出版社 1983 年版。

③ 朱立元：《试论庄子的言意观》，《上海社会科学院学术季刊》1994 年第 4 期。

都表达出来”，所以不能拘泥于言，“必须‘忘言’，才能真正‘得意’。‘得意忘言’是对‘言不尽意’的一种发挥，是建立在‘言不尽意’的思想基础上的”。[①] 顾易生在借一般与个别、抽象思维与形象思维的区别肯定了“言不尽意”的情况之后，又以科学家正在探索的“随机”（random）现象对“不期精粗”属唯心还是唯物存而不论。[②]

对于“言不尽意”，阮忠虽未加以否定，但较为看重“言以尽意”，认为“得意而忘言”即是言可以尽意的佐证。他具体分析了“不可达意之言与达意之言”，指出《庄子》中“更多的是以言达意”。与前述统和“言意”矛盾的做法相反，他认为“道”是“意不可言传的主观症结”，说庄子“在主观上有意识地掩饰自我认识上的迷惘，把‘道’安放在至善至美的位置上”，并“借此把那无所不能、无所不在的道封闭起来，藏其认识上之拙”。[③]

以西方语言学中的“能指”与“所指”对应庄子的言、意或许能开启庄子言意观的新维度，但论者又很快发现这其实是一种僭越。语言学以语言为直接的分析对象，不管怎样操作，“其实质都在于如何最大限度地发挥和利用语言的有效性”，其中“隐含着‘言不尽意’的表达恐惧”。也正由于这一点，“庄子的言意之辨，有助于我们对西方现代的‘语言学转向’保持清醒的认识。”[④]

（三）虚静

“虚静”常通于“心斋”、“坐忘”，其在20世纪的大发展也要归功于与西方美学、心理学的汇通。这种汇通集中在20世纪后半期，前半期则罕见专论，郭绍虞谈“神遇”时述及“心斋”，可为一代表。“实则庄子所谓听以气云者，即是直觉”，继而认为庄子所欲认识的“道”属“宇宙的

---

① 张少康：《论庄子的文艺思想及其影响》，《古典文学论丛》，齐鲁书社 1982 年版。以下所引张少康语，皆出自该文。

② 顾易生：《庄子的文艺思想》，《上海社会科学院学术季刊》1987 年第 3 期。

③ 阮忠：《庄子“轮扁斫轮”及其言意学说》，《华中师范大学学报》1993 年第 3 期。

④ 李贵、周裕锴：《语言：筌蹄与家园——庄子言意之辨的现代观照》，《四川师范大学学报》1997 年第 1 期。

本体”，因而只能靠“先天的性知”以“神遇”之法求之。[①]

后半期的“虚静”论在“虚静”的超功利及直觉特性上达成了一致，但由于学术道路的不同，论者对待“虚静”的态度又可分为两种：一种是对“虚静”采取全面接受的态度，视“虚静”自身为一个本系，一种艺术精神，显得非常唯美；一种是以马克思主义文艺观辩证地看待“虚静”，将其放在“美”及创作论的体系中来谈，重在论其在体系建构中的作用。

以徐复观为代表的台湾学者采取的是第一种态度。徐复观的《中国艺术精神》[②] 第二章“中国艺术精神主体之呈现——庄子的再发现”对“虚静”有精到的表述。第一节即有“以虚静为内容的道家的人性论”之说，结论中又有“道家发展到庄子，指出虚静之心；而人的艺术精神的主体，亦昭澈于人类尽有生之际，无可得而磨灭”……“虚静”实通于“心斋”，欲达“心斋”，又须“去欲忘知”，只有这样才能达到“美地自觉的程度”。而以“心斋”与现象学纯粹意识的汇通可谓是徐复观“虚静”论的独特之处。统观第二章，不难发现，徐复观的“虚静”论实即人的修养功夫论，并由此自然地进入艺术的涵养功夫，对后来者影响颇大。董小惠即继承了这种观点，其在《庄子思想之美学意义》中便说“‘虚静’是道家功夫的总持，也是道家思想的命脉”[③]。

大陆20世纪80年代以来的学界体现的是第二种态度。从论者观照“虚静”的不同角度又可分为美感论和艺术创作论两个方面。前者可以李泽厚、刘纲纪主编的《中国美学史》和叶朗的《中国美学史大纲》为代表。《中国美学史》认为庄子的“心斋”论“包含了对于审美的心理特征的一些朴素而深刻的理解”，而“‘坐忘’的说法较之‘心斋’更进一步指出了审美感知具有忘怀一切的特征”[④]。这种审美感知并不排除理性、精神，只不过这里理性、精神的作用不是抽象的思考，而是超功利的直观。

---

① 郭绍虞：《中国文学批评史上之“神”“气”说》，《小说月报》第19卷第1期，1927年。

② “虚静”与“物化”论所引文句皆出自该书第二章“中国艺术精神主体之呈现——庄子的再发现”。

③ 董小惠：《庄子思想之美学意义》，（台湾）学生书局1993年版，第74页。

④ 李泽厚、刘纲纪主编：《中国美学史》，中国社会科学出版社1984年版，第267、269页。

《中国美学史大纲》指出“庄子所谓‘心斋’和‘坐忘’，最核心的思想就是要人们从自己内心彻底排除利害观念”①。二著都看到了“心斋”、“坐忘”的审美心境所具有的“自由”特征，在承认其合理性的同时，都不忘指出其唯心的一面。另外，王向峰直接指出“美的创造主体的心态在于虚静”，庄子进一步弘扬了老子的虚静观，“提出完整的虚静说，以及从‘心斋’、‘坐忘’达到虚静境界的观点，更显出老庄美学重在主体自由超越的特点”。② 寇养厚后来则有如下辩证，“虚静”的直觉、超功利特性是不能够完全摆脱理性与功利的，而庄子过分强调了前者，造成了其理论自身的矛盾。③

张少康主要从艺术创作论的角度来讨论“虚静”。“‘虚静’乃是一种认识上的‘大明’境界”，“是人的认识的最高阶段”，但庄子的“虚静”说有一个致命弱点，“他把这种‘大明’境界的获得，这种认识的最高阶段的达到，与人的具体认识和实践对立起来了”。虽然如此，“虚静”说对后世艺术创作的启发作用还是很明显的。庄子论技艺创造的神化，“最关键的是要使技艺创造者具有‘虚静’、‘大明’的精神境界。而这种技艺创造神化的原理和艺术创作神化的原理是相通的”。蔡钟翔等认为“凡是高超的技艺都必然要进入排除一切来自外界和内心的袭扰的虚静境界”，“文艺作品要反映现实，文艺家要深入生活，与庄子的要求截然相反。然而，在艺术构思的阶段是需要‘收视返听’，虚静专一的”。④ 蒋凡等认为“庄子所谓‘心斋’、‘坐忘’，从哲学角度看，带有虚玄神秘的色彩，但是从文艺创作学的角度看，却具有较高的美学价值”。⑤ 这些说法的精义都是从庄子论技艺创造的观点化生而来。刘绍瑾在其专著中也列专章论述了“‘虚静’在艺术创作中的作用”。“庄子关于‘神’的观念，表现为由人

① 叶朗：《中国美学史大纲》，上海人民出版社 1985 年版，第 114 页。

② 王向峰：《老庄美学思想的要义所在》，《学术月刊》1990 年第 10 期。

③ 寇养厚：《庄子的虚静悟道观及其审美意义》，《烟台大学学报》1995 年第 2 期。

④ 蔡仲翔、黄保真、成复旺：《中国文学理论史》，北京出版社 1987 年版，第 49～50页。

⑤ 蒋凡、郁沅主编：《中国古代文论教程》，中国书籍出版社 1994 年版，第 52 页。

的精神心理的虚静状态，进入技艺创作（以之喻道）的无目的而合规律的'入神'状态，最后达到虽由人工但逼似自然天成的神化妙境"，"由'虚静'到自然天成的神化妙境，就是'以天合天'的艺术创作方法"。[①] 他进一步比较了庄子之"虚静"与老、管、荀之"虚静"的不同，指出只有庄子的"虚静"观对后世的艺术创作理论产生了深刻影响。

除以上三大热点外，"物化"、"浪漫主义"、"悲剧"等问题产生了一定的影响。

"虚静"后的境界即是"物化"，"物化"在庄子那里基本上有三种类型，即：庄周梦蝶之"物化"、"其死也物化"、"指与物化"。徐复观对"物化"的观照较为全面，他这样解释"物"："庄子'物化'之物，必须是不在人间污秽之中的物……必须是纯净化了以后之物。"基于这种超脱的理解，"物化"必然是"艺术精神的主客两忘的境界"，庄子的生死观也必然是"由艺术精神所发出的艺术的生死观"，即不以生死为一念，"死即忘其曾经生"。"指与物化"之"物"与前述不同，当指艺术创造的客体对象，在此基础上，他称"指与物化"为"最高的技巧的精熟"。张少康论艺术创造亦重视"指与物化"，其主要在马克思主义实践观方面发展了"物化"说，即"要求艺术家在创作过程中必须充分认识所描写事物的客观规律……消除一切主观成见的影响"，做到"心神专一"，才能创造出优秀的艺术作品。

浪漫主义自20世纪登陆中国以来，广泛受国人的礼遇，而庄子的精神似乎特别受"浪漫主义"的青睐。郭沫若、闻一多等浪漫主义的大家都热情地礼赞过庄子，朱维之也称庄子为"浪漫"派。新时期之初，论者对庄子是现实主义还是浪漫主义，是积极浪漫主义还是消极浪漫主义的问题产生了一些争论。针对这种情况，有的论者指出这些争论的缺陷在于"教条地理解恩格斯、高尔基的言论"，而"浪漫主义和现实主义是西方特定的社会历史形态、特定的艺术形式的理论概括"，不符合中国两千多年前封建社会初期产生的《庄子》的实际，进而提出了有"中国特色"的浪漫主

---

① 刘绍瑾：《庄子与中国美学》，广东高等教育出版社1989年版，第177、179页。

义的说法。[①] 当然学界并没有执着于这种争论，时至今日，浪漫主义似乎已经内化为庄子自身的质素，谈庄子的文艺美学思想已经很难绕过浪漫主义。

“悲剧”是一个地道的美学范畴，其之所以能与庄子相通，在于《庄子》中蕴蓄的悲剧意识。早在20世纪之初，王国维就潜在地沟通了叔本华的悲剧理论与庄子的悲剧意识。新时期，学界对庄子之悲剧意识也有讨论，陈鼓应即指出古希腊的悲剧精神与庄子的悲剧意识的相同处在于“面对苦难的世界”，“以审美心胸来提升人的精神世界”。但更多的论者还是沿袭了王国维的思路，寻求叔本华为代表的现代悲剧理论与庄子的相通之处。

① 刘绍谨：《从〈庄子〉谈到中国特色的浪漫主义》，《江汉论坛》1986年第6期。

第六章

庄子参与现代美学建设的海外视野例谈

——叶维廉比较诗学美学中的庄子情结

叶维廉的比较诗学在20世纪后期的华人学界产生了重大影响。叶维廉内蕴着浓厚的中国情愫，如他在一次访谈中说：“我所从事的文学活动，是产生于一种长期的文化郁结。”从大陆而香港、台湾、美国的经历使得他不自觉地承担了“五四”知识分子的忧患意识，“进而产生出一种使命感，要继承和保护中国文化”①。秉持着这种“使命感”，叶维廉在比较诗学实践中虽也贯穿着其不固执于一种文化模式的主张，但把主要着力点放到了对中国传统诗学美学的发扬上。这种努力在今天看来极富意义，主要体现为对中国诗学起到的“解蔽”作用。20世纪出现的两次“西学东渐”高潮（“五四”时期和被文学史家命名的“新时期”），繁荣了西学，却遮蔽了中国诗学，一时间有中国文论“失语”的哀叹。这种遮蔽不仅指西方学者从其文化模式出发对中国美学的误解，亦包括服膺于西方文论的中国学者对自己诗学传统的偏解。叶维廉立足于比较文学领域，大力阐扬中国诗学，并论及中国诗学面对西方文化和诗学困境所具有的优长，既对中国诗学起到一种解蔽作用，同时也为中国文论的现代转换提供了重要启示。需要特别指出的是，叶维廉所谓的“比较诗学”有“以偏概全”的嫌疑。他所阐发的中国诗学，主要是道家特别是庄子所开创的诗学传统。其比较诗学活动，也重在寻求受庄子影响的中国传统诗学的美感视境与以海德格尔为代表的西方现象学美学的汇通。叶维廉有着浓厚的庄子情结，对庄子的喜爱常溢于言表。他在早年出版的《秩序的生长》一书的“序言”中就说他自己虽长期“进出于西洋作品之间”，但“始终不信服柏拉图以还所强调的‘永恒的轮廓’，……还是认为庄子的‘化’的意念才迹近实境。”② 这一思路可以说贯穿在他此后的整个比较诗学活动中，1983年出版的代表作《比较诗学》也是如此。此外，叶维廉的庄子情结还体现在他诗学美学研究中呈现出的生态美学精神方面，他对生态思想的关注固然受到美国环保主义的促发，而在诗学研究中的运用也显有得于庄子处。

---

① 朱徽：《叶维廉访谈录》，《中国比较文学》1997年第4期。

② 叶维廉：《秩序的生长·序》，台北志文出版社1971年版。

第一节　多元文化时代对庄子的新洞见

进入中西文学、美学交融的20世纪，《庄子》也成为理论界的焦点，成为人们拿来进行中西互释、中西贯通的理想文本。20世纪前半叶王国维、郭沫若、朱光潜等人所建构的美学理论体系，庄子与西方美学家如叔本华、康德、尼采、克罗齐等人获得了“不期然而然的会归”。20世纪60年代后期以降，海内外学者运用西方现代思想对庄子进行了多方诠释，或以现象学解庄，或以解构批评解庄，或以“异化”解庄，或以神话—原型批评解庄……这些“新发现”构成了20世纪后30年多元文化视野下庄子阐释的新景观。

这一景观又以20世纪60年代后期至80年代中期以叶维廉为代表的活跃于台湾、香港、北美的海外华人比较文学圈最为关捩。在这一时期，正当大陆学坛在比较文学方面沉寂之际，而港台、海外学者则利用他们的优势，掀起了一场比较文学的热潮，建立了所谓的比较文学“中国学派”。而在这一比较热潮中，庄子引人注目地被推到了前沿，俨然成了与西方诗学、美学对话、交接、汇通的“中国大使”。“叶维廉时代”的学者们吸取西方最新学术信息，以西方最新的文学批评观念来理解庄子、发现庄子，并从庄子与西方当代美学的沟通中寻找庄子影响所及的中国古代美学的世界意义。其中，以现象学美学来沟通庄子、阐释庄子，更为他们所共注。

以现象学解庄的学者首推香港徐复观先生。他在1966年出版的《中国艺术精神》一书的第二章“中国艺术精神主体之呈现”中就对庄子进行了“再发现”。徐复观认为：“现象学的归入括弧，中止判断，实近于庄子的忘知”；现象学的“纯粹意识，实有近于庄子对知解之心而言的心斋之心”；“现象学在纯粹意识中所出现的是Noesis（意能——引者注）与Noema（意所）的非前后、非因果的相关关系，因此两者是根源的‘一’。若广泛点地说，这即是主客的合一”。“而庄子在心斋的虚静中呈现的也正是

'心与物冥'的主客合一。"[①]

美籍华裔学者刘若愚在国际比较文学界享有盛名，他在研究中也不约而同地融进了现象学视野。刘若愚的主要观点见于他1975年出版的《中国文学理论》和此后撰写的论文《中西文学理论综合初探》[②] 中。这些观点主要是：中国文学理论中"持形上学观点的批评家"（以前他称为"妙悟派"批评家，如严羽、王夫之、王士祯、王国维等）所谈的物我两忘和情景交融，很接近现象学主客合一的说法；此外，"受道家哲学影响的中国批评家和现象学家都倡导二度直觉，那是在终止判断现实之后才能达到的"；最后，双方对语言的不足和束缚性都感不满，但又不得不继续以之为表达工具。在比较了这些中国批评家与现象学文学批评家的相似性后，刘先生指出，由于这些中国批评家受以庄子为代表的道家思想影响很深，因此这些类似"来自现象学与道家之间根本哲学的相似性"。"庄子'道'本身的概念，与海德格尔所阐明的现象学、存在主义的'存在'概念是可以并比的。"

与以现象学沟通庄子相联系的，是以解构批评来阐发庄子。华裔美国学者奚密是最早的代表，他在《解结构之道：德希达与庄子比较研究》中，认为庄子的"道"与解构批评家德希达的"延异"有相同的地方，指出"庄子用来消解语言中的二分律的策略亦可称之为'解结构'。和德希达一样，他从一固定之'观念阶级'内部入手，进而显示所谓优越的一方（如：是、生、此、我等）'总已'牵涉于所谓卑劣的一方（如：非、死、彼、物等），并以后者为必要条件。这样庄子揭露了二分律的限制"。"二分律的功用是有条件的，其效能是有时间性的，如将对立的状态固定化、二分化，则失之偏执。"庄子所主张的从"道"的立场上对这种偏限执著的超越，就是一种"解结构之道"。[③]

台湾学者廖炳惠的文章《晚近文评对庄子的新读法——洞见与不见》，

---

① 徐复观：《中国艺术精神》，华东师范大学2001年版，第47页。

② 刘若愚：《中国文学理论》，（台湾）联经出版事业公司1981年版。《中西文学理论综合初探》，见郑树森编《现象学与文学批评》，（台北）东大图书公司1984年版。

③ 奚密：《解结构之道：德希达与庄子比较研究》，见郑树森编《现象学与文学批评》，（台湾）东大出版公司1984年版。

也主要是以解构批评来阐发庄子的。他以《逍遥游》为例，认为："由全篇看来，《逍遥游》毋宁是一再的消除现存、真理、自足性，文字变得一再逃避自己所要达到的。最后，我们读到的'自我解构'：尧的'窅然丧其天下'、庄子的置大树于'无何有之乡'，由'无'来解开一切的执着，包括对意义、价值（甚至语言）的期待。"作者指出，这种解构所显示的"标准的不稳定性及意义的模棱性"，使《庄子》成为一"开放性结构"。[①]

另外，这一时期以比较文学的视野对庄子进行解读的港台、海外学者还有：施友忠的《从文学批评观点读庄子》[②]，把庄子与浪漫主义批评家华兹华斯、拜伦的某些说法以及他所说的黄唐主义者（primitivists）相类比；古添洪的《直觉与表现的比较研究》[③]，以克罗齐直觉与表现的观点阐释庄子谈艺的寓言，并认为庄子"心手合一"的思想，是克氏理论中所没有的，它能丰富克氏所提出的直觉与表现的思想；陈慧桦的《庄子的词章与雄伟风格》[④]，把《庄子》作为一部文学作品，认为《庄子》的词章就体现了西方美学上所称的"雄伟"（sublime）风格。此外，华谷月的《人生八苦，等待维空——探〈等待果陀〉》[⑤]，胡菊人的《浅谈荒谬剧与道家思想》[⑥]，是两篇沟通《庄子》与西方现代荒唐派的文章。这些不同角度的解读极大地拓展了庄子的理解空间。

相对于叶维廉所处的海外华人圈，大陆学坛在20世纪80年代以来才有解庄的新气象。虽然迟了些，但也取得了可观的成绩。其中，以"异化"解庄尤为引人注目。

基源于当时理论界"异化"、"人道主义"的讨论热潮，当时学者读出了庄子思想中明显的反"异化"特点，这一特点使其能够与卢梭、德国古

---

① 廖炳惠：《晚近文评对庄子的新读法——洞见与不见》，载《中外文学》1983年第11卷11期。

② 施友忠：《从文学批评观点读庄子》，《中外文学》1974年3卷7期。

③ 见古添洪、陈慧桦编著：《比较文学的垦拓在台湾》，（台湾）东大图书公司1976年版。

④ 见叶维廉主编：《中国古典文学比较研究》，台北黎明文化事业股份有限公司1977年版。

⑤ 华谷月：《人生八苦，等待维空——探〈等待果陀〉》，《明报》月刊1970年5卷7期。

⑥ 胡菊人：《浅谈荒谬剧与道家思想》，《现代文学》1977年复刊号。

典美学甚至现代派文学进行沟通并相互参研。李泽厚、刘纲纪在《中国美学史》中就写道，“如果我们要去寻找庄子美学与西方美学的相似之处的话，那只有到近代的德国古典美学中去寻找”，并认为庄子确已“意识到了异化的存在，已经在一种忽而较为清晰、忽而十分朦胧的状态下开始素朴地从人在消除异化的自由上去探求美的本质了”。[①] 此外，比较文学研究领域出现的一批沟通庄子与西方现代派文学的著作和论文（如张石的《庄子与现代主义》，河北人民出版社 1989 年版），也是以“异化”解庄的成果。

20 世纪 90 年代出现的以叶舒宪为代表的以神话—原型批评解庄[②]，也可谓别开生面，新人耳目。近年来蓬勃兴起的生态美学、生态文艺学，也都不可避免地要到《庄子》中寻找理论依据和思想智慧。庄子思想在不断地被言说、被阐释、被发现，《庄子》是向世界、向读者、向历史开放的不朽文本。

文学解读本身没有正确错误之分。以上各家对庄子的解读都不乏深刻、别致之处，但没有哪一家像叶维廉那样做到深入、浑化，也没有哪一家像叶维廉那样对庄子充满执着的深爱、那样充分地在比较诗学的体系建构中凸显庄子的重要意义。尽管他长期“进出于西洋作品之间”，但“始终不信服柏拉图以还”的西方模式，“还是认为庄子的‘化’的意念才迹近实境”。从方法上看，大多数阐释者还是不能摆脱西式思维的套限，解读多从西方理论的立场出发，不能做到东西互参互补以论庄子对整个世界文化的意义。刘若愚在中西比较文学方面作出的贡献是巨大的，但他的《中国文学理论》以西方文论来框架中国文论确有其不当之处。陶东风也曾指出，大陆 20 世纪 80 年代的庄学热产生了“一个人造的摩登庄子”[③]，此话虽不无偏激，却也道出了一些实情。相比较而言，叶维廉的工作就特别的有意义。他以 1974 年发表的《东西文学中“模子”的应用》为世人

---

① 李泽厚、刘纲纪主编：《中国美学史》第 1 卷，中国社会科学出版社 1984 年版，第 282～283 页。

② 主要见其《庄子的文化解析》（湖北人民出版社 1997 年）及他与萧兵合著的《老子的文化解读》（湖北人民出版社 1994 年）。

③ 陶东风：《从超迈到随俗——庄子与中国美学》，首都师范大学出版社 1995 年版，第 80 页。

所识，并逐渐地产生重大影响。“模子”理论认为：“要寻求‘共相’，我们必须放弃死守一个‘模子’的固执。我们必须要从两个‘模子’同时进行，而且必须寻根探固，必须从其本身的文化立场去看，然后加以比较、加以对比，始可得到两者的面貌。”① 同时从两个“模子”出发对文化进行寻根的理解就能摆脱“死守一个‘模子’”造成的局限，就能达到文化间的“同异全识”。叶维廉在这种“模子”理论的观照下做了大量工作以彰显中国诗学的生机，其中对庄子的读解就是一个重要的组成部分。

第二节　“真实世界”审美视境的探寻

“真实世界”是叶维廉比较诗学美学运作中形成的一个十分重要的概念。尽管叶氏并没有明确地以这一概念为基础构织一个严整的比较诗学体系，但我们还是可以从他的用语中找到很多跟“真实世界”内在相关的词，如中国诗学“即物即真”、“自然（自然而然）”的趣尚，现象学“存在现象”的说法，还有他自己经常说的“经验的实境”、“原真世界”、事物的“整体性”、诗的“瞬间生命的真实”、“自身具足的意象”、“物自性”等。这在诗人兼学者的叶维廉的美学实践中绝对不是一个偶然或随意的事情。

他在《语言与真实世界》中用得最多，阐述得也最明白：

> 在注意及决定事物的状态和关系之“前”的一瞬，亦即“指义前”的一瞬，是属于原来的、真实的世界。②

指义行为就是语言行为，也包括思考行为，而所谓“‘指义前’的一瞬”便是舍却了语言和思考的一瞬，因此，这一瞬间世界中的各物象就能

---

① 温儒敏、李细尧编《寻求跨中西文化的共同文学规律——叶维廉比较论文选》，北京大学出版社 1987 年版，第 11 页。

② 叶维廉：《比较诗学》，（台北）东大图书公司 1983 年版，第 88 页。

够摆脱人为的限制自主、自足的存在。这里，我们很容易见出叶维廉所受的以海德格尔为代表的现象学的影响。海氏曾在《形上学序论》中说：“只要我们粘着文字和它的含义，我们便仍然无法接近物象本身。”其主要传人梅洛庞蒂（Maurice Merleau－Ponty）亦主张回到“一切辨识反省发生之前原已存在的世界——那无法疏离的‘出现’”。[①] 二者归于一点即是“回到事情本身”这句名言，也即“现象”。现象拒绝先验的认识将其对象化，其本身就是一个原发的自由的构生境域，因而能够与无需功利是非和语言限制的审美之心发生切近的联系。同样，“真实世界”也绝不可被对象化为先验视域中的“铁板”一块，而是富有生机的原真存在。而通过这一概念，我们亦能见出现象学与庄子的汇通之处。潘知常曾把海德格尔之“真理”与中国美学之“真”并比，指出“审美活动正是对存在之真和道之真的追问”，而“中国美学的‘真’显然源自《庄子》”。[②] 由此出发，我们能够探寻到现象学与庄子更为全面的融汇。融汇是一事实，但我们切不可以现象学涵盖了庄子，因为在叶维廉那里，庄子影响下的中国诗学才是主要阐发的对象。

“真实世界”是相对于人为限制而言的，超脱人为的限制便可迹近“真实世界”。在叶维廉看来，人为的限制主要有三种——语言的限制、感受的限制、时间的限制，“冲破这种限制就是艺术，就能使成品脱尽心智的痕迹而接近经验的本身，就是艺术进而自然”[③]。“经验的本身”即“真实世界”，说“接近”而不说“达到”是因为艺术皆需媒介，但艺术是不可能完全摆脱其所用媒介的限制的，可见“真实世界”实为一种审美的理想。中国诗学相对于西方诗学的独特之处便是始终以“真实世界”为最高的审美理想，其之所以如此与庄子大有渊源。

一、突破时间、空间的限制而迹近“真实世界”

时空无法分开，亦不可分割。我们把时间分成“过去、现在、将来”，

---

① 见郑树森编：《现象学与文学批评》，第167页。

② 潘知常：《中西比较美学论稿》，百花洲文艺出版社2000年版，第247页、243页。

③ 温儒敏编：《中西比较文学论文集》，北京大学出版社1988年版，第92页。

把空间分成“上、下、左、右”实是“人的智力的好胜，人为的分类”。这种区分一旦产生，就有了限制，人们不得不从自己制定的框架出发观感事物，因而无法达到对真世界的体悟。如何超越时空的限制而接近“真实世界”，庄子给我们提供了启示。

先来谈对时间的超越。叶维廉引《庄子·大宗师》云：

夫藏舟于壑，藏山于泽，谓之固矣。然而夜半有力者负之而走，昧者不知也。藏小大有宜，犹有所遁。若夫藏天下于天下而不得所遁，是恒物之大情也。特犯人之形而犹喜之。若人之形者，万化而未始有极也，其为乐可胜计邪？故圣人将游于物之所不得遁而皆存。

这段话于“时”只字未提，而表达的却是与“超越时间限制”一样的意思。所谓“舟”与“壑”、“小”与“大”，皆是区分，皆是限制，皆有所遁。若“天下”与“天下”之间则无可区分，无可限制。如此，便不会拘滞于模范“人之形”的寡情，而入于“万化之途”“与物为春”。

“时”字在《庄子》中也多有出现，但其意义不尽相同，可解作“时候”、“时令”、“时机”等。其中作“时机”讲时特别值得注意，张祥龙称为“原发天时”，得这种“时”便可进入原发的的境域，便可“乘天地之正，而御六气之辩，以游无穷”（《庄子·逍遥游》），便可“与时俱化……以和为量，浮游乎万物之祖，物物而不物于物”（《庄子·山木》）。[①]另外，张祥龙还把“几”或“机”理解为道境的构意机制。“种有几……万物皆出于机，皆入于机”，这种“几”或“机”有“时机”、“天机”之意，得此“天机”便可进入道境，一种原发的、无待的生成境域。[②]张祥龙所说的“道境”与叶维廉所说的“真实世界”在根柢处是相通的，只不过前者着重哲学的解读，后者着重艺术的理解。我们把张祥龙“时机化”的理解跟叶维廉所激赏的郭象注庄那句“万物万化亦与之万化”联系起来看，二者的意思庶几相同，都不去切断、干涉时间，甚至是不关心时间，

---

① 张祥龙：《从现象学到孔夫子》第十二章“中国古代思想中的天时观”，商务印书馆 2001 年版。

② 张祥龙：《海德格尔思想与中国天道》第十四章“庄子”，生活·读书·新知三联书店 1996 年版。

而是顺应时间，顺应变化，这样做便不会受时间的限制了。

上面所录《庄子·大宗师》一段，于“空间的超越”也适用，“藏舟于壑”便是从“自我”出发类分世界。空间本无方向，一经人为的细分便有了定位，有了距离，有了限制，只有“藏天下于天下”，才可能破除人为的限制而直现真实空间的自由。在《言无言：道家知识论》中，谈到距离的消解，叶维廉引了卞之琳的两句诗：“你站在桥上看风景，看风景的人在楼上看你。”而他又续写道：“风景从四面八方看你们。”卞诗中的“你”、“风景”、“看风景人”因为“看”决定了关系与距离，因而有了偏执与限制。叶氏续的那一句则因为“不同的观者，观者的换位，不同的距离，深度不断的变化与调整”而把“看”造成的定向、距离破除了，因而有了一种在真世界中的自由。这也能从庄子那里找到渊源：

> 夫自细视大者不尽，自大视细者不明。夫精，小之微也；埒，大之殷也；故异便。此势之有也。夫精粗者，期于有形者也；无形者，数之所不能分也；不可围者，数之所不能穷也。可以言论者，物之粗也；可以意致者，物之精也；言之所不能论，意之所不能察致者，不期精粗焉。（《庄子·秋水》）

“自……视……”的定向，是因为有“细”、“大”之分，“精”、“粗”之别。一旦取消了这种分别，“不期精粗”，自然也就取消了“自……视……”的定向。叶维廉所说“应该看不尽，我们看尽了；应该看不明的，我们看明了”中的“看”是摆脱了细分的另一种“看”，落实到中国的山水诗、画，便如火花一闪，霎时照亮了全景。根据叶维廉的解读，消解距离所需要的不断换位还有另一种含义——“并时性”，“即是观者同时从此看去，从彼看来”。① 其实这种“并时性”是“不断换位”的应有之义，“不断换位”若不同时势必又进入类分的时间，而且时间的延宕使观者又重回到了原来的定位，对距离的消解就变成了虚假。这种“并时性”也可以作为张祥龙“时机化”解读的一个印证。

若超脱了时间、空间的限制，就达到了叶维廉所说的梦境之“绝对的

---

① 叶维廉：《中国诗学》，生活·读书·新知三联书店 1992 年版，第 52 ~ 55 页。

时空”,[①] 这种时空保持了物物、物我之间的自由关系，故而能接近“真实世界”的美学理想。

二、突破语言、感受的限制而迹近“真实世界”

语言的限制与感受的限制常联系在一起，而审美的心是无需语言证明的，超越语言的限制也即是把审美的心还给了主体，所以二者实是一体的两面。我们观物、感物固然是感受在先，而当我们去欣赏以文字为媒介的诗作时，却不得不首先接触文字了。欲还原诗歌所表现的“真实世界”就要首先做到“无言”，然后才可以讲“复得原性”，才可以“以物观物”。在叶维廉看来，这在庄子那里已有论述。

(一)“无语界”

“欲求实际无碍地进入事物的整体性，第一步便是要无言，即所谓无语界。”[②] 这里，叶维廉抓住了《庄子·齐物论》中描述的由“未始有物”到“有物”、“封”、“是非”的“道”的逐渐减损的过程。“封”、“是非”即是名制之用、语言之用，即是对“未始有物”的浑然的破坏。欲保持天机的浑然，维护宇宙现象的完整，就要祛除人为的分封。所以庄子痛恨“贵言传书”，而主张“知者不言，言者不知”。

(二) 复得“原性”

若要做到“无言”，人还要获得“原性”，才可以历验“真实世界”。这种“原性”，庄子称为“天放”、“素朴”。“天放”、“素朴”就是指太初之民无知无欲的意识状态，即是我们所渴望获得的“原性”。拥有这种“原性”，我们自然可以舍却抽象概念的限制，直接地感应“真实世界”中的具体事物。但现在已不是太初，我们受到太多智知的束缚，因此我们必须复得“原性”，才能与自然世界相应和。叶维廉的《饮之太和》一书，就深契此义。该书书名尽管取自《二十四诗品》之“饮之太和，独鹤与飞”，但更为根本的则是对道家所说的太古之时人与自然原始的和谐的醉心向往。叶氏指出，若要复得“原性”，我们首先“要了悟人在万物运作

---

① 叶维廉:《比较诗学》,（台湾）东大图书公司 1983 年版，第 43 页。
② 叶维廉:《比较诗学》,（台湾）东大图书公司 1983 年版，第 95 页。

的天放中原有的位置和关系”，即人在这个世界中只是万物之一体，丝毫没有权利干涉别的事物的存在，万物都是世界中的平等成员，都自由地参与世界的演化与创生。《庄子·齐物论》几乎通篇都在谈论这个问题，“齐物”二字表达的就是均齐万物的意思。如“方生方死”之说所讲的并不是什么相对主义，而是对“生”与“死”、“可”与“不可”、“是”与“非”在本源意义上的消解或齐一，这种本源即是“道”。自“生”观“死”，自“可”观“不可”，自“是”观“非”，当然会产生很大的分别，但以道观之，它们并没有什么不同，这就是圣人的智慧之处。“照之于天”，圣人当然就不会受这些分别的拘限，而能自由地观物。“莛”与“楹”，“厉”与“西施”，在一般人看来分处两极，而以道观之则莫不一样。“天地与我并生，万物与我为一”，我与万物实无什么不同，万物各居其位，各具其性，自主自足，谁也无法规范谁，“白云自白云，青山自青山；白云不可责青山之为青，青山不可责白云之为白”[①]，明白这一点，我们也就能复得“天放”、“素朴”的原性，自由地应和自生自发的万物万象。

（三）“以物观物”

“以物观物”、“以我观物”语出邵雍，并在王国维那里得到了诗学、美学上的充分发挥。但叶维廉却更愿意追源于庄子。在叶氏看来，原来浑然不分的天机自然因为人们拘守人类中心、自我中心的偏执（以我观物），“我”与外物的关系成了主体与客体、主动与被动的关系。从表面上看来，“我”是自由的，“我”可以驾驭外物，但从宇宙整体看来，“我”对外物的驾驭亦是对“我”的限制，因而无法历验“真实世界”的自由。

“以物观物”则消解了自我中心、人类中心的偏限，将自己的智识忘掉，让主体虚位，“虚以待物”，如此便可包容万物而不伤害万物，任由万物自由兴发。这种境界，庄子称之为“心斋”、“坐忘”、“虚静”，是摆脱了一切功利是非之心的审美的境界，达到这种境界而与外物相接便可“不将不迎，应而不藏”，便可“胜物而不伤”。叶维廉这样解说：“物既客亦

---

① 叶维廉：《饮之太和》，（台湾）时报文化出版公司 1980 年版，第 243 ~ 245 页。

主，我既主亦客。彼此能自由换位”[1]，诗人依着万物“各自内在的枢机、内在的生命明澈地显现；认同万物也可以说怀抱万物，所以有一种独特的和谐与亲切，使他们保持本来的姿式、势态、形现、演化”[2]。“以物观物”的运思方式一直为中国诗人看重，故而能够物我自由兴发，迹近“真实世界”。

第三节　比较视野下的“同异全识”

叶维廉解读庄子的贡献不仅在于他沟通了庄子与现象哲学，更重要的在于他秉持比较诗学视野对中国诗学的“阐发”之功，并在此基础上建立了他比较诗学的“同异全识”观。“同异全识”的“异”是指西方传统诗学与中国古典诗学的不同之处，“同”则主要是指受西方现代哲学影响的西方现代诗学与中国古典诗学的相通之处。“同异全识”就是既要看到不同之处，也要看到相通之处，这样做才能避免仅从西方传统文化模子出发对中国诗学的框限，从而发现庄子影响下的中国诗学对世界文化的意义。叶维廉这一思路的着眼点是“同”，在中西文论“互照互对互比互识的过程中，找出一些发自共同美学据点的问题，然后才用其相同或近似的表现程序来印证跨文化美学汇通的可能”[3]。由此我们便不难理解叶维廉拈出“真实世界”这一概念的用心。“真实世界”既是庄子美学的追求，又有现象学美学的质素，于是便形成了中西文化共同的“美学据点”。由此出发，便可凸显中西古典诗学的相异之处，同时，借助“异”我们也能对中国古典与西方现代之“同”达到更全面的认识。

---

① 叶维廉：《比较诗学》，（台湾）东大图书公司 1983 年版，第 106 页。

② 叶维廉：《比较诗学》，（台湾）东大图书公司 1983 年版，第 107 页。

③ 温儒敏、李细尧编《寻求跨中西文化的共同文学规律——叶维廉比较论文选》，北京大学出版社 1987 年版，第 32 页。

一、中西诗歌表现上的差异

中西文化模子的不同根本地导致了东西诗歌语法表现上的差异：①中国诗不用或少用人称代名词，而欧美诗惯用人称代名词。②中国诗的谓词没有时态变化，而欧美诗的谓词有严格的时态变化。中国诗由于不使用人称代名词“便使词情诗境，既可由诗人参与，亦可由你我参与，由于没有主位的限指，便提供了一个境或情，任读者移入直接参与感受”[①]。谓词没有时态变化，有时一个词可以同时具有多种词性，这种语义的多元性便可“保存美感印象的完全”。中国诗的文法、语法的自如做到了“空间时间化或时间空间化”的诗境，这样的诗境便迹近了“真实世界”。中国诗的不决定“人称代名词”，不细分“时间”，并不是绝对地不能如此，其所以能保持语法的自如而超脱时间空间的限制是“来自中国千年来所推表的‘无我’所追求的‘溶入浑然不分的自然现象’之美感意识”[②]，而这与庄子是分不开的。

欧美诗惯用人称代名词，时态又有严格的变化，它所提供的诗“境”只能局囿于人称主词的视角，依着类分的时间作直线的追寻、因果的串联。这样提供的艺术世界就只能是一个单面的世界，人为限制的世界，与“真实世界”存在着相当的距离。欧美诗的这种偏限当然要归因于柏拉图以来的“永恒的轮廓”。世界本是生生不息、不断变化的，而西方的古代哲人（主要是指柏拉图和亚里士多德）逃避这一事实，企图建立一种不变的秩序以获得安宁，这一努力所奠定的文化传统直接导致了欧美诗的偏限。西方的文化传统不仅造成了西方诗歌的偏限，也决定了对中国诗翻译的困难。正是因为这种局限，叶维廉才疾呼“必须放弃死守一个‘模子’的固执”，“必须寻根探固”。[③]

---

① 叶维廉：《比较诗学》，（台湾）东大图书公司 1983 年版，第 34 页。
② 叶维廉：《比较诗学》，（台湾）东大图书公司 1983 年版，第 55 页。
③ 叶维廉：《比较诗学》，（台湾）东大图书公司 1983 年版，第 15 页。

二、西方现代诗与中国诗学的因缘

由于上述的偏限，西方传统文化走到现代，已经无法再“合理”地存在下去了，它遭到了来自哲学与艺术领域的广泛的批判与攻讦。如克尔凯郭尔（Kierkegaard）、佩特（Walte Pater）、休谟（T. E. Hulme）、威廉·詹姆士（William James）、怀特海（A. N. Whitehead）、范诺罗莎（Fenollosa）、奥逊（Charles Olson）、让·杜步菲（Jean Dubuffet）等都不相信柏拉图以来建立的稳定的秩序，认为世界本是变动不居的，主张回到具体的存在现象，这实际上已近于庄子影响下中国美学主张的“即物即真”的理想。特别是海德格尔，他“从尼采的一条路上开发出来的立场和他自己对古代哲学的重新思考，为近代西方准备了与道家美学和中国诗对话的契机”。①

应和着上面反文化的立场，西方现代诗歌也欲求直现本然的“真实世界”。休谟希望诗的语言能成为“视觉的具体的语言，……一种直觉的语言，把事物可触可感的交给读者”。1911 年，庞德（Ezra Pound）在未接触中国诗之前曾说：“诗人找出事物明澈的一面，呈现它，不加陈述。”威廉斯也说：“没有意念，只在物中。”进而说：“此时此地的生命是超脱时间的……一个永远‘真实’的世界。”但他们的理想是严谨且有细分的英文文法无法做到的，所以他们一面进行语言革新的尝试，一面转向中国诗寻找可资借鉴的资源，而中国诗恰有这方面的优长。中国诗语法文法的自如可以使物象自由显出，同时，语言的使用也不会把物象限死在语意里，而是在逗引出物象之后即刻引退。于是，庞德在接触了中国诗之后便说：“我们要译中国诗，正因为某些中国诗人们把诗质呈现出来便很满足，他们不说教，不加陈述。”② 从庞德、威廉斯（William Carlos Willams）到奥逊、克尔里（Robert Creely）、罗斯洛斯（Kenneth Roxroth）、史乃德（Gary Snyder）等西方许多现代著名诗人借鉴着中国诗歌表现的特点对西方诗歌进行了锐意革新。他们的努力所得的实绩是显著的，如切断英文固有的语

---

① 叶维廉：《道家美学与西方文化》，北京大学出版社 2002 年版，第 35 页

② 休谟、庞德、威廉斯语皆引自叶维廉《比较诗学》中“语法与表现”一章。

法句法，在一定程度上确实可以做到使具体的物象存真。但他们毕竟不能完全摆脱西方传统文化的浸染，许多地方还无法避免说教的痕迹。正如威廉斯所说：“要一句‘新’的诗出现，还得依赖一种‘新’的思想生成。”① 西方诗歌欲表现“真实世界”还是要从中国文化里撷取资源，这正是庄子所开创的中国传统诗学美学的生机所在。

① 叶维廉：《比较诗学》，（台湾）东大图书公司 1983 年版，第 132 ~ 133 页。

第七章

庄子与当代审美文化

20世纪90年代①以来，美学可以说进入了“审美文化”时代，几乎任何事物都难逃审美文化的洗礼。对此，经典的《庄子》似乎反应迟钝了些，凭借2007年年初的一档电视节目才挤到了时代舞台的前沿。甫一亮相，就迎来一片赞誉，但“观众席”随即也发生了争吵。不管争论双方或多方的意见如何，大众对庄子的印象都由“耳闻”转向了“目见”，玄奥、模糊的庄子终于身着华服站到了观众面前。虽然这副装扮在一些人看来有些突兀甚至另类，但广大受众至少是近距离地接触到了庄子。此后，出版界大为热闹，大学教授、作家、新闻编辑、自由撰稿人等来自不同职业的方家纷纷出书，加入到以“六经注我”的方式品读《庄子》的行列。这种解读《庄子》的方式或许为那些严肃的庄学者所不屑，但这种现象实实在在地构成了当代审美文化的一大景观。

第一节 “当代审美文化”辨正②

“审美文化”一词虽然已被我们运用得相当熟练，但其内涵仍然是暧昧难明，这种暧昧也显示着它广泛的包容性。有关“审美文化”的热议与研究已有20多年的历史，在“审美文化”讨论之初，它就包含着古今中外的论域。虽然有些学者曾一度将“审美文化”用来特指当时的文化现象，但并没有妨碍另外一些学者对古代审美文化的探索，周劭馨的《中国审美文化》（百花洲文艺出版社1992年版）及后来陈炎与周来祥分别主编的《中国审美文化史》与《中华审美文化通史》便确证了“审美文化”

---

① 审美文化虽然在20世纪80年代就有讨论，但真正蔚成美学景观还是在90年代。

② “庄子与当代审美文化”的问题是一个新问题。“古代审美文化”对《庄子》的探究主要建立在庄子美学思想的基础上，而庄子当代审美文化现象则超脱了经典的庄子美学思想的范围，是多种当代文化要素综合作用的结果，突出的是“当代”维度。为了更好地呈现“庄子当代审美文化”的“当代”性，本文不惜花费较多笔墨来介绍当代审美文化研究的概况，探讨当代“审美”内涵，以避免庄子思想的古典属性与当代文化的生硬拼接。

的历史性维度。即使如此，古代审美文化与当下新生的具有审美色彩的文化现象仍存在着巨大的差别，这种差别不仅是时间性的，更有经济、科技等的大发展带来的质的改变，“审美文化”之所以引起热议，也主要是由于它的当代内涵。正由于此，许多学者在讨论行时的审美文化现象时便自觉地冠以“当代”二字以凸显它的当下品质。

一、当代审美文化研究的几个阶段

审美文化研究的历史并不长，这段不长的历史现在看来也可以分为以下几个显见的阶段：

第一阶段是从20世纪80年代中期到90年代初期，可以说是审美文化的初创期。这一时期，“审美文化”的话题还没形成争论，只有少数学者在尝试使用或界定这一新兴术语，其目的是要为美学的发展构想蓝图，有一种理想主义的味道。潘一的两篇讨论“青年审美文化”的文章[①]在觉察到流行文化因素对青年心理造成冲击的基础上，呈现出一种建构“青年审美文化”的企图。叶朗是较早全面描画“审美文化”的学者，并以之作为现代美学体系的一个构成要件，他的论述没有对当代审美文化研究产生大的影响，但在一定程度为传统审美文化的研究奠定了理论基础。苏联学者的文章以及金亚娜介绍苏联审美文化研究的文章都有建构审美文化的理想姿态，但还未及展开，市场经济引发的多元文化大潮便席卷而来，这种建构理想也失去了应对能力。

第二阶段是从20世纪90年代初到21世纪初，这10年左右的时间是审美文化讨论最为热烈的时候，也是迄今产生理论成果最为集中的阶段。老、中、青三代学者均参加了讨论，他们对当代审美文化现象普遍持一种批判态度，但批判之后所要采取的举措并不相同。老年、中年学者的举措中仍带有20世纪80年代的理想主义色彩，在否定了当代审美文化的不良倾向后，意欲重建审美文化的理想之域，不免呈现出一种怀旧的回撤姿态。如聂振斌指出“在当前人的欲望大为膨胀的情况下，文艺和理论都不

---

① 潘一：《青年审美文化研究纲要》，《上海青少年研究》1984年第11期；《略论青年审美文化的层次与功能》，《青年研究》1986年第11期。

应为之推波助澜，而应努力把人们的眼光引向正确的目标，引向高尚的精神境界”[①]，蒋孔阳老先生所说的审美文化的“高标准”[②] 也带有理想的光环。青年学者多见解锐利，他们承袭了老一代学者的人文关怀，批判当代审美文化的同时，也看到了审美文化发展的不可逆性，纷纷谋求新的美学理论在当代应用的可能，是一种前行的姿态，如王德胜提出的“批判/重建”的审美文化策略[③]。不管哪种举措，都透显出中国学人面对新的时代问题时所具有的浓厚的承担意识。

第三阶段是自 2002 年至今。这一阶段，学界对审美文化理论讨论的热情有所消退，个案研究逐渐增多，如谭华孚对数字媒体审美文化的关注[④]及罗筠筠对城市审美文化的研究[⑤]等。但个案研究增多的趋向还不是划分第三阶段的主要依据，这一阶段之所以从 2002 年算起，是因为陶东风在这一年之初发表了一篇文章——《日常生活的审美化与文化研究的兴起——兼论文艺学的学科反思》(《浙江社会科学》2002 年第 1 期)，“日常审美化”问题随即引起了学界持续三四年的热烈讨论，到现在有关这一问题的讨论也没有消歇。“日常生活审美化”的范围要小于“审美文化”的范围，从“审美文化”研究的整体情况来看，这一问题的提出显然有一种为宽泛的“审美文化”研究寻找着力点的企图。有些学者以“日常生活审美化”现象未能普及为依据质疑这种研究的合法性，如果这种质疑有效的话，它也颠覆了“当代审美文化”一说的合法性，因为“当代审美文化”也没有遍地开花，在一些交通、通信不便的地区，仍然有人过着素朴的生活。所以，重要的不是“日常生活审美化”现象是否普及，而是在这一论题之下能作出哪些成绩。

另外，应该说还有一个不太明显的阶段，这一阶段以“生活美学”的

---

① 见宋生贵：《走向 21 世纪：艺术与当代审美文化学术研讨会综述》，《文艺研究》1995 年第 6 期。

② 蒋孔阳：《杂谈审美文化》，《文艺研究》1996 年第 1 期。

③ 王德胜：《批评的诞生——当代审美文化理论的合法性问题》，《浙江社会科学》1997 年第 1 期。

④ 谭华孚：《虚拟空间的美学现实：数字媒体审美文化》，海峡文艺出版社 2003 年版。

⑤ 罗筠筠：《梦幻之城：当代城市审美文化的批评性考察》，郑州大学出版社 2003 年版。

提出为初始标志。“生活美学”不是新提法，在20世纪80年代就已出现，与“审美文化”一样，包容性极强。当代意义的“生活美学”由仪平策与薛富兴在2003年几乎同时提出[①]，其后主要是青年学者刘悦笛在摇旗呐喊，响应者不是很多。“生活美学”与“日常生活审美化”有异曲同工之处，都是关注日常生活中的审美呈现，“生活美学”一说似乎比“日常生活审美化”的提法具有更为明显的建构美学新形态的意图。刘悦笛一篇论文的题名即为“日常生活审美化与审美日常生活化——试论‘生活美学’何以可能”(《哲学研究》2005年第1期)，“生活美学”本然地包含“日常生活审美化”已是题中之意。后来又认为中国的“生活美学”已与世界同步：国际美学界不仅视“生活美学”为国际美学的最新主流，而且看到了从传统到当代的中国美学对“生活美学”已经与正在做出的贡献。[②]“生活美学”能否成为当代审美文化新的路标，还有待进一步观察。

二、有关当代审美文化内涵的认识

当代审美文化研究史不长，而有关审美文化研究的回顾文章却不少见，较近的是在“中国哲学社会科学学科发展报告”名下的《当代中国美学研究（1949—2009)》一书对审美文化研究的梳理。李修建主要从两个方面来梳理学界对“审美文化”内涵的界定：“审美文化与文化的关系”及“审美文化与当代文化和大众文化的关系”。第一方面有三种主要观点：一是将审美文化视为文化的一个子系统；二是将审美文化视为文化的审美层面；三是将审美文化视为文化的高级阶段的体现。[③]这三种观点主要是老年、中年学者持有的，见解比较宏观，目标指向的是审美文化的所有论域，当然也包括当代审美文化。第一种观点无论用在何种论域都适用，后

---

① 仪平策：《生活美学：21世纪的新美学形态》(《文史哲》2003年第2期)、薛富兴：《生活美学——一种立足于大众文化立场的现实主义思考》(《文艺研究》2003年第3期)

② 刘悦笛：《“生活美学”：是什么与不是什么?》，《艺术评论》2011年第4期。

③ 刘悦笛、李修建：《当代中国美学研究（1949—2009)》，中国社会科学出版社2011年版，第452页。(说是“1949—2009”，其实一些资料已经超过了2009年的界限，到了2011年。)

两种观点显然不适用于对“当代审美文化”的界定。传统的“审美”多是指一种无功利的赏鉴，而当代的“审美”，不仅功利因素强势介入，赏鉴过程也被大幅度压缩，很多时候只剩下了感性符号。“审美层面”一说显然无法区分传统与当代审美经验的差别。“高级阶段”的说法也很可疑，这一说法应是基于进化论的视角提出的，文化的某些方面（如科技）今胜于昔的情况显而易见，但如果说文学艺术也是当代胜于古代，那就大可商榷了。①

第二方面主要是青年学者的阵地。“审美文化”讨论初期，学界曾有“大众审美文化”的提法②，后来则更多地使用“当代审美文化”的名称。“大众”、“当代”可以说已经成为“审美文化”的属性，但不能将“审美文化”等同于“当代文化”或“大众文化”，三者的论域不尽相同。有关“审美文化”内涵的界定，需要更为细致的功夫。早在1991年，李西建就指出了审美文化的两个重要维度：“当代美学发展与深化的核心问题是走向生活与实践”、“审美文化是以主体的精神体验为主导的社会感性文化”（着重号原文有，这句话在其日后的文章中反复出现）。③ 而今，“生活”、“感性”已然成为当代审美文化讨论的核心话题。20世纪90年代，很多学者都对“审美文化”的内涵提出了自己的看法，笔者以为，王德胜的“总结式划界”之举基本抓住了“审美文化”的三昧：

> 较之经典美学话语的逻辑性规定形式，更加突出了对于各种当代性现象的描述性把握——“审美文化”概念就此也绝不可能依从传统话语的先在性逻辑去加以确定。
>
> “审美文化”的当代性质，突出体现在它对于大众生活活动的普遍的、日常的价值存在方式的强烈认同，即作为“审美文化”概念的一个基本内涵所反映出来的，是当代人生活实践与体验的直接性、具体性和形象性，

---

① 参见刘绍瑾《中国复古诗学文学退化史观的美学审视》，《文学评论》2005年第5期。

② 《中国人民大学学报》1994年第5期曾开设“大众审美文化”笔谈栏目，姚文放、张荣翼、袁济喜等学者的文章也曾用过“大众审美文化”一名。

③ 李西建：《审美文化：当代美学发展的新视界》，《宝鸡师院学报》（哲学社会科学版）1991年第4期。

是对大众生活的日常经验的价值描述。

作为概念的"审美文化"，无法拒绝把包括艺术活动在内的当代文化活动的商业性及大众传播特征包容在自身之中。[①]

虽然如此，"审美文化"仍然给人一种"瞻之在前，忽焉在后"的感觉。近来，姚文放给出了一个概括性的认定："'审美文化'是在文化研究兴起的学术背景下，从文化的视角来考察审美和艺术活动的总体性概念"[②]，"总体性"一语也不免透露出明确界定"审美文化'的困难。

《当代中国美学研究》将"审美文化"与"日常生活审美化"分开来论，实际上是截断了二者的内在逻辑联系。有论者指出"如果我们把日常生活审美化换成90年代的审美文化概念，这次争论中的许多判断、结论也是成立的"[③]，这种说法是比较合适的。陶东风在他那篇引起争论的文章中说道：

我们无法详细地描述或列举这些变化，而把目光集中于因文化的大众化、商业化以及大众传播方式的普及等原因而导致的大众日常生活的审美化以及相应的审美活动的日常生活化（或曰审美的泛化）。[④]

他所说的"这些变化"包含了当代审美文化发展中的诸多变化，而他提议把目光集中于"大众日常生活的审美化"及"审美活动的日常生活化"显然有为漫无边际的审美文化研究寻找突破口的潜在意图，而令他没想到的是，一些学者的反驳却干扰了"日常生活审美化"论题的展开。现在看来，这些基于伦理价值立场的反驳观点并没有对陶东风的提法形成有效的攻击，支持者仍然将此论题推向了更深入的层面。王德胜的说法引人

---

① 王德胜：《审美文化的当代性问题》，《文艺研究》1998年第3期。

② 姚文放：《审美文化学导论》，社会科学文献出版社2011年版，第49页。

③ 艾秀梅：《"日常生活审美化"争论述评》，《南京师范大学文学院学报》2006年第2期。

④ 陶东风：《日常生活的审美化与文化研究的兴起——兼论文艺学的学科反思》，《浙江社会科学》2002年第1期。

关注，他延续了20世纪90年代的观点，强调“我们时代的感性特征”[①]及“人的感性生存权利的实现”[②]。对感性的张扬立刻遭到他人反驳，最为锐利的观点应属毛崇杰。他从知识论层面论证鲍姆嘉通的“感性”从未背离“理性”，进而指出张扬感性无异于建构一种“非理性主义话语霸权”，必然导致价值论的偏颇。[③] 毛崇杰在知识论层面的论述是非常深刻的，但在价值论层面对“日常生活审美化”的批驳也脱了靶。王德胜在20世纪90年代讨论审美文化的时候并未否弃人文理性，作为人文学者，今天自然也不会。不过，他的确没有处理好感性与人文理性之间的关系，这恐怕也是今天的美学研究者所普遍面临的问题。

“生活美学”是审美文化的组成部分，这在上文已经提及。仪平策的文章首先明确了这一点：“本文提出‘生活美学’概念，以同当下审美文化实践的发展指向相对应。”薛富兴所说“美学应以当代大众现实审美活动为起点、为归宿”也是审美文化的论域。刘悦笛的“生活美学”与“日常生活审美化”有切近的关联，但他也强调“生活美学并不等同于欧美的‘日常生活美学’，而是一种介于‘日常性’与‘非日常性’之间的美学新构”[④]，“是一种回到生活世界的‘本体论美学’”[⑤]。这种认定意味着他所说的“生活美学”理论维度更为明显一些。

另有一些学者追溯“审美文化”的语源，试图从这种追溯中厘清“审美文化”的内涵。他们最初是从前苏联的美学研究中借力，后来一直追溯到斯宾塞、席勒那里[⑥]，这种追溯或许能清理出一条“审美文化”概念的发展线索，但对中国当代审美文化研究来说并无多大助益，也有学者指出了他们的不适用性[⑦]。在笔者看来，“审美文化”在当代中国的提出具有明

---

① 王德胜：《视像与快感——我们时代日常生活的美学现实》，《文艺争鸣》2003年第6期。

② 王德胜：《为“新的美学原则”辩护——答鲁枢元教授》，《文艺争鸣》2004年第5期。

③ 毛崇杰：《知识论与价值论上的“日常生活审美化”——也评“新的美学原则”》，《文学评论》2005年第5期。

④ 刘悦笛：《“生活美学”建构的中西源泉》，《学术月刊》2009年第5期。

⑤ 刘悦笛：《“生活美学”：是什么与不是什么?》，《艺术评论》2011年第4期。

⑥ 王柯平：《西方审美文化的绵延》，《浙江学刊》1998年第2期。

⑦ 姚文放：《“审美文化”概念的分析》，《中国文化研究》2009年春之卷。

显的本土性质，是中国美学学人面对当代文化巨变中的审美现象所采取的应对举措，即使我们广泛使用西方的理论资源，解决的还是中国本土问题。

三、当代审美文化的研究策略

当代审美文化最早的研究策略可以说就是一种“推倒重建”策略。一些学者对当代审美文化发展的感性化、低俗化倾向表示担忧，他们认为欲建构高尚的精神文化，必须抵制低俗文化的发展，“推倒重来”是自然而然的方法。这种理想主义的建构策略肇始于20世纪80年代，到现在依然能见到它们的身影。但是文化大潮滚滚向前，理想主义根本无法阻挡，于是更多的学者提出“批判重建”的策略，意图从当代审美文化内部寻找建设的突破口。较早提出这种策略的是王德胜，他说：

> “当代审美文化”问题与我们现实生存活动相联系的性质，决定了它必然超出单纯审美经验范围而直接关涉当代文化的全部现实。以一种文化批评/建设意识来审慎把握其中的问题——这是一种较之美学研究本身更具有价值特性的理论活动。①

王德胜在与李泽厚的一次对话中也得到了李泽厚的支持②，在后来的一系列文章中，王德胜都反复陈述了“批判重建”策略的必要性。姚文放虽没有明确提出“批判重建”的模式，但他的很多说法也显示了对这一模式的认可。如他认为“当代美学应以文化批判的形式张扬变革精神和进取精神”③，后来专文谈及“审美文化批判”时也说“文化批判不光是否定

---

① 王德胜：《当代审美文化中“技术本体化”趋势应引起重视》，《文艺研究》1994年第1期。

② 李泽厚、王德胜：《关于哲学、美学和审美文化研究的对话》，《文艺研究》1996年第6期。

③ 见宋生贵：《当代中国审美文化前瞻研讨会综述》，《哲学动态》1994年第12期。

性、消解性的，而且也是建设性、构成性的”[①]。他的这种努力是一以贯之的，王德胜（王亚芹）评价其近著《审美文化学导论》的“思想主旨”为“立足当下中国文化现实的批判意识——着力阐释当下中国审美文化实践及其内在矛盾而造成的一系列现实问题，持守一种建设性的文化批判立场”[②]，这种评价透露出两位学者的相惜之意。

个案研究的拓展应该视为审美文化的研究策略。个案研究自20世纪90年代后期就已经开始，如姚文放、王德胜等学者对广告、传媒、摇滚乐等的研究。进入21世纪，个案研究更为自觉，影视、网络、都市、广场文化、“小资”情调、流行时尚等等都被纳入了审美文化的关注范围。个案研究的广泛展开，一方面显示了当代审美文化的渗透力无所不在，另一方面也是审美文化研究在理论探讨难以深入的情况下主动谋求的转型策略。从宏观上看，“日常生活审美化”与“生活美学”的提出也应该视为审美文化的研究策略，它们在为漫无边际的审美文化研究确立具体的研究方向。

姚文放《审美文化学导论》（下称《导论》）的出现意味着学科建构策略的成功。其实，早在审美文化讨论初期，就有学者试图建构“审美文化学”，巧合的是有两位学者都在1992年推出了自己的《审美文化学》著作[③]。20世纪90年代初，当代审美文化还没有充分展开，两位学者的学科建构还是包括古今中外广阔论域的具有理想主义色彩的宏观建构。而身处时代变革之中，他们自然也显示出了对当下问题的敏感性，如林同华对非艺术现象及感性问题的关注，李西建“审美文化学的当代视界”一章对正在进行中的审美文化的探讨。近20年之后出现的《导论》仍具有试验性质，但毫不夸张地说，这个试验是当代审美文化理论建构中的一次非常成功的试验。审美文化理论探讨缺乏实质性进展曾让许多学者淡出了这一论域，也有一些学者始终没有离弃，姚文放就是其中的一位，他带领学生集体攻坚，终于铸成了一部厚实的《导论》。《导论》从审美文化的“含

① 姚文放：《当代审美文化批判论纲》，《北京社会科学》1999年第1期。

② 王德胜、王亚芹：《面向当下的理论建构——〈审美文化学导论〉初读》，《中国图书评论》2012年第6期。

③ 林同华：《审美文化学》，东方出版社1992年版；李西建：《审美文化学》，湖北人民出版社1992年版。

义”、“范畴”、“关系”、“问题”四个方面着手搭建审美文化学的框架，具有明晰的学科建构意识。或许有人认为《导论》中所说的审美文化的“快感”、“形象”、“神话”等范畴以及审美文化与道德、宗教、政治、经济等领域的关系我们并不陌生，而且很多学者在某些方面做了扎实的工作，但如果没有在审美文化领域长期不懈钻研的经历，没有学科建构的宏观意识，没有严谨的梳理和知识的积淀，欲结撰一部《导论》，谈何容易。毋庸讳言，《导论》肯定不是一部完美之作，此后或许还会有更多类似的著作问世，但毫无疑问的是，《导论》为审美文化学的建构提供了一种相对清晰的思路，为审美文化研究开启了新的里程，在一定程度上终结了20世纪90年代审美文化讨论中的理论焦虑。

四、当代审美文化研究存在的问题及出路

回顾二十余年来的审美文化研究历程可以看到，“审美文化”引起广泛争论的主要动因就是人文精神的衰落。鉴于当代审美文化显露的低俗化倾向，各路学者纷纷举起批判的大旗，试图在新的历史条件下重塑人文精神。但是20多年过去了，当代审美文化仍在蓬勃发展，人文精神照旧在不断滑落，审美文化研究并没有取得多少实质性成果。探问其原因，笔者以为主要有以下几点：①审美文化研究缺乏实践品格。审美文化应有实践品格，应在批判和重建过程中发挥积极作用，这是审美文化研究者的初衷。但实际上，由于中国美学研究的理论惯性，20世纪90年代的讨论基本是理论性的。后来的个案研究，很多也是以西方理论为工具对中国的文化现象进行批判的分析与描述，建设性构想乏善可陈。即使是《导论》也未能免于实践性缺乏的弊病，尤其是在对“审美文化问题”的探讨中，对问题的把握非常精准，谈及问题的解决途径却用语乏力。所以，欲使审美文化研究对当下文化现实发挥作用，就必须彰显其实践品格。②审美文化研究缺乏理论原创能力。审美文化研究应注重实践，这样说并非不要理论，相反，亟需理论来指导实践。“审美文化”具有本土性，这种“本土性”并不意味着审美文化现象只有中国才有，而是说中国改革开放带来的外来文化的迅速涌入及其与中国文化的杂糅具有独特性，但我们长期用来解析审美文化的理论基本是西方的批判理论，这就有可能造成理论与实践的错

位。应该承认，西方批判理论的确是很好的工具，常给我们带来耳目一新的感觉，但中国现时代的文化现象并不完全等同于西方，批判之后如何去做，这是批判理论无法指导的。因此，创造适宜于中国本土的理论话语显得非常必要。这种必要许多学者都明白，真正做起来却有相当大的难度。中国现当代的美学、文艺理论大多是对西方理论的嫁接移植，“融会贯通”是高境界，“融而不通”的情况也很普遍。西方的相关理论大都深植于本土[①]，西方学者对当代文化现象的批判往往能在理论上溯流而上，找到它的远祖近亲，中国学者恰缺乏这种理论优势。[②] 由此看来，理论原创能力的培养不是一蹴而就的事情，这需要长期积累，需要对现象的深入观察与分析，这似乎也预示着中国审美文化研究很难在短期内达到高水平。③审美文化研究未能妥善处理感性与理性的关系。“感性”一直没有离开过美学研究的视界，因为 Aesthetics 即是“感性学”，但“感性”也从没有像今天这样如此耀眼，如此膨胀。这里仍然要提及王德胜，他对“感性”这一美学原则的倡导可谓不遗余力。从 20 世纪 90 年代“审美文化”的探讨到“日常生活审美化”的争论再到最近“日常生活美学”的提法，他都在努力验证“感性”的合法性。这种合法性是相对于“理性一元主导论美学体系”来说的，意在“强调感性与理性之间关系的二元分立性质和非对抗性质”[③]。感性的合法性毋庸置疑，关键是我们验证了感性的合法性之后，如何协调感性和理性特别是人文理性的关系。当下社会，感性符号比比皆是，由此造成了对理性的强势挤压。感性的张扬极大地影响甚至是左右了人们的判断力，维系感性与理性的平衡是研究者必须面对的问题。

---

① 这里的“本土”指的是西方文化圈，而不是单纯地指某一国家。

② 如费瑟斯通所说的“日常生活的审美呈现”，他把这种现象放在“后现代谱系”中进行探讨，而且从波德莱尔的艺术观到现代标新立异的生活方式，从 19 世纪早期的英格兰由博·布鲁梅尔到德国的齐美尔再到现代法国的鲍德里亚等众多艺术家、思想家，他都能串接起来，指出他们的渊源关系，以此来形成理论判断（见迈克·费瑟斯通《消费文化与后现代主义》，译林出版社 2000 年版）。中国学者没有这种先天优势，往往要靠理论嫁接来为新的理论开道，如刘悦迪建构“生活美学”时从胡塞尔、海德格尔等哲学家那里寻求哲学基础（见刘悦笛《“生活美学”建构的中西源泉》，《学术月刊》2009 年第 5 期）。

③ 王德胜、李雷：《“日常生活审美化”在中国》，《文艺理论研究》2012 年第 1 期。

以上三个方面，理论原创能力的培养不是一朝一夕的事情，需要有耐心，另外两个方面则都涉及实践。笔者试从实践角度提出以下揣想：①审美文化研究需开辟一条实证研究的道路。美学中的实证研究不是新话题，19世纪的实验心理学美学研究就属于实证研究。当前普遍展开的个案研究具有实证色彩，但它们很多时候是描述现象、分析问题的静态研究，个人想象成分多。这里所说的实证研究是要求研究者走出书斋，观察体验社会变化，并通过问卷、访谈等方法了解他人对社会现象的认识、对社会变化的反应，以此来审视审美文化的变迁，尤其是人的审美心理的变化。在现在这个多元的社会中，任何"达人"的视界都相对狭小，如果依据我们自身的体验与想象构建理论势必陷入偏颇。在广泛考察的基础上分析现象、总结规律，才能形成具有现实指导意义的审美文化理论。②从感性符号中寻找理性的突破口。当代审美文化的世俗化倾向一直饱受诟病，但我们也要看到另外一个事实，那就是这种倾向难以遏制，或者说根本不可遏制，我们与其毫无作为地杞人忧天，不如沉入审美文化大潮中寻求破解之道。当今感性符号泛滥，我们是否可以考虑在感性符号中植入人文关怀，比如制作精良的公益广告或在商业广告中巧妙地融入人文元素，将人文与娱乐联姻并利用媒体对受众进行广泛覆盖等。这些做法不是一厢情愿的理想主义，而是有很大的现实操作空间。拿电视节目来说，"百家讲坛"的一些热播节目及2012年"中国好声音"的前半部分运作就具有娱乐与人文关怀的双重收效。与此相应，研究者可尝试扮演"新文化媒介人"[①]的角色。"高扬人文精神"之类的口号在文章里喊得再响，大众听不到，也是徒劳无益。研究者应该尝试去社会上喊，去做"振臂一呼而应者云集"的英雄。易中天、于丹等已然成为英雄，期待更多的人文学者加入到英雄的行列，只有这样，人文理性才能与感性相互制衡。当然，想做英雄，徒有空想无济于事，研究者所在的科研机构应与政府、媒体或其他文化行业合作，打造大众喜闻乐见的节目（项目），引领文化潮流，而不是被动地跟随潮流。杨春时曾谈到"审美文化的社会控制"问题，意图通过国家、社

① 陶东风所说的"新文化媒介人"是在社会转型期供职于广播电视业、新闻出版业、文化旅游业、广告业等部门与行业的从业者（《日常生活审美化与新文化媒介人的兴起》，《文艺争鸣》2003年第6期），我这里的主张不是让人文学者改行，而是希望一些有条件的学者可以"兼职"的身份参与文化产业的运作，传播人文理想。

会集团及文化界的多层控制来达到整合和发展审美文化的目的。[①] 他所说的“控制”非常灵活，是顺应审美文化的一个较好的设想，但“控制”一词多少含有被动的意思。为今之计，审美文化研究者更需要一种主动介入的姿态而不是被动“控制”，借助“新文化媒介人”的角色实现人文理想应是一个不错的选择。当然，人文学者的角色转换需要多方面的协同参与，不是一念间便能完成的事情。③突破学科界限去思考审美文化问题。“审美文化”本就是一个跨学科的词，历次讨论中学者们所使用的理论早就超出了经典美学的范围。笔者这里所指的对象不是审美文化研究，而是审美文化的研究者。新中国成立后的两次美学热催生了一支数量庞大的美学队伍，不可避免地导致学科本位意识的形成，20 世纪 90 年代的审美文化讨论某种程度上可解读为美学研究者捍卫学科边界之举，陶东风掀起的“日常生活审美化”争论也有为“文艺学”扩容的明确意图。很多时候“做”比“说”更加重要，李泽厚 20 世纪 90 年代谈到审美文化时也如此主张：“只要这个东西是一个好课题，有意义，那就去做，不必管它到底是什么。”[②] 所以，学术研究没有必要恪守“名不正则言不顺”的古训，有时候为正名而引起的争论不但无益，而且浪费研究资源。在学科交叉普遍存在的境域中，审美文化研究者跨出心中的学科界限或许能为学术研究带来更高的自由度和更为丰硕的成果。

第二节　作为当代审美文化景观的《庄子》现象

“当代审美文化”的当下品质已本然地与古代审美文化划清了界线，“中国审美文化史”的写作也未包含当代审美文化的内容，这些似乎都说明古代与当代审美文化是性质截然不同的两类文化。但可想而知的是，当代与古代不可能绝缘，一些学者也在努力寻求古代与当代审美文化的关

① 杨春时：《审美文化的社会控制》，《吉首大学学报》（社会科学版）2006 年第 2 期。

② 李泽厚、王德胜：《关于哲学、美学和审美文化研究的对话》，《文艺研究》1994 年第 6 期。

联，如樊美筠试图以古代审美文化精神矫正现代化的弊端[1]，仪平策（沈香萍）则从市民社会与古典传统、“后现代”语境与“道不远人”精神等方面求证古典审美文化资源的当代价值[2]等。古今的血脉联系毋庸置疑，而另外一种联系则容易引起争议，也促发了我们关于古今联系的新思考，如活跃在当代审美文化语境中的古代物态或精神遗存。影视剧中戏说历史的成分、传统经典的全新解读等，都在迎合和重塑着人们当下的文化心理、审美意趣，这类历史和经典恐怕很难用“血脉联系”的惯常理解进行解释，它们更像是被填充进时兴内涵的古代道具，其存在及意义都要依托当下的文化语境，从而呈现出一道独特的审美文化景观。相对来说，《庄子》对当代审美文化的介入晚了些，而“晚”也有晚的意义，此时当代审美文化发展得更为充分，《庄子》现象也就顺理成章地成为一个探讨古今新联系的典型个案。

一、《庄子》“火”了

“火”是一个非常时髦的字眼，很难想象它能够跟《庄子》产生关联，但这事却确实发生在了《庄子》上。2007 年年初，凭借《〈论语〉心得》已经赚足人气的于丹在“百家讲坛”继续开讲《〈庄子〉心得》，效果同样非常好，之后出版的同名书籍开售 13 天销量就突破了 100 万册，无论是于丹还是《庄子》都成了新的神话。作为文化经典，《庄子》自魏晋以来就不曾被忽略过，民国时期还出版过作为“学生国学丛书”的《庄子》选本，甚至还有供儿童阅读的《庄子童话》[3]。新中国成立后，《庄子》曾因较低的评价一度淡出了大众视野，20 世纪 80 年代以来，庄子研究又重新活跃起来，《庄子》也以文化经典普及读物的名分不断被翻印，但其艰深的思想往往让一般读者望而却步。因此，《庄子》的出版与销售一直是不温不火，与它的“名人”身份并不相称，对很多读者来说，庄子只是个熟

① 樊美筠：《中国传统审美文化与现代化弊端之克服》，《科学·经济·社会》1998 年第 2 期。

② 仪平策、沈香萍：《当代审美文化建设与古代审美文化资源》，《理论学刊》2009 年第 9 期。

③ 吕伯攸编：《庄子童话》，（重庆）中华书局 1944 年版。

悉的陌生人。于丹的《〈庄子〉心得》一时间让庄子变得炙手可热，数百万册的销量也让庄子真正飞入了寻常百姓家。

于丹的大热使争议也随之而来，这似乎已成为当代“热”文化现象的铁律。争议如果是有意为之，即被称为“炒作”，是当代文化人推广文化产品时惯用的伎俩。但于丹招来的争议并非有意为之，批驳她的人是基于维护传统文化的热诚，不满意她对《论语》、《庄子》等文化经典的浅俗化解读；支持她的人则认为她借助大众媒介平台真正实现了普及国学知识的文化理想。前者如号称“哲学乌鸦”的黎鸣对于丹的反驳①，“塞外李悦”对于丹所讲《〈论语〉心得》、《〈庄子〉心得》的“纠错”，十博士联合抵制于丹，世纪婴儿300（汤军）在于丹售书现场穿着“孔子很着急，庄子很生气”的文化衫的抗议活动②等，相关的反驳言论也很快结集成书——《解“毒”于丹》、《孔子很着急》、《庄子很“生气”》③ 等，甚至为这类书的出版还专门开过新闻发布会④，所有这些似乎构成了对于丹的“围剿”。后者首先是央视特别节目“艺术人生：温暖2006（中）”白岩松、张越从大众传播角度力挺于丹的《〈论语〉心得》，其后是一些知名老学者如陈鼓应、余敦康、曹先擢等站出来为于丹说话⑤，肯定她传播传统文化的成绩。围绕于丹展开的争议并没有干扰大众对她的追慕，对于那些具有学术元素的批评文字，大众并不买账，他们看不懂或根本不屑于去看，还是一如既往地捧读于丹的“心得”。由此可见，批驳者对于丹的“围剿”并不成功，争议双方所争论的问题焦点本就不一致。批评于丹的人聚焦于学术意义上的传统文化思想的存续，于丹及支持她的人则关注传统文化经

---

① http：//blog. sina. com. cn/s/blog_ 4757606d0100077r. html

② http：//www. shxb. net/html/20070310/20070310_ 51388. shtml

③ 徐晋如、杨昊鸥主编：《解“毒”于丹》（中国物资出版社2007年版）、鄢圣华主编：《孔子很着急》（科学技术文献出版社2007年版）、李剑主编：《庄子很“生气”》（科学技术文献出版社2007年版）。

④ 中广网北京4月16日消息：4月15日，“十博士”批“于丹现象”新闻发布会暨《解“毒”于丹》出版座谈会在北京大学百年纪念讲堂举行，来自北京大学、清华大学、中国人民大学和社科院等十多位知名专家教授和近百家新闻媒体的记者参加了今天的会议。（http：//www. cnr. cn/library/whrd/200704/t20070416_ 504445215. html）

⑤ http：//www. gmw. cn/content/2007－05/18/content_ 608814. htm

典在当代文化语境中的意义生成。打个比方说，于丹开了一家快餐连锁店，欢迎尽可能多的人光临；批判者则准备了一场精品盛宴，只允许少数具有绅士风度的人就餐。双方不是一个文化层次的人，真正能坐下来皓首穷经读圣贤书的人毕竟是少数，大众更喜欢或者说只能喜欢简洁的文化快餐。不管怎样，争议使于丹和《论语》、《庄子》引起了更多人的关注，给已经沸腾的“热”现象又加了一把“火”。然而，争议双方缺乏有效的“火力结合部”，没过多久，争议之声便渐渐沉寂了。

争议之声渐去，《庄子》的热度并没有随之逝去。《于丹〈庄子〉心得》的热卖引起了许多出版社的注意，他们也纷纷效仿，竞相推出有关《庄子》的大众化读物。这类读物大都延续于丹“心得”的路数，抛弃一般通识读物注解加翻译的惯常做法，采用讲故事、聊心得等方式为读者与《庄子》架起一道沟通的桥梁。书名的设计也别出心裁，如“庄子为什么这样跩”、“左手孔子 右手庄子”、“我为庄子做专访”等等，不一而足，目的就是为了吸引大众的目光，拉近与读者的距离。据笔者的粗略统计，自2007年至今，有关《庄子》的这类读物出版了不下100种，其中还不包括在“语文新课标指定书目”名下的面对中小学生的出版物以及一般的《庄子》注译普及读物。可见，于丹解读经典的方式已确立了一种文化时尚的新路向，《庄子》也由此获得了当代审美文化的新识度。

笔者这里说“确立”，而不是“开启”，是因为在于丹之前，已经有类似的读物出现。这一方面，台港的作者走在了前面。20世纪80年代初中期，刘光义的《庄子处世的内外观》（台湾学生书局1980年版）、吴怡的《逍遥的庄子》（东大图书公司1984年版）等已显示出通俗化《庄子》的倾向，蔡志忠漫画书《自然的箫声：庄子说》（时报文化出版事业公司1986年版）的出版则明显开启了一条《庄子》与大众相通的新路径。此后，蔡志忠还出版了漫画书《庄子：逍遥的宗师》（时报文化出版企业公司1992年版）等，他的书以易读易懂的形式受到海峡两岸读者的欢迎，并且不断重印。不仅如此，他还将它们制作成动漫作品，增加了《庄子》知识的传播途径。黄晨淳的《庄子名言的智慧》（台湾好读出版有限公司2002年版）、纪展雄与李观发的《庄子这一班》（台湾麦田出版社2005年版）、叶海烟的《庄子的处世智慧》（健行文化出版有限公司2006年版）等都想将庄子智慧与当下生活对接。香港作者李英豪的《庄子与香港生活》（香港博益出版集团公司1987年版）及《庄子与现代人》（台湾世茂出版社1990年版）也试图将庄子思想融入现代人生活。大陆作者由于现实原因在这方面起步稍晚，杨帆的《庄子的处世哲学》（武汉出版社1992版）应是较早的作品，1997年即获重印。之后，类似的作品便不断涌现，如陈绍燕的《庄子的智慧》（河北人民出版社1997年版）、黄正雨的《自然的箫声：庄子》（云南人民出版社1999年版）、王德有的《庄子神游》（社会科学文献出版社1999年版）、王少农的《庄子改变一生心态：通解〈庄子〉摆脱做人烦恼的28种智慧》（当代世界出版社2004年版）、叶舟的《庄子的智慧》（中国物资出版社2005年版）、何宗思的《庄子洗心》（云南人民出版社2006年版）等等。另外还有以小说的形式向现代人介绍庄子的作品，如杨书案的《庄子》（中国文学出版社1997年版）、李镇的《贫嘴庄子的幸福生活》（中国国际广播出版社2004年版）。《于丹〈庄子〉心得》就内容上讲，也属于上述出版物系统，只不过多种因素促成的“于丹现象”让它脱颖而出，成就了《庄子》的一个传奇。“于丹现象”之前，《庄子》大众化读物的出版还有点犹抱琵琶半遮面的意味，于丹大热之后，特别是于丹的“心得”成功摆脱学术的纠缠之后，此类读物的出版几乎呈现井喷之势，《庄子》也由此确立了当代审美文化中一个新的发展路向。

二、《庄子》当代审美文化现象的多维形构

在古代审美文化中，《庄子》已牢牢占据一席之地，但当代审美文化与传统审美文化大不相同，仅凭《庄子》在出版界的热闹，就说它确立了当代审美文化的一个新路向似乎难以服众。20世纪90年代以来的当代审美文化讨论将其理论内涵聚焦于生活与感性层面，《庄子》当代审美文化也不缺乏这两层维度。有关《庄子》的大众读物大都将自己定位为面向大众生活的指导书，如《给大忙人看的〈庄子〉》（企业管理出版社2010年版）、《庄子叫我们想开点》（中国画报出版社2011年版）等等。而说庄子感性，似乎有点困难，庄子是历史人物，仅从画像上来看，他的确不够帅气，更谈不上性感。但当代审美文化中的感性没有局限在视觉，它是一个“穿越”性的词，在很多场合和境遇都能遇到。比如我们说“于丹讲得

好”、“书写得好”，这个“好”字就包含着感性意义，我们完全可以将之替换为“痛快”、“过瘾”、“爽”等一些明显带有“感性”色彩的词。看来，当今《庄子》的生活与感性维度并不匮乏，但它们不是《庄子》的本然属性，而是当代审美文化中媒介、消费、经典符号及文化博弈等要素多维形构的结果。

（一）于丹讲得好

“于丹现象”的成因首先是于丹讲得好。“百家讲坛”开播十余年来，真正大红大紫的人物就两位，一位是“学术超男”易中天，另一位是“学术超女”于丹。“学术”与“超男（女）”联系起来显然有谐谑甚至是挖苦的味道，但从另一个角度来看，这种称谓也表明了学术与流行文化现象的分离。易中天、于丹来自学界，但他们所讲的内容并非学术，充其量只是治学的衍生品。学术不可能大众化，其衍生品却可以畅通无碍地进入大众生活，成为大众生活的一部分。在当代社会，取得大众的关注是文化事件成长的前提，于丹无疑做到了这点。

于丹讲得好，“好”字至少包括两个方面的含义，其一是形式，其二是内容。就“形式”而言，于丹给人的第一印象非常好。她讲课铿锵有力，声情并茂，与那种一板一眼的学究式讲法有很大不同，在这个信息爆炸的时代，第一时间抓住观众的注意力是有效传递信息的关键。抓住注意力只是第一步，接下来要做的就是让注意力留驻，这就要靠内容了。于丹讲的是《庄子》，《庄子》是众所周知的文化经典，但这不是留住大众的关键理由。于丹吸引大众的法宝在于她讲《庄子》的具体方式，她首先把《庄子》玄妙的哲理还原为一个个生活道理，再用小故事进行串接，这样的《庄子》浅显易懂、精彩生动。于丹传布的庄子思想是与当下生活对接的生活智慧，自然能受到大众的欢迎。

形式侧重于感性，内容侧重于理性，二者并不对立，而是相互促进的。由形式的好进而关注内容，内容好又会使人反观形式，这时的形式已不是给人以第一印象的形式了，而是观众经过对内容与形式的全面评价之后形成的身心俱爽的整体表现形式。在这种高级形式中，感性和理性融合在一起，而更加侧重感性。如我们常说听人讲课“如沐春风”，这个比喻形容的分明是一种舒畅的感觉。因此，说于丹讲得好，这个“好”字的含义中，感性占了相当大的比重。当代审美文化中，“感性”已超越了经典美学对它的限定，发挥着越来越重要的作用。《庄子》作为当代审美文化现象，感性元素实是一种基础构件。

（二）媒介的“超链接”作用

于丹讲得“好”，如果只在高校课堂上讲，知道她的人毕竟有限；她在电视上讲，就不一样了，广大的受众都有成为于丹拥趸的潜力。虽然由于网络媒介的快速发展，电视一家独大的局面早已被打破，但现在的媒介也早已超越了各自为政的阶段，形成了一个强大的媒介组织。电视、网络、纸媒等媒介已经形成了联动，电视节目火了，网络、纸媒肯定顺势而上；同样，网络、纸媒上有什么新鲜事，电视节目也会有选择地进行追踪。这样，电视、网络、纸媒等媒介已经成了彼此的超级链接，只要在一种媒介上引起关注，就很有可能迅速成长为一个颇具影响的文化事件。可以想见，于丹讲《论语》初期，关注她的人并不多。当时于丹的名气还不够大，“百家讲坛”是一个老牌节目，也无需进行刻意炒作。于丹的大热完全是由于她讲得好，继而在网络、纸媒等媒体上传布，更多的人被吸引来看于丹的节目，于丹由此迅速成长为一个文化新星，她趁热打铁讲的《庄子》自然也引起了人们的青睐。在这个意义上讲，没有发达的媒介，也就没有今天的于丹和《庄子》。

媒介不仅仅是成因，其本身也是《庄子》文化现象的构成要素。“媒介即讯息”，麦克卢汉这句广为人知的话意在说明“对人的组织与行动的尺度和形态，媒介正是发挥着塑造和控制的作用”①，也就是说媒介操纵着社会文化现象的结构过程。他在《理解媒介》一书第二版序言中表达了相似的观点：“任何技术都逐渐创造出一种全新的人的环境，环境并非消极的包装用品，而是积极的作用过程。”这句话如果放在《庄子》审美文化现象中可以理解为：多种媒介组成的媒介帝国创造出一种全新的环境，这种环境保证了于丹、《庄子》等信息的迅速流动，并最大限度地将之与大众联系起来，形成一种火热的文化景观。媒介在这种景观中绝不是一个外在的装饰，而是深入文化肌理起积极构造作用的关键元素。没有发达的媒介，也就没有当代瞬息万变的文化现象，也可以说“当代”一词本身就内

---

① ［加］马歇尔·麦克卢汉著，何道宽译：《理解媒介——论人的延伸》，商务印书馆2000年版，第34页。

置有媒介的意义。麦克卢汉还将媒介分为“热媒介”和“冷媒介”，提供高清晰度信息、受众参与度低的媒介就是热媒介，提供低清晰度信息、受众参与度高的媒介就是冷媒介。热冷媒介的分类或许还有很多值得商榷之处，但清晰度与参与度的对比的确指出了媒介传播作用的一个重要事实。当代的媒介帝国，就其整体效果而言，偏向于“热”的一面，信息的记载、传输等都维持了较高的清晰度，高清晰度也就阻断了受众对信息的深度加工与介入，受众更多的是停留在感性认知的层面，从而确立了当代文化中感性的统治地位。大众对信息浅尝辄止的接受促生了大批的“热”文化现象，《庄子》现象也是其中之一。

（三）消费的文化参与

“消费”是一个中性词，是人类社会中一种常见的经济行为，不过，这种中性的理解较适用于生产力水平相对较低的时代。生产力水平较高、社会物质财富大为丰盛的时代，“消费”一词承担了远超过经济行为本身的意义。如波德里亚所说，消费是“当代社会关于自身的一种言说，是我们社会进行自我表达的方式”①，也可以说，与“媒介”一样，消费不仅是当代文化发展的重要动因，它带来的社会变化也使其成为当代文化的重要构成元素。在波德里亚看来，生活在丰盛时代的人们被“物”包围着，这种物不只是单纯的消费材料，还包括附加在消费材料上的意义。如日常生活用品，在功能大致相当的情况下，不同品牌及广告宣传对该品牌的定位就成了这种消费材料的意义。当代社会，消费的内涵更多地指向消费材料的“意义”，“功能”倒成了一种附加的东西。

任何热文化现象都有导向消费潮的潜在可能，因为“热”也就意味着流行与时尚，用现在一个比较时髦的词来说就是“人气”。如果一种文化现象人气旺盛、关注度高，商业策略运用恰当就很容易引起消费热潮。西美尔时代的时尚与今天有很大不同，但他对时尚的言说却有穿越时代的力量，“时尚的目标特别接近于纯粹的金钱拥有”②，这句话明确指出了时尚与消费的密切关系，由此我们或许可以理解一些人用极端手段获取金钱、

---

① ［法］让·波德里亚著，刘成富、全志钢译：《消费社会》，南京大学出版社2001年版，第226～227页。

② ［德］齐奥尔格·西美尔著，费勇、吴燕译：《时尚的哲学》，文化艺术出版社2001年版，第74页。

追慕时尚的行为。消费热潮中，人们购买的主要是一种感觉，一种由时尚孕育出的狂欢心态，这就是消费品的意义，其物质形式仅仅是承载这种意义的外壳而已。

于丹的大热自然引发了《于丹〈庄子〉心得》的热卖，数百万册的销量无疑创造了一个消费神话。而我们不禁要问的是，在这数百万的购买者中，真正认真品读此书的人会有多少呢？这个数字无法统计，但可以想见的是，认真读这本书的人不会很多，它作为时尚品的意义要大于作为一本书的价值。或许像其他许多时尚品一样，它最为合适的归宿就是房间里的某个角落，在那里它只是它的主人曾经追逐时尚的一个见证。《于丹〈庄子〉心得》毕竟不同于一般的时尚物品，它还承载着更为丰富的文化意义，而这种文化意义的形成一定程度上仍然要靠消费来引导。《于丹〈庄子〉心得》热卖之后，出版商看到商机，便纷纷推出《庄子》的“心得”式作品。这些作品具有明显的休闲、娱乐指向，其热度虽然无法与《于丹〈庄子〉心得》相比，但连续几年的出版、100 多种的数量也使这些作品渐成气候，人们已渐渐接受这种解读《庄子》的方式，《庄子》的影响范围因而也在慢慢扩大，《庄子》正在以一种新的方式占据当代文化的一席之地。毫不客气地说，消费导引的这一出版现状正在悄悄改变着当下的文化格局，消费作为当代文化的构成元素由此可见一斑。

（四）经典的符号价值

如前所述，“经典”的身份并没有在《庄子》“热”现象中起到关键作用，但“经典”的广告效应的确提升了受众的参与度。在于丹掀起的《庄子》热潮过后，《庄子》并没有像其他流行文化现象一样淡出大众的视野，而是在出版商的推动下继续维系了一定的热度。《庄子》能够在当代文化语境中“发挥余热”无疑受惠于其“经典”的文化地位，只不过“经典”的内涵已悄然发生了转变，即由学界的、官方的经典转变为大众的经典。

《庄子》成为经典应始于魏晋。魏晋时期尚清谈，《老子》、《庄子》、《周易》被视为“三玄”，谈论注解者甚众，“三玄”的名号也就意味着《庄子》“经典”地位的确立。自是之后，历代解《庄》注《庄》者不绝如缕，《庄子》的经典地位遂得以巩固。西学东渐以来，作为中国文化的代表，《庄子》自然不会受到轻忽。学界对《庄子》的研究一方面延续了注解的传统，另一方面则融入了现代内涵与西学视野，后者在现代语境中尤其重要。同时，作为“国学”的重要组成部分，《庄子》也在普及之列。直至今天，这两方面的工作都在扎实推进，《庄子》的经典地位当然毋庸置疑。但对于大众来讲，《庄子》更多的是一种橱窗里的经典，只能观赏而无法触碰。《庄子》艰深的思想将很多人挡在了封面之外，人们只知其名，难知其味。

《于丹〈庄子〉心得》为大众打开了《庄子》通俗化的局面，后来跟风出版的众多《庄子》读物走的也是大众路线，这一现象给人的印象就是《庄子》这一传统经典已经走入了寻常百姓家，大众终于接触到了传说中的经典。但需要说明的是，此时的经典与学界的经典已经大不相同，“心得”类《庄子》摆脱了注解传统、学术理路，融入了当代生活智慧，成了一种通俗读物，这也是于丹饱受争议的根本原因。此时的《庄子》如果还被视为经典的话，它已经是被当代文化重新建构的经典了，或者说《庄子》在当代文化语境中获得了重新编码，官方的、学界的经典在当代的《庄子》这里只留下了一个厚重的符号。当然，重新编码后的经典在内涵上并非与此前的经典完全割断了联系，因为很多“心得”类读物的作者都是学界中人，他们的作品肯定有对传统的承续，只不过在写作目的上更多地侧重于当下生活。

中国的当今社会已有比较浓厚的后现代氛围①，很多经典在当代语境中都面临着被解构的命运。虽然解构之风盛行，但经典思维依然存在，因为解构的同时也在建构，建构的过程仍然会出现经典。当代娱乐文化尽可以对《庄子》重新编码，也可以将这种重新编码看作解构，但要注意的是，它消解的是《庄子》的经典阐释，而不是其符号性的经典地位。不仅如此，这一编码过程还需大大借助于《庄子》的经典地位。即使在重新编码的读物中，也能分出等级来，名家、著名出版社的书相对来说较受重视，人气较旺，这也能反映出经典思维的存在。“经典”的问题非常复杂②，不论如何，《庄子》的经典价值都在其当代审美文化现象的形成过程中起到了重要作用。

---

① 参见曾艳兵：《东方后现代》，广西师范大学出版社 2002 年版。

② 参见周宪：《经典的编码与解码》，《文学评论》2012 年第 4 期。

（五）文化博弈的力量

一谈到博弈，我们自然会想到博弈论。博弈论是一种有关策略的理论，力求在双方或多方势力较量中寻求均衡。而文化博弈，如果不考虑经济、政治等元素的介入，完全没必要涉及策略，异质文化的碰撞交流总能激发出文化活力，促进文化的良性发展。王国维曾大赞“佛教之东”对“吾国思想凋敝”的补益作用，近世传入的“西洋思想”又被他称为“第二之佛教”,① 可见“西学东渐”所带来的文化的巨大能量。《庄子》躬逢其时，西学与中国文化不同的观念、方法等极大地丰富了《庄子》的诠解空间，《庄子》也因而于中学与西学、传统与现代之间焕发出新的活力。近代以来对《庄子》的新阐释主要缘于学界的努力，而在当代审美文化中，《庄子》又不得不遭遇大众文化的语境，传统与当代、精英文化与大众文化的博弈也使庄子迅速成长为一个文化明星。

学界对《于丹〈庄子〉心得》的指责是显见的文化博弈，但在此之前，有关《庄子》的文化博弈已然展开，《于丹〈庄子〉心得》可以说就是博弈的一个结果。于丹在讲《庄子》之前考虑的问题应包括《庄子》的本文、经典的阐释、传播的效用、观众的接受能力等，这几方面的问题其实就是传统与当代、精英文化与大众文化的关系问题，于丹在其中找到了很好的平衡点，赢得了大众，也为自己赢得了可观的经济效益。其后引发的争议可以视为已经潜存的文化博弈的外显化，赢得大众的于丹几乎没费什么口舌便在这场大众瞩目的博弈中占取了主动。可以说于丹赢得了经济利益，但不能说于丹赢得了文化博弈，因为文化博弈很难用输赢来论。而学界中人的退却不代表精英文化的萎缩，《庄子》的经典阐释依然是学界一以贯之的研究热点。这场精英文化与大众文化的角力最显著的一个结果就是扩充了庄子文化的影响力，大众可以不必掩饰他们对晦涩的经典阐释的厌恶之情，但他们最起码知道了学术的庄子与大众的庄子存在着不同。所以，文化博弈，受惠的是文化自身。有关于丹的争议结束了，但《庄子》引发的博弈并没有结束，《庄子》大众读物的撰述者不得不面对多种文化势力的交锋，况且很多作者属于学界精英阶层，精英文化、大众文化

---

① 王国维：《论近年之学术界》，见姚淦铭、王燕编：《王国维文集》（第三卷），中国文史出版社 1997 年版，第 36 页。

在他们身上的拉扯可能更为剧烈。正像西学与中学的碰撞激发了中国文化的活力一样，经典阐释对大众读解的渗透也会提高庄子的文化活力，大众文化的兴盛同样会引发精英阶层对庄子审美文化的重新定位。

第三节　《庄子》当代审美意义的生成

“当代审美文化”是一个内涵非常宽泛的称谓，这样说并不意味着任何当代文化现象都可冠以“审美文化”的名号，只有那些可与“审美”发生关联的文化现象才能纳入到审美文化的考察范围。有意思的是，“审美”一词在当代的意涵也非常宽泛，这也导致了“当代审美文化”极大的包容性。上述对《庄子》现象的描述似乎没有涉及审美问题，其实促使《庄子》引领潮流的正是审美元素，只不过此时的审美与传统的审美已大不相同。如果说《庄子》呈现的经典审美境界是无所系缚的、超脱尘世的精神自由，而今《庄子》的审美意义则必须融入大众生活才得以彰显，其中自然离不开与各种现代元素的交汇撞击。

一、当代审美文化中的“审美”内涵

当学界大谈审美文化的时候，“审美”的内涵已发生了重大变化，但“审美”这一概念并没有受到足够的重视。或许是因为“感性”问题是审美的核心问题，对感性问题的探究也就意味着对“审美”内涵的关注。“审美”作为审美文化的一个关键概念，不应因这样一个推理而被忽略。也有一些学者注意到了这个问题，较有代表性的是朱立元与姚文放。朱立元认为“审美”的基本内涵就是“以人为本”，虽然审美“不能脱离人的感性生活”，但在某种意义上它“是人的积极的本质力量的对象化和自我肯定、自我实现的感性显现方式，也是人与世界之间的精神性对话、交流

以及由此获得满足和享受的方式”。[①] 姚文放认为“在中西美学史上，‘审美’概念都以审美经验为中心”，西方美学中的审美经验由自律转为他律，“审美”的内涵也由非功利变为了功利，西方美学理论的这种变化及中国传统美学观念使得中国学者对“审美”的理解更为开放。当今的审美经验丰富驳杂，“审美”一词也难以定义，即使如此，他最后还是给“审美”概念作了一个大致的界定：“人类基于完整、圆满的经验而表现出的一种身心洽适、灵肉协调、情理交融、知行合一的自由和谐的心理活动、行为方式和生存状态。”[②]

比较这两位学者对“审美”内涵的认识，可以说朱立元回答的是“审美应该是什么”的问题，姚文放回答的则是“审美是什么”的问题。这两种回答方式的立场与目的显然不一样，前者是站在人文关怀的立场上对美学研究的价值取向予以规约；后者则是立于学科建构的立场上对“审美”内涵加以重新厘定。朱立元有关“审美”内涵的认识仍有一种理想主义情怀，他对感性泛滥之后的人文缺位心存忧惧。姚文放则认可感性拓展的合法性，其对“审美”内涵的分析意欲为美学学科的发展扫清道路。而不容否认的是，姚文放的“审美”概念还是有理想主义的成分，所谓“身心洽适”、“灵肉协调”、“自由和谐”仍然是经典审美的理想境界，与当下感性扩张的现实存在一定距离。

沃尔夫冈·韦尔施在谈到审美的时候，并不认为审美有一个统一的本质主义的内涵，如他所说：

从哲学上说，或者更确切地从美学理论上说，一心给出、或想宣布一个单一的终极审美概念，是错误的，也是不合时宜的。[③]

他否认了“审美”具有贯穿始终的本质，但同时又认为“审美”的意义具有如维特根斯坦所说的“家族相似”，具有整体性和一贯性。韦尔施

---

① 朱立元：《略谈当代审美文化的“审美”内涵》，《沈阳工程学院学报》（社会科学版）2008 年第 1 期。

② 姚文放：《“审美”概念的分析》，《求是学刊》2008 年第 1 期。

③ ［德］沃尔夫冈·韦尔施著，陆扬、张岩冰译：《重构美学》，上海译文出版社 2002 年版，第 30 页。

的这种看法非常符合我们今天对“审美文化”的认定。审美文化不完全等同于大众文化等当代文化形态，根本原因就在于“审美”的限定，当代文化必须具有审美的元素才能称为“审美文化”。当代审美经验与传统审美经验大不相同，但毕竟有一个相似的基底，这种相似并不意味着“审美”必须有亘古不变的本质，而是意味着一种学科界限。鉴于此，笔者认为没有必要为“审美”找一个确切的定义，而应该充分重视当今感性扩张及审美经验杂糅的现实，探索它可能具有的多重内涵。

（一）表层审美与深层审美

这里的表层审美与深层审美不同于以往的审美感知与审美理解，而是着重于从感性层面考察当代“审美”的不同意义。不少学者在为感性的合法性摇旗呐喊，而从当今感性充盈的美学现实来看，感性的合法性似已不言而喻。现在仍然存在的“合法性”争论其实已不是一个美学问题，而是一个价值论问题，似乎一旦在美学上给感性以合法的地位，就认可了感性大行其道的社会现实，也就鼓励甚至怂恿了感性符号的泛滥及其对人文理性的挤压。这种价值论上的忧虑没有必要，任何研究都必然具有价值取向，但如果对问题本身都没有一个清晰的认识的话，价值取向也就无从谈起。认可感性的合法性是为了重新审视“感性”这一熟悉而又陌生的对象，任何不加辨别地对感性扩张的遏制措施都难免简单和理想化。

表层审美与深层审美是就审美经验的不同程度而言。审美经验问题是一个既简单又复杂的问题，说它简单，是指审美主体在特定场合的审美感受是具体真切的；说它复杂，是因为历代很多美学家都研究过这一问题，由于立场、角度及各自经验等诸多方面的不同，所得出的结论也是千差万别①。这里所说的“表层”、“深层”主要就感性体验而言。

“表层审美”可以说是一种支离破碎的审美，因为这种审美不能形成杜威所说的“一个经验”②，它是由众多的感性碎片组成的感性印象。当今

---

① 见朱狄《当代西方艺术哲学》第五章第二节“审美经验各种构成因素的分析”，人民出版社 1994 年版。

② 杜威认为：“我们在所经验到的物质走完其历程而达到完满时，就拥有了一个经验”，而“一个思维的经验具有它自身的审美性质”，它之所以具有审美性质就在于这一经验历程的自身“完满”。（见杜威著，高建平译：《艺术与经验》，商务印书馆 2005 年版，第 37、40 页）

世界，各种各样的媒介充斥着海量的感性信息，尤以视听信息为主。如霓虹灯般闪烁的影像流形成了种种感性魅惑，视听感觉常处于一种饱和状态，阻断了向理性深入的进路。我们可以想象一下都市人的生活状态，家（或宿舍）中电视、电脑等媒介释放着各种各样的视听信息，外出乘坐的交通工具也安装着各种各样的现代传媒，商场前的LED大屏幕不分昼夜地播放着华丽的广告，无处不在的广告牌各显神通地施展着引诱视觉的魔力，触目所及的男男女女身着各色时装形成了一道道移动的风景线，片刻不离手的智能手机随时接收着来自世界各地的丰富资讯……所有这些形成了对人类感官的饱和攻击，它们似乎组成了一个强大的隐喻，你必须要成为某种人，某种可以悠游于现代都市空间的人。越是现代化的都市，这方面表现得就越明显。海量的感性信息很难让人形成完整的审美经验，但它们却指示了一个模糊而又清晰的目标，去成为“那种人”。这就是当代审美文化中表层审美的现实，它干扰甚至阻断了人文理性的生产及作用的发挥。

深层审美是一种深度的感性体验，这个深度并不指向理解，而是指向感性体验的强度，如欢快的感受及紧张劳作之余的身心放松等，娱乐与休闲最具有代表性。“娱乐”、“休闲”两个词常被并置，它们所指示的意义的确存在着共通的方面，但也有不同的地方，“娱乐”倾向于指感性体验强烈的活动，“休闲”则倾向于指相对平和的活动。如狂欢节中的狂欢可以表述为一种娱乐行为，用“休闲”二字来形容就不太恰当；把散步与品茗说成“休闲”比较合适，当作娱乐就欠妥帖。相较于娱乐，休闲的意义更为复杂一些。在古希腊，休闲以“schole”一词表达，而“schole”是英语“school”的原始含义，① 其意义与今天着重于“身心放松”的一面并不相同。即使在今天的一些相关研究中，休闲仍然具有个人努力方面的意指。但在当代审美文化中，娱乐与休闲除了在感性体验过程中强度有所区别外，意义逐渐趋同，都被新的文化语境赋予了新的特点。

新特点首先表现在娱乐与休闲的产业化。传统的娱乐与休闲个人化色彩较为明显，可以说各有各的玩法，今天的娱乐与休闲随着产业化之路则

---

① ［美］托马斯·古德尔、杰弗瑞·戈比著，成素梅等译：《人类思想史中的休闲》，云南人民出版社2000年版，第23页。

有趋同的走向。铺天盖地的KTV，各种各样的休闲会所、水疗馆，大小旅游公司推出的各色旅游项目，充斥于网络中的游戏等等，都在将人类的娱乐和休闲装进模式的口袋。在这个意义上，我们是“被娱乐”、“被休闲”了，我们要按照各种产业给我们制定的既定路线前进，可以说是“戴着镣铐跳舞”。有意思的是，我们似乎非常享受这种舞蹈，因为“镣铐”有一个非常好听的名字——时尚。在时尚的名义下，即使有时候我们被娱乐得疲惫不堪，也会有一种弄潮的快感。新特点的另一个表现是娱乐的泛化。我们今天的生活已非昔日可比，经济快速发展，生活水平大幅提高，苦难似乎已是非常遥远的事情。我们要做的就是及时行乐，抓紧时间挥霍为数不多的时日，尼尔·波兹曼那句诅咒性的“娱乐至死”完全可以这样理解：“娱乐，直到死！”波兹曼主要以电视为例说明娱乐泛化的事实。在他看来，一切电视节目都具有娱乐色彩，一则灾难新闻播报之后，主播一句“好……现在”的转折立刻使这则新闻可能引起的悲悯情绪烟消云散，这种频繁的转折使新闻成了纯粹的娱乐[①]。当然，不止电视，我们生活的方方面面都被涂上了娱乐色彩，商业广告传达给我们的娱乐信息尤其显著。一方面遍布在各种媒介及大街小巷的商业广告使我们感觉身处于一个物质极大丰富的时代，另一方面广告的形式与内容又让我们相信这是一个快乐的时代，我们即使得了病，也不是件痛苦的事情，可以轻松治愈。泛娱乐化时代，娱乐已成为一种集体的仪式，我们所要做的就是在这样一种仪式中充当称职的舞者。

（二）享受性审美与创造性审美

“日常生活审美化”是对当代世界审美泛化事实的概括性描述，费瑟斯通1988年即对这种现象进行了归纳：旨在消解艺术与生活界限的“艺术的亚文化”、“将生活转化为艺术作品的谋划”、“充斥于当代社会日常生活之经纬的迅捷的符号与影像之流”。[②] 这三个方面如果从审美性质的角度进行划分又可分为两种情况：前两个方面都明确了艺术家在艺术与生活联姻过程中的主动努力，这个意义上的审美可以说是“创造性审美”；第三

---

① ［美］尼尔·波兹曼著，章艳译：《娱乐至死》，广西师范大学出版社2004年版，第129～131页。

② ［英］迈克·费瑟斯通著，刘精明译：《消费文化与后现代主义》，译林出版社2000年版，第95～98页。

个方面虽然也离不开艺术家的创造，但它更意味着符号与影像对大众的影响力，意味着大众无抵抗力的审美接受，这种审美可以视为“接受性审美”。“接受性审美”是较为平实的说法，考虑到当代审美现象对人类感官的诱惑与迷醉，称之为“享受性审美”更符合当代审美的性质。费瑟斯通也指出，他所说的第三个方面才是“消费文化发展的中心”①。我们完全可以将这种说法置换到今天的审美文化场域：“享受性审美”是当代审美文化的中心。

审美的享受性曾一度受到经典美学的贬抑与打压，在以康德为代表的主张审美超功利的美学家看来，享受应被排斥在审美之外。康德认为，快适是在“感觉中使感官感到喜欢的东西”，它是与利害相连的、因人而异的，而“鉴赏判断带有一种普遍性的、即对每个人有效的审美的量，这种审美的量在有关快适的判断中是找不到的”。②“快意就是享受”③，与快适一样，享受当然不能进入鉴赏判断的范围，这种观点影响了康德之后的大批美学家。当然也有人为享受性的快感翻案，如尼采说“对艺术和美的渴望是对性欲颠狂的间接渴望，他把这种快感传导给大脑”④，弗洛伊德也说“美是性感情领域（sexual feeling）的派生物”⑤。相对于这种直接的、激烈的说法，莫里茨·盖格尔的观点要温和得多。他对审美的快乐与享受作了区分，认为审美的快乐基于艺术品的价值，审美的享受则是基于审美的效果。效果论美学没有错误，但却片面，因为它仅从艺术效果中寻找审美价值。盖格尔虽然指出享受性审美的片面性，但还是认可它的存在，并认为

---

① ［英］迈克·费瑟斯通著，刘精明译：《消费文化与后现代主义》，译林出版社2000年版，第99页。

② ［德］康德著，邓晓芒译，杨祖陶校：《判断力批判》，人民出版社2002年版，第40~50页，着重号原文有。

③ ［德］康德著，邓晓芒译，杨祖陶校：《判断力批判》，人民出版社2002年版，第43页。康德在此页所做的有关享受的注释实际上取消了享受在价值论领域的合法性：“一种对于享受的义务显然是无稽之谈。所以，对一切只以享受为其目的的行动所制定的义务，同样也必定是荒谬的：尽管这种享受可以被任意地设想为（或打扮为）精神性的，即使是某种神秘的、上天的享受也罢。”

④ ［德］尼采著，周国平译：《悲剧的诞生——尼采美学文选》，生活·读书·新知三联书店1986年版，第354页。

⑤ ［奥地利］西格蒙德·弗洛伊德著，傅雅芳、郝冬瑾译，苏晓离校：《文明及其缺憾》，安徽文艺出版社1987年版，第23页。

审美过程混合着快乐与享受。[①] 耀斯积极肯定享受在审美经验中的地位，他把“创作”、“感受”、“净化”视为审美经验的三个范畴，认为“在文学交流的任何运用中，只要创作、感受或者净化不抛弃享受，文学交流就始终保持着审美经验的特性”，并认为“纯粹的感性快乐”与“纯粹的反省”之间应保持平稳状态。[②] 舒斯特曼从实用主义角度出发“承认命如朝露的愉悦或阵阵短暂的快乐并不因其转瞬即逝而缺少了真实、动人或可爱”，大多数美、艺术和娱乐的快感“正因为没有永恒性而更有价值”[③]。审美的享受性从经典美学中逸出，在传统艺术审美经验中获得了正当地位，又在当代娱乐文化中大行其道，其重要性已是不言而喻。舒斯特曼认可短暂快乐的价值，其实是认可了感性享受的合法性。当代社会，一切审美文化的技术努力都在设法满足感官的极致欲望，如高保真音响、高清（超高清）电视、3D 电影等将经典美学推崇的视听审美感官一步步打造成音与色的饕餮大口，享受性审美的合法地位在当代技术的支持之下似乎更加不容置疑。

费瑟斯通所说的审美泛化的三个方面都离不开艺术家的创造或具有艺术性质的创造。我们生活中触目可见的任何人工制品都蕴涵着制造者的匠心，这些制品除艺术家提供的艺术制品之外，其他制品也因其朝向美的意图而具有了艺术的意味。创造之于欣赏，其优先地位是显而易见的，但在当代审美文化中，创造性审美很大程度上要屈服于享受性审美的发展逻辑。因为艺术创造（包括泛艺术化创造）中的审美经验已脱离了自律性发展的轨道，受制于多重外在功利因素，这些功利因素大多指向享受性的审美感官。如创造性审美越来越依赖技术，尤其是一些数码产品，新材料、新工艺、新技术的应用简直就是它们制胜的法宝，而这些新的法宝无不展示出它们对感性的强大吸引力。因此，可以说创造性审美必须依附于享受性审美的感性逻辑才能获得发展空间。

---

① ［德］莫里茨·盖格尔著，艾艳译：《艺术的意味》，华夏出版社 1999 年版，第 78 ~ 97 页。

② ［德］汉斯·罗伯特·耀斯著，顾建光、顾静宇、张乐天译：《审美经验与文学解释学》，上海译文出版社 2006 年版，第 41 页。

③ ［美］理查德·舒斯特曼著，彭锋等译：《生活即审美：审美经验和生活艺术》，北京大学出版社 2007 年版，第 103 页。

（三）断层化的审美

断层化的审美并不是一种新现象，当新的审美文化现象出现的时候，常伴随着对传统审美观的否定与剥离，刘勰所说的“情必极貌以写物，辞必穷力而追新”的“近世”文风就表现出与传统文艺观的背离。在“亚文化”领域中，审美总是表现出对主流观念的排拒，而排拒产生的审美张力有时能爆发出强劲的生命力，促发新的时尚审美形态。断层化的审美现象并不鲜见，但没有一个时代的审美断层像今天这样普遍。当代审美文化中的审美断层是由感性的泛滥造成的，感性审美阻断了理性进路，剥离了传统审美观念赖以生成的文化土壤，形成了一种“无根”的审美，这种无根的审美已成为当代审美文化的常态。作为审美文化常态的“无根的审美”具有以下特点与功能：

第一，断层化审美对“功利”既拒斥又亲和。经典美学倡导超功利的美学观，“超功利”超越的是狭隘的切身利益，而无法超越审美观得以产生的最终根据，如民族心理、意识形态等这些大功利。对于“大功利”，审美个体无法明确感知，但又无法漠视它们的存在。正如鲁迅总结普列汉诺夫的美学观时所说的那样：“美底愉乐的根柢里，倘不伏着功用，那事物也就不见得美了。”① 当代审美文化的感性冲击正慢慢地将这些大功利淡化甚至是清除，以组建新的审美形态，从而出现了审美观的断层。当代感性审美一方面力图摆脱根性功利的束缚，另一方面又与市场、消费、媒介、欲望等功利因素纠缠不清，这似乎是一组矛盾。其实，这组矛盾并不存在，因为两种功利的性质并不相同。根性功利融合在文化基因里对审美起作用，是内发性的；消费、媒介等当代功利因素对审美的强势介入则是外来性的。正是外来性功利对审美的绑架，斩断了审美观得以形成的文化基础，根性功利才逐渐淡化甚至是消退，这似乎对“审美积淀说”形成了挑战。

第二，断层化审美导致审美生态的加快重组。当代审美文化中，不断更新的审美现象重塑着人们的审美趣味，而建立在新审美趣味上的审美期待又对新的审美风潮提出了要求。日益趋新的文化力量缠绞着审美积淀的

---

① 鲁迅：《〈艺术论〉译本序》，见《鲁迅全集》（第四卷），人民文学出版社2005年版，第269页。

脐带，使审美观的发展逐渐失去文化后坐力，追新逐异成为审美时尚的不二选择。科技的快速发展又助长了这种审美倾向，加快了新异审美现象及相应审美心理更新换代的步伐。由此带来的对故有审美心理的冲击引发了长时间的审美文化论争，一直到今天，相关的讨论仍不绝于耳。追新逐异不可能完全取代传统与经典的存在，于是传统与现代共存、高雅与通俗同在的“混搭”风格就成了当代审美文化的整体特征。但要注意的是，混搭双方或多方的力量并不均衡，趋新的一方始终占据着主导地位。如高雅与通俗的混搭，首先需要高雅放下尊贵的身段来俯就通俗的要求，而不是通俗迎合高雅的趣味。因此，审美生态的重组并没有因传统与高雅的现实存在而放慢速度。

第三，断层化审美对人文精神的冲击与重新熔铸。审美文化引起热议的起始原因就是当代审美文化现象对人文精神的冲击，在感性至上的当代审美文化中，物形成了对人的支配，伦理失序，纲常失纪，令许多学者忧虑不已。直到今天，对新审美现象的颂扬与对旧文化秩序的怀念仍存在着激烈交锋。若从20世纪80年代初的眼光来看，人们对许多传统优秀品德的坚守的确被市场放开带来的各种文化现象冲撞得溃不成军，由此产生的审美断层无疑是剧烈的文化阵痛。但社会总在发展，一味地坚守与回望有时候难免会忽略社会发展中蕴藏的文化生机。事实上，审美断层引发的多种思考已成为新的人文精神建设的重要资源。就拿备受关注的身体伦理来讲，在文学、影视等艺术形式的鼓噪下，身体越来越开放，“性”也不再是一个让人讳避的字眼，这种现实是不是对人文精神的巨大冲击呢？从旧有的身体伦理来看，这种情况无异于浩劫；而从新的发展的角度来看，身体的开放也显示着对人性的尊重，蕴涵着新的人文精神的元素。钱中文于20世纪90年代倡导新理性精神，近来仍有些学者谈及新理性精神，审美的断层化启发我们欲建设与弘扬新理性精神、新人文精神也应该从当下审美文化资源中汲取新能量。

二、《庄子》的当代审美意义

当代审美文化的审美已经脱离精神性的、有深度的审美方式，转而以感性愉悦为其主要特征。庄子一头扎进当代审美文化的海洋中，经过几年的历练，似乎也成了时尚达人。不过，我们今天看到的行时的庄子已远不是那位坐在云霓之上傲视天下的精神领袖，而是披着经典的外衣四处“走穴”的文化明星。《庄子》的审美意义也不再是只有少数文化人才能领悟到的无所系缚的逍遥境界，而是给大众带去慰藉的心灵鸡汤。宋人叶适曾说：

自周之书出，世之悦而好之者有四：好文者资其辞，求道者意其妙，汩俗者遣其累，奸邪者济其欲。[1]

“汩俗者遣其累”非常近似于《庄子》今天在大众文化中的地位，只是现在的文化语境已非昔日可比。慢生活状态下的古人的“遣其累”是精神的高蹈，大众文化中的今人的“遣其累”则是感性的狂欢。庄子并不性感妖冶，《庄子》也无法给我们提供鲜活的感性画面，《庄子》的感性审美从何而来？前文我们已经说过，庄子能够成为当代审美文化中的热门人物，与感性元素的参与是分不开的。各种《庄子》读物能够受到大众的欢迎，并不在于它们解读《庄子》的准确与否，而在于它们给大众带来了娱乐、休闲的感性体验。这种体验是深层的感性体验，但不是深度的精神体验，因而行之不远。其实也不需要行远，即时的快乐与满足就是大众要求的审美目标。传统社会中，人们读《庄子》追求的是一个“静”字，当代社会的人们读《庄子》追求的则是一个“爽”字，这个“爽”字也就表征了《庄子》大众读物带来的享受性审美的性质。《庄子》的当代审美还是一种断层的审美，作为审美主体的大众对庄子美学思想的经典阐释完全陌生，因此他们能够毫无障碍地接受《庄子》大众读物对《庄子》的阐释，但这种娱乐、休闲式的理解与庄子的经典美学思想已经全然异趣了。

（一）《庄子》当代审美的表现形式

2007年，学术版《庄子》与时尚版《庄子》进行了一场文化博弈，最终，时尚版《庄子》脱颖而出。《于丹〈庄子〉心得》的胜利从根本上说是大众的胜利，是大众审美趣味的自然选择，它同时宣告了“六经注我”式解读《庄子》的合法地位。自此之后，很多《庄子》读物也都公

① 叶适：《叶适集》，中华书局1961年版，第712页。

然宣称自己“六经注我”的解读方式，以避免来自学界的纠缠。最典型的是王蒙，他在《庄子的享受》“前言”中说：“与其说我是在注什么经，不如说我在认真阅读的同时找材料注我。”① 这种“六经注我”式的解读之所以受到欢迎，根本原因在于它带来的快乐的阅读体验，而并不在于它传达的知识，从这个意义上说，《庄子》被娱乐化了。“六经注我”式的娱乐是《庄子》大众读物的整体格调。《庄子》的娱乐化还表现在以下几方面：

1. 书名的娱乐化

“于丹《庄子》心得”的书名不需要煞费苦心，因为于丹在电视媒体上的成功已经为她做足了广告，“心得”就是她的招牌。后来顺势而生的很多《庄子》读物为了在经济潮中分一杯羹，在书的命名上均煞费苦心。一些作品顺应于丹的路数，在“心得”上做文章，如“庄子智慧心解”、“庄子的财富：心灵的良策”、“庄子看人生”等。这些书名明显不同于学术著作，也不同于“庄子注译”之类的纯知识性的名称，虽然显得中规中矩，但仍能看出娱乐的指向。另有一些出版者，他们显然是深谙“注意力经济”之道，摆脱“心得”的命名模式，在娱乐上下功夫，如“庄子为什么这样跩”、“庄子叫我们想开点”、“庄子原来这样说”、“上班孔子·下班庄子”、“我给庄子做专访”等等。这些娱乐化的书名很容易抓住大众的眼球，勾起人们的购买欲望，托拉斯·达文波特所说“注意力是企业与个人的真正货币”② 确有其道理。由此我们也可以看出，书名的娱乐化是与利润直接相连的，显示了娱乐与经济的共谋，可以说经济元素是审美娱乐化的根本动因，审美遭受功利的绑架于此可见一斑。

2. 口语化的表达方式

于丹的“心得”是口语化的表达吗？当然是。但于丹的口语化表达独具一格，语句中经常飘出诗性的文字、美妙的哲思，有网友干脆将于丹干净利落、感性而又温暖的文字称为“于丹体”。“于丹体”是于丹的个性气质与素养使然，别人很难复制，但口语化的表达是人人得而能之的。《庄子》大众读物大都采取这种表达方式，以拉近与读者的距离。距离近了，

---

① 王蒙：《庄子的享受·前言》，安徽教育出版社2010年版。

② ［美］托马斯·达文波特、约翰·贝克著，谢波峰等译：《注意力经济》，中信出版社2004年版，第4页。

亲切了，也就消解了学者注解庄子的严肃与神秘，大众可与庄子在熟悉的语境里快乐共处。如陈清华说："我尝试着用轻松的电视语言写庄子，希望能得到读者的认可。"[①] 陈清华做过某电视台的嘉宾，他所说的"轻松的电视语言"也可以说就是口语化表达，只不过更加注意传播的效度。王麒也说："我避开那种学究的语言，采用最直白的表述方式来和大家交谈，共同探讨关于庄子的人生体验。"[②] 这种说法简直是要与读者促膝谈心了。王蒙的"庄子三部曲"（《庄子的奔腾》、《庄子的快活》、《庄子的享受》）更是口语化表达的典范，看王蒙的"三部曲"就好像看一个健谈的老人在那里海阔天空地神聊，激情澎湃，妙语如珠，"嬉笑怒骂，皆成文章"，真让人感觉酣畅淋漓。王蒙在《庄子的快活》后记中说："让我们一起去号他的脉，去听他的心跳，去与他抬杠，去给他鼓掌，去与他推推搡搡，也搂搂抱抱，说得更好一点就是与庄共舞。"[③] 看王蒙"与庄共舞"，一般读者未必能生出如贾平凹那般的"如莲的喜悦"[④]，但那种与智者交流的快乐是油然而生的。

3. 娱乐化的讲述方式

《于丹〈庄子〉心得》奠定了一种讲述模式，即"庄子语言+小故事+感悟"的模式，之后出版的很多《庄子》大众读物都或多或少地采用了这种模式。《庄子》的语言对大众来讲大多晦涩难懂，即使有白话译文，也难探究思想的奥秘。于丹讲《庄子》很少直译其中的语言，很多时候她是将庄子的语言转换成浅俗易懂的话语，如讲《庄子·逍遥游》中的"旁礴万物"，于丹说"其实，就是让自己成为天地至尊"[⑤]，这样讲大众自然明白了。《庄子》中有许多小故事，但这些小故事还不足以讲清楚庄子思想的奥妙，并且这些小故事本身也是非常玄妙的，于是于丹就随手撷取许多中外小故事来进行辅助说明。小故事的数量非常多，看《于丹〈庄子〉心得》有时候竟至于产生错觉，不知是在讲庄子还是在讲故事。不管怎样，作为读者的大众很容易明白小故事的意蕴，接下来的感悟也就水到渠

① 陈清华：《庄子为什么这样踱·自序》，崇文书局2009年版。
② 王麒：《庄子的智慧·序》，黄山书社2011年版。
③ 王蒙：《庄子的快活·后记》，中华书局2010年版。
④ 见贾平凹《如莲的喜悦》，《科学时报》2011-06-16，B4版。
⑤ 于丹：《于丹〈庄子〉心得》，中国民主法制出版社2007年版，第25页。

成了。一个接一个的小故事简直让观众或读者如沐春风，自然不会有枯燥乏味之感。于丹讲《庄子》不是通讲，而是摘取部分内容来讲，这样更便于联系当下的生活。后来的《庄子》读物大多也是选取部分来讲，有的读物干脆直接用白话来演说《庄子》，根本不引原文，如《逍遥品庄子》；也有的以白话解《庄》为主，《庄子》原文成了名副其实的点缀，如《庄子：有种活法叫逍遥》、《给大忙人看的庄子》等。有的读物形式上别具一格，如《我给庄子做专访》，除了增加一些“专访”的形式，内容上与于丹的模式并没有根本区别。还有一些《庄子》全解的读物，为了好看，仍然要借重这种模式。如《庄子大全集》，内容一般分为原文、注释、译文、品读庄子四个部分，“品读庄子”的部分有结合现实生活对《庄子》原文作进一步疏解，还有一篇相关的小故事。这本书对大众来说，精彩的部分就在于“庄子品读”，因为其他部分是《庄子》注译本的通常做法。

4. 标榜娱乐

一般的《庄子》大众读物以“人生解惑”、“心灵抚慰”为目标，王扉《化蝶：庄子的密码》（下称《化蝶》）却标榜“幸福”。《化蝶》封面折边有对王扉的介绍：“‘国学才子’、‘幸福国学’创始人。”什么是“幸福”？就国学系列来讲，应该是能够读懂且读得快乐。他在后记中转述一位粉丝的话说：“她盛赞我的国学密码系列是狠狠拆了围在艰涩典籍外的高墙，让经典不再是听过而没看过、看过而没看懂过的那些书。”① 看来这位粉丝不但看懂了，而且还有不错的阅读体验。王扉标榜“幸福”，就书的内容而言其实就是标榜娱乐。《化蝶》“自序”之后就是一篇“给你一个好看的庄子”，从目录中就能感觉到它的“好看”，如“庄周与惠施，两人爱抬杠”、“伟大领袖唐尧有不爽”、“庄子想象的老子追思会”、“道姑女偶凭什么装嫩”、“他们把丧事办成演唱会”等，这种古今结合的俏皮让人忍俊不禁，看书的欲望油然而生。目录如此，书中的俏皮可想而知，不再列举。《化蝶》语言上插科打诨，讲述方式也别出心裁，不同于于丹的模式。《化蝶》只讲《庄子》内七篇，正文分《庄子》原文、“转述与解码”、“解码庄子”三部分。王扉不用“翻译”而用“转述”，这也是让读者幸福的法宝之一。翻译需要考校对原文的忠实与否，转述省却了这道麻

① 王扉：《化蝶：庄子的密码·后记》，广西师范大学出版社2012年版。

烦，能够尽可能地用自己的话将庄子的意思说明白，这就为“幸福”留下了余地。《庄子》原文不是所有的原文，而是由王扉勘定的原文，王扉自号砚池堂主人，他勘定的《庄子》称为“砚池堂本《庄子》”。王扉勘定《庄子》既依据前人的考证，也依据自己的阅读体验，解不通的、语意生涩的部分多被认为是“衍文”，《庄子·齐物论》最后的“物化”也被删去。如此看来，《化蝶》真成了一个“幸福”的标本。

（二）《庄子》当代审美的性质与特点

在《庄子》的经典读解中，美并不是庄子的目的，但庄子的思想却有向美、向艺术生成的无限可能性，恰如徐复观所说庄子的思想“本无心于艺术，却不期然而然地会归于今日之所谓艺术精神之上”①。当代审美文化中的《庄子》读解中断了庄子思想向艺术精神生成的进路，转而成为一种为大众提供心理抚慰的心灵鸡汤，一个供事务繁忙的大众短暂休憩的心灵驿站，这个驿站可以为大众带来短暂的感性愉悦，但很难带来精神的陶养和提升。

1. 拒绝深度的感性娱乐

于丹讲《论语》、《庄子》在受到学界的责难的同时，也得到了老一辈学者的呵护。于丹之所以受到呵护，是因为她传播国学的实绩，但现在看来，这一实绩大可商榷。如果说于丹讲国学是寓教于乐，那么实际的重点不是“教”，而是“乐”。于丹之后的《庄子》大众读物也多是“畅销书”的定位，娱乐仍然是它们争取读者的主要筹码。“畅销”的娱乐是一种拒绝深度的感性愉悦，当代审美文化中的《庄子》的审美就是这种给人以愉悦的感性审美，与经典阐释中的庄子美学有根本的不同。

经典的庄子美学中，心斋、坐忘、虚静、自然等是至关重要的美学范畴，它们的共同特点就是摆脱了功利的纠缠与束缚，祈向澄明的精神境界。有这样的精神状态，政治也会变成艺术的政治。但这种精神境界是不容易达到的，因为各种各样的现实利益对人的诱惑太过强大，人必须努力摒除这些诱惑，忘掉自己的欲望，才能接近于心斋、虚静的境界。这就需要修养功夫，需要不断地实践与参悟。大众读物《禅说庄子（一）：〈齐物论〉》的讲述者冯学成说：

---

① 徐复观：《中国艺术精神》，华东师范大学出版社2001年版，第30页。

《庄子》这本书我们要好好琢磨才行，如果只看它的文字、翻译和注释，根本入不了局。

如果有兴趣，真正在《齐物论》上花上一年的时间，反复浸泡，就像吃棒棒糖，慢慢品尝，然后结合其他的文化和知识……来作参照、调理，那么你的感觉就很不一样了。[①]

这话非常有道理，读《庄子》必须要付出努力，也就是说必须要经过修养功夫才能领悟到其中的奥妙。正像琴棋书画一样，要想玩得好，首先必须下功夫去学，不仅练技巧，还要砺精神，久而久之便能自得乐趣。砥砺精神就是要做到《庄子》中承蜩丈人所说的“用志不分乃凝于神”，所以这里的“乐”不仅是感性的，还是精神的，可以说是一种智性的快乐。精神素养、无功利的精神境界是一种深度，这种深度在大众娱乐中却遭到了排斥。

虽然一些《庄子》大众读物的作者看到了领悟《庄子》的困难，但大众不可能按照他们说的那样去做，他们太“忙”了，不仅忙工作，还要忙着应付各种各样的感性信息，要砥砺精神，谈何容易。因此，“心灵鸡汤”就成了大众的至爱，在繁忙之余，稍作停留，喝一碗暖心暖胃的“鸡汤”，继续赶路。出版商非常了解大众的需要，在出版策划上极尽能事，有些书名都能闻到“鸡汤”的味道，如“给大忙人看的庄子”、“庄子叫我们想开点”等。书的前言或序言，作者当然也忘不了介绍“鸡汤”的效用，如鸣皋《〈庄子〉品读》“前言”说：“读懂庄子，你就拥有了给烦恼缠心解缚的法宝，能够体验到庄子‘逍遥游’的至妙境界，生活中也就增添了一份祥和的阳光，远离了烦恼和浮躁，多了几份闲适与宁静。”[②] 类似的话在很多《庄子》读物中都能看到。

大众版的《庄子》真能起到宁心的作用吗？很难。不能否认，大众版《庄子》的确有良好的主观意图，但它们娱乐化的编排方式事实上消解了这种良好意图。《庄子》中的每一句话、每个小故事都值得细细揣摩，而

---

① 冯学成讲述《禅说庄子（一）：〈齐物论〉》“引言”，南方日报出版社 2008 年版。

② 鸣皋编著：《〈庄子〉品读·前言》，朝华出版社 2010 年版。

且很多故事都能归于“自然”的境界。但《庄子》大众读物不可能做到这一点，它们要吸引广大读者的注意力，就必须用新鲜、有趣的小故事进行串接，如此一来，《庄子》的整体境界就遭到了破坏。如于丹谈到“尧让天下于许由”的故事归于“淡泊”，就联系到黎巴嫩诗人纪伯伦的感叹“我们已经走得太远，以至于忘记了为什么出发”，又用一个故事来申述纪伯伦的话，说一个人要往墙上挂一幅画，等他把所有准备工作都做好的时候，却忘了自己要做什么；讲“细微处见出大境界”就联系到帕瓦罗蒂听到隔壁婴儿的啼哭悟出丹田运气的道理；讲人应该耐得住寂寞，就联系到“冠军永远跑在掌声之前”那句话。① 众多的名人故事、名言警句，真有点让人眼花缭乱。这些应接不暇的“段子”让读者看得很过瘾，却很难深入人的精神。笔者从广东省图书馆借的《庄子大全集》，书页已经有些污秽，这本2010年10月出版的书看来已经被不少人翻过。前文已经说过它的结构，我很怀疑，这么多读者是不是看了《庄子》的原文、注释和译文，因为如果把《庄子》的内容抽去，这完全是一本类似于“一百个受益终生的小故事”的书，一般读者读故事的兴趣要远超过读《庄子》本身。故事、段子几乎是《庄子》大众读物不可或缺的元素，但有很多小故事不能跟《庄子》形成精神上的对应，它们的作用在很大程度上是消除阅读过程的乏味，实际上起到了娱乐作用。一个个小故事恰如新闻主播说的“好……现在”，消解了《庄子》的玄远与高妙，达到了娱乐的效果。这种娱乐算不上智性娱乐，因为它不需要人们付出努力，一般智识的人都能懂，如果它能够缓解生活压力导致的心理郁积的话，所起的作用与在KTV房里尽情宣泄没有本质的不同，都是一种感性的快乐。

2. 面向生活的大众狂欢

随着经济的发展，越来越多的人超越了基本的生存需求②，向优质生活迈进。在大都市中，这种人更是普遍，所谓“大众”指的主要就是这样一个群体。大众的生活离不开物质，也需要精神的滋养，但在当代社会中，物质的丰盈与感性的享受远比精神需求迫切，这也是服务业蓬勃发展

① 于丹：《于丹〈庄子〉心得》，中国民主法制出版社2007年版，第22～24页。

② “基本的生存需求”以温饱为标准，因为“生存”一词在很多语境中都可以使用，一个身家过亿的企业老总也可以说面临着生存压力，但他的生存与居民的基本生存要求不可同日而语。

的重要原因。陈炎说："在以服务业为代表的第三产业占主导地位的后工业时代，美学和艺术作为生产力的要素也便具有了越来越重要的地位。"[①]确乎如此，当代生活实际上成了金钱、欲望、艺术等的重口味混响。

再发达的社会，生活中也会遇到各种各样的困惑与烦恼，以"出世"著称的庄子便受到了眷顾。随便翻开一本《庄子》大众读物的目录，扑面而来的就是各种理顺生活的"小窍门"，如"不要为虚名舍弃实在的人生"、"不要让嫉妒驱走了快乐"、"接受你所不能改变的"、"把嘲笑当作对生命的洗礼"（《庄子叫我们想开点》），"从容淡定，宠辱不惊"、"急于求成，欲速不达"、"低调做人，高调做事"（《家长里短说庄子的大智慧》），"失去有时会得到更多"、"退步原来是向前"、"简单即是快乐"（《上班孔子·下班庄子》）。看这些目录，《庄子》简直就是解决人生困惑的生活宝典，无所不能。这种"宝典"不是寻求"出世"，而是为了更好地入世，为了在去除烦恼与困惑之后更好地前行。在这个意义上，《庄子》俨然成了一部生活谋略之书。

其实庄子是非常痛恨智巧谋略的，因为智巧打破了世界的浑全，人心思竞，欲望飞腾，才有了蜗角之国争地而战、伏尸百万的"人间世"。庄子所做的全部努力都是在让人类的智巧之心、欲望之心归于寂灭，以重返至德之世。但大众不可能接受这样玄妙的解读，于是在市场与娱乐的作用下，大众版《庄子》读物应运而生。编著者为使《庄子》"接地气"，纷纷使出各种解数。如于丹在分析"无用之用"的时候，讲了《隐藏的财富》里的一个小故事，弟弟凭借似乎是一无所用的专业学识发现了哥哥菜地里的金矿，这样一来"无用之用"的道理变得很容易理解了，就是要懂得变换角度去思考问题。庄子的思想通过一个小故事刹那间链接到了现实生活，其对大众的意义显而易见。然而，庄子讲"无用之用"的本意并不在于给人们指出生活的窍门，而是要破除无论是"有用"还是"无用"对"心"的限制，让心适性逍遥。于丹并非不懂这个道理，她在这一节最后说"真正的逍遥，其实就是无羁无绊的"，但要讲给大众听，就需要借助生活的智慧。再如"鲁侯养鸟"的故事，庄子本要阐明"以鸟养养鸟"、顺其自然天性的道理，《〈庄子〉品读》却归结为"办事要看对象"的生

① 陈炎：《美学与艺术也是一种生产力》，《文史哲》2004 年第 3 期。

活诀窍①。类似的例子不胜枚举，简单来看，《庄子》与各种各样的生活智慧的确能发生关联，但这种关联更多的是一种形式上的关联，无法给人以精神上的启悟。不过，大众似乎对精神启悟并不怎么感兴趣，他们更关心《庄子》可能给生活带来的实际效用。所以，《庄子》的当代审美不是提升我们的精神，而是降低《庄子》的高度来凑泊大众的现实生活。

《庄子》的当代审美虽然面向生活，但与同样面向生活的“人生艺术化”有着很大区别。朱光潜提倡“人生的艺术化”，是要用出世的精神做入世的事业，如他所说：“把自己所做的学问事业当作一件艺术品看待，只求满足理想和情趣，不斤斤于利害得失，才可以有一番真正的成就。”②

“人生的艺术化”首先要做的就是心境的陶养，只要“不斤斤于利害得失”，无论做什么都会有“艺术化”的效果。这种提法不能排除佛家的元素，而道家“无所为而为”态度的影响则更为质实。《庄子·天地》有一个丈人抱瓮灌田的故事，丈人之所以拒绝用机械灌田，就是看到了贪图便利的“机心”对浑全人性的残害，其行为本身可以说就是一种艺术化的展示。但在当代社会，人们生活水平的每一步提高都离不开科技带来的便利，《庄子》大众读物从《庄子》中找寻出的各种生活智慧也是求方便的表现。“便利”已经成了大众生活的一个重要指标，在这个指标的指引下，《庄子》也遭到了功利的绑架，怎么可能去指导非功利的艺术人生呢？因此，《庄子》的当代审美实是一场以生活实利为旨归的大众狂欢。

3. 蔑视权威的后现代审美

“日常生活审美化”凸显的就是一种后现代的审美状态，费瑟斯通将“日常生活的审美呈现”一文纳入《消费文化与后现代主义》一书就包含了这层意指。虽然他说“日常生活审美化”的一些特征并非后现代主义独有，还可以追溯到19世纪中期波德莱尔、齐美尔等描述的大城市的体验中③，但这些特征在当代生活中更为明显和普遍则是事实，它们显示了艺术向生活回落以及艺术与审美和其他诸种领域交相混杂的普遍状况。姚文

---

① 鸣皋：《〈庄子〉品读》，朝华出版社2010年版，第255页。

② 朱光潜：《朱光潜全集》第2卷，安徽教育出版社1987年版，安徽教育出版社1997年版，第6页。

③ ［英］迈克·费瑟斯通著，刘精明译：《消费社会与后现代主义》，译林出版社2000年版，第119页。

放用“是”、“非”、“去”概括前现代、现代、后现代审美文化的特征，后现代审美文化表现出“去中心、去边界、去等级、去体系、去类别、去差异的取向，推动了不同事物的渗透、交叉和融通”。[1] 以此为参照，《庄子》的当代审美具有显著的后现代色彩。《庄子》现象能够成为当代审美文化景观完全是当代多种文化元素综合作用的结果，感性、媒介、消费、经典的符号价值、文化博弈等都促成了《庄子》向生活回落的审美文化现实。《庄子》的当代审美不再局限于非功利的艺术精神，而是随着起综合作用的各种元素四处发散，表现出“去”的文化取向，很难再给《庄子》划出一个专属的审美领域。

《庄子》的后现代审美除表现出多种元素的杂糅外，更为主要地表现在《庄子》的大众化读解对经典阐释的解构上。《庄子》的经典阐释以晋代向秀、郭象的注解为基础，追求一种玄妙的精神境界；而《庄子》的大众化读解则建立在大众智识水平的基础上，务使每个人清楚明白。如此一来，《庄子》精妙的哲思在大众这里便无用武之地，这从于丹与学界的博弈即可看出，大众对学界指责于丹的话并无兴趣。非常明显的是，《于丹〈庄子〉心得》的大众立场是于丹俘获读者心灵的重要原因，如她讲“无用之用”的时候说“我们不去探讨太深刻的庄子的哲学思想”[2]，这句话也可以说是她向大众宣讲《庄子》时所守持的标准。王扉《化蝶：庄子的密码》要给读者“一个好看的庄子”，在读解策略上自然也要向大众倾斜。如他转述孔子讲“心斋”[3] 一段时说：

你必须摒除杂念，专一心思，不用耳去听而用心去领悟，不仅用心志去领悟，还要用灵气去感应！耳的功用仅在于聆听，心的功用仅在于跟外界事物交合。灵气则是以空明容纳万物。只要你达到空明的境界，妙道就

---

① 姚文放：《说“是”谈“非”论“去”——前现代、现代、后现代审美文化的逻辑走向》，《南京大学学报》（哲学·人文科学·社会科学），2011 年第 4 期。

② 这句话在《百家讲坛》的视频中有，而在《于丹〈庄子〉心得》的纸质书中则被删除了。

③ 《庄子》中的原文：“若一志，无听之以耳而听之以心，无听之以心而听之以气！听止于耳，心止于符。气也者，虚而待物者也。唯道集虚。虚者，心斋也。”见郭庆藩：《庄子集释》，中华书局 2004 年版，第 147 页。

会集于虚怀。这种虚静的精神状态，就叫“心斋”。①

这一段，“气”、“虚”、“心斋”等都是令人费解的词，不用力攻破它们，很难进入庄子的思想世界。“气”相对于“耳”与“心”来讲，最大的特点就是杜绝了与外界的联系，处于一种天机自张的状态。“虚而待物”用庄子自己的话说就是“至人之用心若镜，不将不迎，应而不藏，故能胜物而不伤”（《庄子·应帝王》）。由此看来，“气”不是与“耳”、“心”一样的实物，而是“心”经过修养，逐渐地剔除人为、迹近自然的境界，这种境界就是“心斋”。修养的方法是要学会“忘”，“心斋”与“坐忘”、“诚忘”等都是相互联系的。王扉并非不懂这个道理，但他要让读者“幸福”，只能作浅俗化的转述。他把“气”称为“灵气”就阻止了读者可能的进一步追问，因为“灵气”意味着神秘莫测，而这种神秘是不容置疑的，也无需解释。不解释、神话化的解读策略实际上取消了庄子思想实践性的修养品格，当然也就取消了庄子思想的深度，造成了对经典阐释的解构。另一位著者解释“心斋”更为直接：“心斋是什么，心斋就是需要让自己的心静下来，抚平心灵的杂念、困惑。”② 如果说王扉的“灵气”说还有些玄远影子的话，东篱子的解释则彻底破除了“心斋”的妙境，以白开水式的浅白向大众呈现出一个“亲民”的庄子。

《庄子》的当代审美一路走来都与消解有关，读解者不再信奉权威，不再迷恋经典，这样的结果就是个人化、臆想式解读大行其道。个性化的创造本应质实谨严，但很多罔顾经典阐释事实的臆想化创造却处处透露着虚浮与挑衅的气息。令人奇怪而又在情理之中的是，大众不仅不排斥这种虚浮的气息，而且对之青睐有加。市场的选择、大众的趣味彻底消解了《庄子》的严肃与虚玄，使庄子成了时尚潮流的领军人物。或许在一些精英看来，庄子在当代的“走红”无异于庄子赤条条地擎着娱乐大旗在大众中间游走，尴尬且无奈；而在大众看来，这才是一个真实的庄子，不矫情、不伪饰。

（三）庄子当代审美的价值

由上面的论述可以看出，如果肯定“《庄子》当代审美”的正面价值，

---

① 王扉：《化蝶：庄子的密码》，广西师范大学出版社 2012 年版，第 87 ~ 88 页。

② 东篱子：《我给庄子做专访》，中国华侨出版社 2011 年版，第 22 页。

恐怕是一件比较困难的事情。“拒绝深度”、“蔑视权威”等词语似乎都在指斥着“庄子当代审美”先天不足的缺点。这里的“先天”当然是指精英意识，我们作出的有关当代审美文化的否定性评价很多都源于精英立场，是在将“大众”与“精英”对比之后从精英意识出发对“大众审美文化”进行的规训性认定。然而，精英意识在认定当代审美文化的价值时所具有的合法性颇值得怀疑。《庄子·齐物论》有段话：

既使我与若辩矣，若胜我，我不若胜，若果是也，我果非也邪？我胜若，若不吾胜，我果是也，而果非也邪？其或是也，其或非也邪？其俱是也，其俱非也邪？我与若不能相知也，则人固受其黮暗，吾谁使正之？使同乎若者正之？既与若同矣，恶能正之！使同乎我者正之？既同乎我矣，恶能正之！使异乎我与若者正之？既异乎我与若矣，恶能正之！使同乎我与若者正之？既同乎我与若矣，恶能正之！①

确乎如此，当代审美文化的大众属性与经典美学的精英属性本不在同一界域之内，精英意识何以有资格去评判大众审美的是非得失呢？其实，如果我们摒除精英意识带来的评价“《庄子》当代审美”的消极信息，所谓“感性审美”、“大众狂欢”等也会生出肯定性的意义，只不过要站在大众的立场。

1. 当代审美文化的娱乐价值

娱乐无疑是当代审美文化的重头戏。娱乐本无可厚非，甚至可以说它是人类的自然欲求。民俗学家钟敬文谈到娱乐时曾这样说：“娱乐是人的自然情感的流露，只有当人们高兴或有闲暇时，才有兴致来进行娱乐活动。”② 这一看法针对的是传统社会的娱乐活动，而当今社会娱乐的产业化、泛化早已超越了传统娱乐的界限，不仅闲暇时要娱乐，繁忙时也不忘娱乐，泛化的娱乐现象与人文理想的背离使其遭受了众多的批评。也有学者对泛娱乐化现象给以肯定的评价，如葛红兵说：“当温饱得到解决之后，‘愉悦’难道不是作为比温饱更高的要求被提到‘文化’面前的吗？从这

---

① 郭庆藩：《庄子集释》，中华书局2004年版，第107页。

② 钟敬文：《论娱乐》，《浙江学刊》1999年第5期。

个角度讲，我是赞同‘娱乐化’，甚至也不反对‘泛娱乐化’的。”① 当今的社会已迥异于传统社会，苦难哲学很难再被用来教育在娱乐氛围中长大的一代，“娱乐”几乎成了一种必备技能。然而娱乐的感性化、短暂性时不时会遭遇来自隶属于精英话语的“终极意义”的诘问，对此，娱乐始终无法给出一个令人满意的答案。娱乐有价值吗？当然有，但它的价值很难用“终极”的标准来衡量。如何为当代的娱乐、特别是泛化的娱乐确立价值，的确是一个值得思考的问题。

理查德·舒斯特曼从美学的角度审视娱乐，在艺术与娱乐的关系中寻求娱乐的多重价值。他对“娱乐”进行谱系学的反思，认为古今多数论者对艺术的娱乐功能持否定态度，如柏拉图在《理想国》中就极力抨击模仿艺术的娱乐功能；康德看重无功利之美的娱乐，而轻视生理感官的娱乐；而在黑格尔那里，娱乐几乎“不配称艺术之名”；现代历史上，马丁·海德格尔、汉斯－齐奥尔格·伽达默尔、西奥多·阿多诺、马克斯·霍克海默、汉娜·阿伦特、皮埃尔·布尔迪厄等学者更是发动了对艺术之“娱乐”性的围剿。当然也有一些论者肯定艺术的娱乐价值，如蒙田、尼采等肯定娱乐对严肃与专注的积极调节作用。接着，舒斯特曼论证了艺术与娱乐的审美快感具有维护与充实生命的价值。他还认为世界是不断流变的，没有绝对永恒，只有相对稳定，美与快乐由于易毁和流变本性而更具有魅力。② 舒斯特曼声称自己是“实用主义”者，他从实用主义出发，放弃了对永恒与终极价值的毫无原则的推崇，转向对短暂生命价值的礼赞。

舒斯特曼的观点值得重视。“终极价值”相对于娱乐的短暂价值所具有的先天优势完全是哲学传统造成的，尤其是苏格拉底、柏拉图奠定的哲学传统。柏拉图创造了“理念”，包括“美”在内的很多难题都迎刃而解，柏拉图也找到了一个稳固的安身立命之所。理念论影响了西方两千多年的哲学史，以理念为基础创生的本体论哲学也成为终极价值与永恒意义所从属的理论渊薮。19 世纪，尼采吹响“重估一切价值”的号角，针对的就是苏格拉底、柏拉图奠定的理性传统。他说：“几千年来哲学家们处理过的

① 葛红兵：《娱乐化，文化的一种本质属性》，《山西文学》2008 年第 5 期。

② ［美］理查德·舒斯特曼著，彭锋译：《生活即审美：审美经验和生活艺术》，北京大学出版社 2007 年版，第 79～104 页。

一切，是概念的木乃伊；没有什么真实的东西生动活泼地出自他们之手”，“‘理性’是我们篡改感官明证的根源。只要感官展示生成，灭亡，变换，它们就没有说谎”。[①] 尼采在此提醒的是不要简单相信外在于生命的概念对生命的承诺，要重视生命本身的价值。他推崇“酒神精神”与“日神精神”，含蕴有这两种精神的艺术也离不开源出于生理欲望的快乐。中国文化中，“终极价值”定位于家国利益之上。在与家国利益相比较的框架中，快乐（享乐）往往处于被贬抑的地位。而中国传统的礼乐文化并不排斥快乐。“乐”即欢乐之“乐”，音乐的作用在某种程度上说就是借欢乐以求“合同”，但“乐”不能脱离礼的规范，“八佾舞于庭”（《论语·八佾》）的僭礼行为是孔子不能容忍的。快乐必须限制在一定范围之内，超越了这一范围，就属于异端了。魏晋时期感喟人生短促、倡言及时行乐的内容被写进了诗篇，如“人生寄一世，奄忽若飚尘。何不策高足，先据要路津。无为守穷贱，轗轲常苦辛”（《古诗十九首·今日良宴会》）、“服食求神仙，多为药所误。不如饮美酒，被服纨与素”（《古诗十九首·驱车出东门》）等。有意思的是，在现代学者眼中，上述观念非但不是异端，还被视为“人的觉醒”[②]。这种认定也基于一种比较框架，框架的另一端依然有宏大的家国叙事。对家国的无条件认同使人们忽视了自我生命的存在，生命短促的哀叹则突出了“自我”的存在，对自我的强调又连通了西方的个人主义。同样是快乐与家国的二元框架，生命的欢乐时而被否弃，时而又被重视，这种建立在不同标准之上的观念的变化实则透显出“终极价值”与“生命欢愉”的不稳定关系。

当代社会，后现代氛围日渐浓厚，“终极价值”遭到了严重质疑。精英与大众、“终极理想”与“感性娱乐”等奇妙地共处于一个世界，“终

---

① ［德］尼采著，卫茂平译：《偶像的黄昏》，华东师范大学出版社 2007 年版，第 54、56 页。

② 李泽厚认为“魏晋美学思潮是人的觉醒”，在他看来，《古诗十九首》及风格与之极为接近的苏李诗“在对日常时世、人事、节候、名利、享乐等等咏叹中，直抒胸臆，深发感喟”，“表面来看似乎是无耻地在贪图享乐、腐败、堕落，其实，恰恰相反，它是在当时特定历史条件下深刻地表现了对人生、生活的极力追求”。（李泽厚：《探寻语碎》，上海文艺出版社 2000 年版，第 216～218 页）这种观点被后来很多学者认同并加以阐发。

极价值”已然失去了万能尺度的资格，无法再为多元化存在的现实提供有效的评判标准。当代审美文化中，生活与感性几乎成了主旋律，它们对生命本体的娱乐性调剂理应受到肯定。当然，对感性娱乐的肯定并不意味着放纵感性，任何有违生命存续的感性扩张都应当受到抵制，这无关乎学科归属，而关乎人类基本的生存权利。对娱乐的泛化也没必要心生恐惧，娱乐泛化的根基仍是娱乐，娱乐向其他领域的渗透离不开娱乐的作用，如果娱乐不导向无底线的感性迷醉，就没必要苛责，何况“娱乐”也是一种生产力。

2.《庄子》作为“心灵鸡汤”的当代魅力

庄子的当代审美是当代审美文化中的一个生动乐章，其对生命过程的娱乐性调剂功能是显而易见的。“心灵鸡汤”用以形容《庄子》的大众化读解非常贴切，大众版《庄子》无力提升大众的精神境界，但能够缓解个体生命过程所承受的压力，“鸡汤”之谓正可以体现其对个体生命感的补益之功。“心灵鸡汤”并非“庄子”的专利，通俗易懂、慰人心灵、励人心志、给人希望的言论都可以称为“心灵鸡汤”。《于丹〈论语〉心得》也被称为“心灵鸡汤”，主要是就于丹对《论语》的励志化解读而言。书的封面上有于丹的一句话：“《论语》的真谛，就是告诉大家，怎么样才能过上我们心灵所需要的那种快乐的生活。”① 即使如此，于丹所讲的主要内容如“处世之道”、“君子之道”、“理想之道”等仍无法摆脱宏大的家国关怀。相对于谨严质实的《论语》，空灵澄澈的《庄子》更具有成为“心灵鸡汤”的潜质，庄子对自然生命的尊重、对变化的了悟使当下沉浸于感性生命体验中的人们更容易接受。

庄子逍遥的心灵须附着于个体生命之上，因而生命成为庄子重点看护的对象。他重视“养生”、“全生”，但并不以追求长生为最终目的，如果以长生为目的，心灵便受到限制，逍遥就无从谈起。相对于生命的长久，庄子更加关注生命的自然过程，并以“安时而处顺”（《庄子·养生主》）的顺变心态消解对生命的耽滞。在孔子那里，“仁”比自然生命更加重要，“志士仁人，无求生以害仁，有杀身以成仁”（《论语·卫灵公》），“仁”可以说是中国文化中“终极价值”的重要依据。而在庄子这里，没有什么东西可以超越于自然生命之上，儒家的“仁义”更被他视为一种“刑罚”，

① 于丹：《于丹〈论语〉心得》，中华书局2006年版。

如《庄子·大宗师》中有“尧既黥汝以仁义”之说。“道”是庄子追求的对象，但“道”并不是外在于生命、心灵的实体，而是与物为春，同自由的生命、心灵须臾不离、弥合无间的，可以说“道即自然”。《老子》中有“人法地，地法天，天法道，道法自然”之说，“道法自然”并不是说“道”之外还有一“自然”，而是“道即自然”，无法可法。《庄子·知北游》中，庄子说“道”“无所不在”，甚至在“屎溺”之中，这种说法彻底打消了为“道”排定等级的意图。庄子的这些观念使其更容易落入现实人生，与大众和乐相处。庄子自然的生命观与当代娱乐的生命调剂功能形成一种“不期然而然”的对应，庄子“剽剥儒墨”（司马迁语）的做法也让很多学者将之与“后现代”建立起横跨两千余年的联系。从这个意义上讲，庄子在当代的“走红”、《庄子》大众读物的娱乐性解读及其后现代色彩并不纯然是当代多种文化要素缔造的结果，还有着对庄子生命观的自然承续。

若从经典解读的理路去观照，庄子生命观与当代审美文化中生命体验的关联更多的是一种“形似”而非“神似”。在经典解读的视域中，庄子的生命观具有超越性的精神结构，这种结构中的“生命”是雾气氤氲且不乏神秘色彩的。当代审美文化中的“生命”观则是肉身性的，即使有精神层面，也不谋求超越，而是为了更好地回归生活。翻开任何一本《庄子》大众读物，读者常会看到庄子给大众提供的各种各样的人生智慧，这些智慧并不是让大众去构建超越于生命之上的精神理想国，而是要稀释大众生活中的各种烦恼以储备继续生活的能量。《庄子》的大众化解读对学术精英来说无异于白开水，没有味道不说，甚至还可能含有令人作呕的杂质；而对大众来说则是“心灵鸡汤”，味道可口且补益身心。所以，庄子当代审美文化的主体只能是大众，只有站在大众的立场上，才能够领略到庄子的当代审美魅力，才能够理解庄子生命观维护与充实大众生命体验的价值。需要注意的是，我们这里所讲的“大众”，主要是指《庄子》大众读物的受众。《于丹〈庄子〉心得》之所以饱受争议，其中一个非常重要的原因就是对“受众”的理解不一致。在一些学者们看来，“受众”应该是接受精英教育、理解学术思想的群体；而在“百家讲坛”看来，“受众”应该能够看得懂他们的节目，他们对受众的定位是初中以上文化水平的人。这个定位非常广泛，不仅包括初中生及具有初中文化水平的老百姓，还可能包括那些对庄子缺乏了解的高学历研究人员。拿金庸的武侠小说来说，王朔曾批之为“四大俗”之一，说“金庸很不高明地塑造了一批中国人的形象”[①]，但华罗庚、陈省身等科学家却非常喜欢金庸的武侠小说，从这一点来讲，他们也算得上“俗人”，也属于“大众”。如今，《庄子》大众读物已进入高校图书馆，而且《庄子》大众读物的作者很多都是高校教师，看来大学生也在“大众”之列。从“大众”所包罗的范围来看，庄子当代审美的价值真是不可小觑，即使是“形似”，庄子也有其不可低估的文化力量。

《于丹〈庄子〉心得》曾被李悦指责为“阉割、歪曲了《庄子》”[②]，在笔者看来，这种指责未免刻薄。一部《庄子》的传播史也是其阐释史，“诗无达诂”，《庄子》也不可能有一种终极的、不可更易的阐释。随着时代的更替，《庄子》的阐释也被不断地填进新的内容。颇为玄妙的“庄周梦蝶”，千百年来被赋予的意义之多无从计数，其中哪些是“我注六经”、哪些是“六经注我”，真是难以辨别。我们随便举几个例子：成玄英说“周蝶梦觉，俄顷之间，后不知前，此不知彼。而何为当生虑死，妄起忧悲”[③]，陈鼓应说“庄周的蝶化，比喻着人性的天真烂漫”[④]，吴怡说“庄子追求的是真我，物化只是他处世的权变而已”[⑤]。他们的阐释各有理据，难以是此非彼。不能否认，《庄子》大众读物的阐释的确浅白了些，但浅白并不等于“阉割”、“歪曲”，只要没有低级的常识性错误，适宜于大众理解的阐释也有其存在的必要。学术研究都有求“真”的理想，这一点无可厚非，但“真”的标准并非万古如一，也会随着时代而变化，对“标准”的固守有时候足以成为我们接纳新事物的阻力，何况精英与大众的立场并不相同，不能以精英的立场否定大众的趣味。再者说，同样是遭遇人生困惑，饱读诗书的精英与普通大众需要的释疑解惑的力量也不一样。老子说“为学日益，为道日损”，这句话或许可以这样理解：知愈多，惑愈多，“为道”的难度就愈大；知愈少，惑愈少，“为道”的难度就愈小。事实上，知识少的未必更容易通达“道”境，但平淡、简单的生活境界却是

---

① 王朔：《王朔：我看金庸》，《中国青年报》，1999 年 11 月 1 日。
② 李悦：《批评于丹》，远方出版社 2007 年版，第 75 页。
③ 郭庆藩：《庄子集释》，中华书局 2004 年版，第 114 页。
④ 见胡道静编：《十家论庄》，上海人民出版社 2004 年版，第 414 页。
⑤ 吴怡：《逍遥的庄子》，广西师范大学出版社 2006 年版，第 80 ~ 81 页。

沉浸于生活中，没有终极理想的普通大众更容易达到。《庄子》大众读物虽然无法帮助学界精英实现精神超越，却可以点播大众疏通心灵的淤塞、去除生活中的小烦恼。《庄子》大众读物对大众人生困惑的解蔽作用与《庄子》经典阐释对知识精英的精神提升作月在程度上实有相似之处。所以，从庄子"齐物"的观念来看，精英实在没有必要为《庄子》的"鸡汤化"大动肝火，精英有精英的追求，大众有大众的需要，《庄子》大众读物自有其属于大众的当代审美价值。

余 论

庄子美学的现代价值是由其在现代语境中的运用显示出来的，一方面是传统的庄子美学思想在现代语境中的一脉延续，另一方面则是庄学与西方美学思想碰撞、交融的过程中呈现出的现代向度。庄子与中国现代美学的关系中，有一条虽未被刻意彰显却时刻存在的线索，即庄子美学与西方美学的差异。庄子开创的“真”的美学传统与西方的“真理”传统不同；庄子的澄明之“心”与鲁迅意在张扬个性、追求自由的“白心”也不尽一致，后者与鲁迅欣赏的摩罗精神有密切关系；郭沫若以泛神论、“艺术的精神”施诸庄子，而庄子的精神却与郭沫若立论的西方根据有所区别；朱光潜“移花接木”的做法被人指责是以道家思想歪曲了克罗齐的原意；宗白华以与庄子大有关联的“静照”并比 contemplation，无意中走上了朱光潜“移花接木”的道路；中国美学史写作在在强调中国美学与西方美学的不同；叶维廉的“文化模子”更昭示了庄子代表的道家开创的美学传统与柏拉图、亚里士多德开创的寻求稳固的美学传统的差异。我们在这里指出庄子美学与西方美学的差异，并不是想贬低王国维等美学家融汇中西美学思想的功绩，那个时代出现的任何事情都是当时现实情境的折光，中国美学家基于深厚的国学素养，在一定程度上误读西方美学，是再自然不过的事情，而他们的这种创造性误读也成就了独特的“中国美学”，丰富了中国现代美学的内在含蕴。中国美学史写作及叶维廉的“模子”理论显示的中西美学的差异则是一种自觉行为，这可以说是中国文化的自觉。中国美学具有自己的文化特质，不是西方美学的注脚，它本应有自己的合理地位。

关于中西文化的差异问题，已经有很多人在关注。美国学者郝大维、安乐哲自 20 世纪 80 年代以来即进行中西哲学文化的比较，他们非常关注中西文化的差异问题，如他们在《期望中国：中西哲学文化比较》中说：

“中国和西方从其拥有的艺术、政治和宗教、科学和道德的感悟方式（sensibilities），以及历史中表现出来的那种历史编纂学意识等方面，两者在性质上截然不同”，如果固执于西方视角来看中国文化，只能是“中国人在许多场合画了个鸭，我们却望见一只兔子”。[①] 2005 年 10 月在浙江举行的中西哲学比较研究国际研讨会也非常关注中西哲学的差异问题，其中上海社科院研究员俞宣孟和法国哲学家于连（Francois Jullien）的对话即揭示了下列问题：“中国哲学是通过体悟而不是通过逻辑概念表达超越性的；中国哲学里并没有我们在西方哲学传统中看到的本体论；中西方哲学是两种异质性的哲学，哲学的异质性使得我们在构建中国哲学的同时应该走出依傍西方哲学的传统。”[②] 中西哲学差异是不争的事实，而哲学作为文化的基本理论形态必然影响到美学、文学、艺术等多个层面。我们关注“差异”并不是想将这种“差异”夸而大之，将中西文化分而裂之，而是在这个日益“全球化”的时代，文化交往日益频繁的时代，充分理解和尊重异质文化，这也是合理地建设世界文化的前提。

中西美学研究由“相似”到“差异”的过渡是一个十分自然的过程。这就像两个陌生人初次见面时，为了彼此的了解和沟通，总喜欢寻找共同点；待到厮磨日久，彼此不同的地方或许更能引起对方的兴趣。审美尤其如此，差异与变化总是审美的眼睛所期待的。中国美学的现代建构也离不开中西美学相似点的阐发，或说中西美学的融汇，它是中国美学现代建构默认的合法性依据，也是中国美学家认识、了解西方美学进而生成自己美学见解所必经的一个阶段。这个阶段显然有对中西美学之差异点的漠视，我们现在将这种差异指出，并不是否认中国现代美学的实绩，而是现在以反思的眼光回望中国美学的现代历程必然会见到的景观。而发现庄子美学

① ［美］郝大维、安乐哲著，施忠连、何锡蓉、马迅、李琍译：《期望中国：中西哲学文化比较·导言》，学林出版社 2005 年版。（郝大维、安乐哲关于中西哲学文化的比较研究的系列著作为《孔子哲学思维》、《期望中国：中西哲学文化比较》、《汉哲学思维的文化探源》，英文版分别出初版于 1987、1995、1998 年，中文译本分别出版于 1996、2005、1999 年，除《期望中国》由学林出版社出版外，另两本书皆由江苏人民出版社出版）

② 见孙景强：《中西哲学比较中的几个关键问题——俞宣孟与于连的对话》，《世界哲学》2006 年第 3 期。

与西方美学的差异，更能让我们认识到庄子美学资源在中国美学现代建构过程中的能动作用，即它从来不是西方美学的附庸，不是证明西方美学观念的道具，而是始终以一种中国独特的美学精神积极参与现代美学建构的生力军。现在的中国美学研究应该做到自觉的“同异全识”，以中西美学之“同”或“通”，及时吸纳西方美学研究的新观念，扩展中国美学的内蕴；而彰显中西美学之“异”则是为了更好地确立中国美学的合法性地位，使其真正成为世界文化的一道亮丽风景。

“庄子当代审美文化”的论题里也有差异，如精英与大众、经典阐释与浅俗化解读的差异等，这些差异也值得我们去重视。不能否认，现在依然有很多学者对《庄子》大众读物不屑一顾，而这种由精英意识、经典阐释造成的态度很可能让我们忽略掉一些重要问题。文学中有“雅文学”、“俗文学”之分，俗文学作为一个重要的研究领域已为学界广泛认同，《庄子》的大众读解也理应受到重视。况且，“大众”的概念不是固定不变的，它是流动的。社会科学界的精英可能是自然科学知识的大众，自然科学界的精英也可能是社会科学知识的大众，越来越细化的社会分工制造出不同类型的“大众”。中西美学的差异让我们追求中国美学的自觉；精英与大众的差异在这样一个信息社会中也不再是鸿沟，它产生的审美文化现象促使我们在传统与现代、经典阐释与大众解读之间寻求平衡的支点。“当代审美文化”是当代美学研究的重要一脉，“庄子当代审美文化”也应该被确认为庄子美学研究的有机构成部分。

附录　庄子大众读物索引（2007—2012）

1. 王少农：《读庄子有心得》，北京：群言出版社 2007 年版。

2. 王少农：《庄子梦蝶：心灵自由之旅》，北京：北京艺术与科学电子出版社 2007 年版。

3. 吴建雄：《人间庄子：庄周的欢乐生活禅》，南京：江苏文艺出版社 2007 年版。

4. 于丹：《于丹〈庄子〉心得》，北京：中国民主法制出版社 2007 年版。

5. 何宗思：《宗思〈庄子〉心得》，北京：中国国际广播出版社 2007 年版。

6. 洋洋兔编绘：《漫画〈庄子〉心得》，郑州：海燕出版社 2007 年版。

7. 陈栎宇：《庄子智慧讲堂：道家之逍遥自由》，北京：中国长安出版社 2007 年版。

8. 陈星：《和庄子赏鱼去：一个渔翁思想家的闲适与从容》，北京：北京邮电大学出版社 2007 年版。

9. 仿佛著，陆用氜整理：《仿佛淘庄子：梦蝶》，北京：团结出版社 2007 年版。

10. 瑞凌绘：《我和庄子有个约会》，厦门：鹭江出版社 2007 年版。

11. 王珺著，刘庸绘图：《话说庄子：中国人的梦》，成都：四川人民出版社 2007 年版。

12. 王福振：《庄子智慧全集》，北京：中国商业出版社 2007 年版。

13. 王明强：《〈庄子〉心读》，北京：经济日报出版社 2007 年版。

14. 王宇主编：《庄子的智慧》，西安：陕西人民出版社 2007 年版。

15. 王利锁：《智通庄子》，北京：九州出版社 2007 年版。

16. 李剑主编:《庄子很“生气”: 从“于丹红”现象说起》, 北京: 科学技术文献出版社 2007 年版。

17. 明森:《庄子的逍遥世界》, 太原: 书海出版社 2007 年版。

18. 寒江雪:《庄子心悟》, 北京: 企业管理出版社 2007 年版。

19. 侯景华:《庄子逍遥书》, 北京: 石油工业出版社 2007 年版。

20. 姜城:《那一个庄子: 在质朴与无为中逍遥的处世智慧》, 北京: 中国华侨出版社 2007 年版。

21. 刘冬颖:《庄子看人生》, 北京: 东方出版社 2007 年版。

22. 何者明:《〈庄子〉新悟: 感悟庄子的人生智慧》, 北京: 中央编译出版社 2007 年版。

23. 万资姿:《庄子的财富: 心灵的良策》, 北京: 中国民主法制出版社 2007 年版。

24. 傅佩荣:《向庄子请益: 傅佩荣说庄子》, 台北: 立绪文化事业有限公司 2007 年版。

25. 马银春:《谈古论今说庄子》, 北京: 中国致公出版社 2008 年版。

26. 张小木:《庄子解说》, 北京: 华夏出版社 2008 年版。

27. 陈子安:《〈庄子〉十八品》, 杭州: 浙江人民出版社 2008 年版。

28. 蔡景仙主编:《庄子逍遥人生》, 呼和浩特: 内蒙古人民出版社 2008 年版。

29. 王媛:《庄子: 有种活法叫逍遥》, 北京: 中国发展出版社 2008 年版。

30. 汪海鸥:《逍遥品庄子》, 长沙: 湖南人民出版社 2008 年版。

31. 李汉秋、龚勋主编: 《〈庄子〉品读》, 昆明: 云南教育出版社 2008 年版。

32. 暴庆刚:《千古逍遥——庄子》, 南昌: 江西教育出版社 2008 年版。

33. 杨帆:《庄子智慧心解》, 北京: 中国城市出版社 2008 年版。

34. 张荣明:《庄子说道》, 上海: 华东师范大学出版社 2008 年版。

35. 吕国荣:《企业家〈庄子〉心得》, 北京: 中国青年出版社 2008 年版。

36. 冯学成讲述:《禅说庄子(一):〈齐物论〉》, 广州: 南方日报出版社2008年版。

37. 冯学成讲述：《禅说庄子（二）：〈人间世〉〈养生主〉〈应帝王〉》，广州：南方日报出版社2008年版。

38. 冯学成讲述：《禅说庄子（三）：〈大宗师〉》，广州：南方日报出版社2008年版。

39. 冯学成讲述：《禅说庄子（四）：〈知北游〉》，广州：南方日报出版社2008年版。

40. 傅佩荣、李霞、今波：《人生困惑问庄子》，上海：上海文化出版社2008年版。

41. 朱荣智：《改变一生的庄子名言：徜徉逍遥世界》，台北：德威国际文化事业有限公司2008年版。

42. 麦涛译注：《庄子启示录》，北京：京华出版社2009年版。

43. 陈清华：《庄子为什么这样跩》，武汉：崇文书局2009年版。

44. 谢志强主编：《庄子的智慧》，呼和浩特：远方出版社2009年版。

45. 苏宰西、李静芳：《庄子味读》，兰州：甘肃教育出版社2009年版。

46. 王德胜、宋洁著，李可讲绘画：《忙人和散人图说三十三篇庄子》，北京：北京出版社2009年版。

47. 王少农：《读庄子学快乐人生》，北京：海潮出版社2009年版。

48. 刘强编译：《给年轻人读的庄子》，北京：蓝天出版社2009年版。

49. 李明军：《庄子解读》，贵阳：贵州人民出版社2009年版。

50. 巨天中、李放主编：《庄子智慧今说》，北京：民主与建设出版社2009年版。

51. 孔健：《左手孔子右手庄子》，北京：中国工人出版社2009年版。

52. 史东梅主编：《庄子的智慧》，呼和浩特：内蒙古人民出版社2009年版。

53. 史东梅：《年轻人成功必读的庄子》，呼和浩特：内蒙古人民出版社2009年版。

54. 鸣皋：《〈庄子〉品读》，北京：朝华出版社2010年版。

55. 马晓萍：《画说庄子》，天津：新蕾出版社2010年版。

56. 袁野：《庄子回答人生的108个感悟》，北京：新世界出版社2010

年版。

57. 王蒙：《庄子的享受》，合肥：安徽教育出版社 2010 年版。

58. 王蒙：《庄子的快活》，北京：中华书局 2010 年版。

59. 王德有：《庄子神游：退隐不争的生命哲学》，上海：东方出版中心 2010 年版。

60. 流沙河：《庄子闲吹》，北京：中信出版社 2010 年版。

61. 李朝阳：《读庄子故事长智慧》，沈阳：万卷出版公司 2010 年版。

62. 李凤飞、张大生：《品读庄子：超脱达观境界》，北京：西苑出版社 2010 年版。

63. 张立军：《蜗牛角上的战争〈庄子〉说》，西安：陕西人民出版社 2010 年版。

64. 寒江雪：《给大忙人看的庄子》，北京：企业管理出版社 2010 年版。

65. 左春和：《庄子的境界》，北京：大众文艺出版社 2010 年版。

66. 吴金卫：《庄子看破没说破的潜智慧》，北京：中国画报出版社 2010 年版。

67. 叶舟：《让心自由：像庄子一样活得潇洒》，南宁：广西科学技术出版社 2010 年版。

68. 傅佩荣：《庄子原来这样说》，台北：九歌出版社有限公司 2010 年版。

69 许汝纮暨编辑企画小组：《Oh My God，这是庄子》，台北：佳赫文化行销有限公司 2010 年版。

70. 宋建华著，张小二绘：《晒庄子》，长春：东北师范大学出版社 2011 年版。

71. 龚勋主编：《〈庄子〉中的大智慧》，北京：华夏出版社 2011 年版。

72. 郭志坤、陈雪良：《提问庄子》，杭州：浙江教育出版社 2011 年版。

73. 肖若木：《上班孔子 下班庄子：从容驾驭工作和生活的智慧》，北京：华夏出版社 2011 年版。

74. 盛文林：《受益终生的庄子名言》，北京：北京工业大学出版社

2011 年版。

75. 白雅君、周凌波主编：《老子庄子精粹边测边修》，北京：中国时代经济出版社 2011 年版。

76. 熊华堂：《逍遥的秘密：和你一起读〈庄子〉》，北京：中国物资出版社 2011 年版。

77. 胡冬林：《庄子十论》，武汉：崇文书局 2011 年版。

78. 王麒：《庄子的智慧》，合肥：黄山书社 2011 年版。

79. 王蒙：《庄子的奔腾》，长沙：湖南文艺出版社 2011 年版。

80. 熊逸：《逍遥游：当〈庄子〉遭遇现实》，北京：线装书局 2011 年版。

81. 王少农：《每天学点庄子》，北京：九州出版社 2011 年版。

82. 永放：《庄子叫我们想开点》，北京：中国画报出版社 2011 年版。

83. 李乃龙：《庄子分解》，桂林：广西师范大学出版社 2011 年版。

84. 张应杭、李林森：《栩栩然胡蝶：〈庄子〉一日一语》，杭州：浙江文艺出版社 2011 年版。

85. 凌永放：《学校没教过的中国哲学家——庄子》，南京：江苏文艺出版社 2011 年版。

86. 东篱子：《我给庄子做专访：解密道家思想的人生外世哲学》，北京：中国华侨出版社 2011 年版。

87. 张子维：《读懂庄子，真的很容易》，台北：知青频道出版有限公司 2011 年版。

88. 熊华堂：《逍遥的秘密：和你一起读〈庄子〉》（修订版），北京：中国物资出版社 2012 年版。

89. 龚勋主编：《〈庄子〉中的大智慧》，汕头：汕头大学出版社 2012 年版。

90. 赵一鸣主编：《庄子的智慧》，乌鲁木齐：新疆美术摄影出版社 2012 年版。

91. 邵勋潜：《优等生一定要知道的〈庄子〉典故》，石家庄：花山文艺出版社 2012 年版。

92. 王扉：《化蝶：庄子的密码》，桂林：广西师范大学出版社 2012 年版。

93. 张兴成：《逍遥游：人生解脱的艺术》，重庆：重庆出版社 2012 年版。

94. 孙朦：《家长里短说庄子的大智慧》，北京：海潮出版社 2012 年版。

95. 姜正成：《庄子原来这样说》，北京：中国华侨出版社 2012 年版。

96. 周正舒、孙家俊：《虚静恬淡：庄子谋略》，北京：蓝天出版社 2012 年版。

97. 鲍鹏山：《鲍鹏山说庄子》，杭州：浙江古籍出版社 2012 年版。

98. 吴祚来：《庄子学堂》，南昌：二十一世纪出版社 2012 年版。

99. 程恩：《走进庄子》，北京：北京燕山出版社 2012 年版。

100. 王溢嘉：《庄子陪你走红尘》，北京：新星出版社 2012 年版。

101. 庄周、刘强：《庄子：平民的生活心态》，武汉：武汉出版社 2012 年版。

102. 张莉、陆杰峰：《清醒的老子，浪漫的庄子：达观自如的人生智慧》，北京：新世界出版社 2012 年版。

103. 袁敏：《图说庄子》，北京：北京联合出版公司 2012 年版。

参考文献

1. 郭庆藩撰：《庄子集释》，北京：中华书局 2004 年版年版。

2. 陈鼓应注译：《庄子今注今译》，北京：中华书局 1983 年版。

3. 钟泰：《庄子发微》，上海：上海古籍出版社 2002 年版。

4. 谢祥皓、李思东辑校：《庄子序跋论评辑要》，武汉：湖北教育出版社 2001 年版。

5. 钱穆：《庄老通辨》，北京：生活·读书·新知三联书店 2005 年版。

6. 刘笑敢：《庄子哲学及其演变》，北京：中国社会科学出版社 1988 年版。

7. 刘绍瑾：《庄子与中国美学》，广州：广东高等教育出版社 1989 年版。

8. 陶东风：《从超迈到随俗——庄子与中国美学》，北京：首都师范大学出版社 1995 年版。

9. 涂光社：《庄子范畴心解》，北京：中国社会科学出版社 2003 年版。

10. 徐克谦：《庄子哲学新探——道·言·自由与美》，北京：中华书局 2005 年版。

11. 时晓丽：《庄子审美生存思想研究》，北京：商务印书馆 2006 年版。

12. 杨鹏飞：《庄子审美体验思想阐释》，沈阳：辽宁大学出版社 2010 年版。

13. 王焱：《得道的幸福：庄子审美体验研究》，广州：暨南大学出版社 2012 年版。

14. 郑笠：《庄子美学与中国古代画论》，北京：商务印书馆 2012 年版。

15. 王国维：《王国维遗书》，上海：上海古籍出版社 1983 年版。

16. 刘寅生、袁英光编：《王国维全集·书信》，北京：中华书局 1984 年版。

17. 周锡山编校：《王国维文学美学论著集》，太原：北岳文艺出版社 1987 年版。

18. 佛雏校辑：《王国维哲学美学论文辑佚》，上海：华东师范大学出版社 1993 年版。

19. 滕咸惠译评：《人间词话》，长春：吉林文史出版社 1999 年版。

20. 陈永正校注：《王国维诗词全编校注》，广州：中山大学出版社 2000 年版。

21. 彭林整理：《观堂集林（外二种）》，石家庄：河北教育出版社 2003 年版。

22. 叶嘉莹：《王国维及其文学批评》，广州：广东人民出版社 1982 年版。

23. 姚柯夫编：《〈人间词话〉及评论汇编》，北京：书目文献出版社 1983 年版。

24. 聂振斌：《王国维美学思想述评》，沈阳：辽宁大学出版社 1986 年版。

25. 佛雏：《王国维诗学研究》，北京：北京大学出版社 1987 年版。

26. 卢善庆：《王国维文艺美学观》，贵阳：贵州人民出版社 1988 年版。

27. 赵庆麟：《融通中西哲学的王国维》，上海：上海社会科学院出版社 1992 年版。

28. 王攸欣：《选择·接受与疏离：王国维接受叔本华、朱光潜接受克罗齐美学比较研究》，北京：生活·读书·新知三联书店 1999 年版。

29. 蒋永青：《境界之“真”：王国维境界说研究》，北京：中国社会科学出版社 2001 年版。

30. 陈鸿祥：《王国维传》，北京：人民出版社 2004 年版。

31. 鲁迅：《鲁迅全集》，北京：人民文学出版社 2005 年版。

32. 巴人：《论鲁迅的杂文》，上海：远东书店 1940 年版。

33. 许寿裳：《亡友鲁迅印象记》，上海：峨眉山出版社 1947 年版。

34. 曹聚仁：《鲁迅评传》，上海：东方出版中心 1999 年版。

35. 刘再复：《鲁迅美学思想论稿：关于真善美的思考和探索》，北京：中国社会科学出版社 1981 年版。

36. 张颂南：《鲁迅美学思想浅探》，杭州：浙江人民出版社 1982 年版。

37. 吴中杰：《鲁迅文艺思想论稿》，太原：山西人民出版社 1982 年版。

38. 张梦阳：《中国鲁迅学通史》（三卷），广州：广东教育出版社 2001—2002 年版。

39. 王富仁：《中国文化的守夜人——鲁迅》，北京：人民文学出版社 2002 年版。

40. 钱理群：《与鲁迅相遇》，北京：生活·读书·新知三联书店 2003 年版。

41. 朱寿桐：《孤绝的旗帜：论鲁迅传统及其资源意义》，北京：文化艺术出版社 2005 年版。

42. 郑家建：《历史向自由的诗意敞开：〈故事新编〉诗学研究》，上海：上海三联书店 2005 年版。

43. 廖师忠：《回归经典：鲁迅与先秦文化的深层联系》，上海：上海三联书店 2005 年版。

44. 郭沫若：《郭沫若全集·文学编》，北京：人民文学出版社 1982—1992 年版。

45. 郭沫若：《郭沫若全集·历史编》，北京：人民出版社 1982—1985 年版。

46. 谷辅林：《郭沫若前期思想及创作》，济南：山东人民出版社 1983 年版。

47. 黄侯兴：《郭沫若文艺思想论稿》，天津：天津人民出版社 1985 年版。

48. 李振声：《郭沫若早期艺术观的文化构成》，贵阳：贵州人民出版社 1992 年版。

49. 谢保成：《郭沫若学术思想评传》，北京：北京图书馆出版社 1999 年版。

50. 魏红珊：《郭沫若美学思想研究》，成都：巴蜀书社 2005 年版。

51. 朱光潜：《朱光潜全集》，合肥：安徽教育出版社 1987—1992 年版。

52. 阎国忠：《朱光潜美学思想研究》，沈阳：辽宁人民出版社 1987 年版。

53. 朱式蓉、许道明：《朱光潜——从迷途到通径》，上海：复旦大学出版社 1991 年版。

54. 阎国忠：《朱光潜美学思想及其理论体系》，合肥：安徽教育出版社 1994 年版。

55. 钱念孙：《朱光潜与中西文化》，合肥：安徽教育出版社 1995 年版。

56. 劳承万：《朱光潜美学论纲》，合肥：安徽教育出版社 1998 年年版。

57. 叶朗主编：《美学的双峰：朱光潜、宗白华与中国现代美学》，合肥：安徽教育出版社 1999 年版。

58. 宛小平：《边缘整合——朱光潜和中西美学家的思想关系》，合肥：安徽教育出版社 2003 年版。

59. 钱念孙：《朱光潜：出世的精神与入世的事业》，北京：文津出版社 2005 年版。

60. 宗白华：《宗白华全集》，合肥：安徽教育出版社 1994 年版。

61. 汪裕雄、桑农：《艺境无涯：宗白华美学思想臆解》，合肥：安徽教育出版社 2002 年版。

62. 王德胜：《散步美学：宗白华美学思想新探》，郑州：河南人民出版社 2004 年版。

63. 胡继华：《宗白华：文化幽怀与审美象征》，北京：文津出版社 2005 年版。

64. 萧湛：《生命·心灵·艺境：论宗白华生命美学之体系》，上海：上海三联书店 2006 年版。

65. 李泽厚、刘纲纪主编：《中国美学史》，北京：中国社会科学出版社 1984、1987 年版。

66. 叶朗：《中国美学史大纲》，上海：上海人民出版社 1985 年版。

67. 敏泽：《中国美学思想史》，济南：齐鲁书社 1987 年版。

68. 周来祥主编：《中国美学主潮》，济南：山东大学出版社 1992 年版。

69. 皮朝纲主编：《中国美学体系论》，北京：语文出版社 1995 年版。

70. 张法：《中国美学史》，上海：上海人民出版社 2000 年版。

71. 陈炎主编：《中国审美文化史》，济南：山东画报出版社 2000 年版。

72. 吴中杰主编：《中国古典审美文化论》，上海：上海古籍出版社 2003 年版。

73. 周来祥主编：《中华审美文化通史》，合肥：安徽教育出版社 2006—2007 年版。

74. 叶维廉：《秩序的生长》，台北：志文出版社 1975 年版。

75. 叶维廉：《饮之太和》，台北：时报出版公司 1980 年版。

76. 叶维廉：《比较诗学》，台北：东大图书公司 1983 年版。

77. 叶维廉：《中国诗学》，北京：生活·读书·新知三联书店 1992 年版。

78. 叶维廉：《道家美学与西方文化》，北京：北京大学出版社 2002 年版。

79. 黄寿祺、张善文：《周易译注》，上海：上海古籍出版社 2001 年版。

80. 陈鼓应：《老子注译及评介》，北京：中华书局 1984 年版。

81. 朱熹撰：《四书章句集注》，北京：中华书局 1983 年版。

82. 范文澜注：《文心雕龙注》，北京：人民文学出版社 1958 年版。

83. 何文焕辑：《历代诗话》，北京：中华书局 2004 年版。

84. 丁福保辑：《历代诗话续编》，北京：中华书局 1983 年版。

85. 郭绍虞、王文生编：《中国历代文论选》，上海：上海古籍出版社 1979 年版。

86. 北京大学哲学史美学教研室编：《中国美学史资料选编》（上、下），北京：中华书局 1981 年版。

87. 徐复观：《中国艺术精神》（初版于 1966 年），上海：华东师范大学出版社 2001 年版。

88. 黄药眠、童庆炳主编：《中西比较诗学体系》，北京：人民文学出版社 1991 年版。

89. 蒋述卓:《佛教与中国文艺美学》，广州：广东高等教育出版社 1992 年版。

90. 姜澄清:《中国绘画精神体系》，沈阳：辽宁教育出版社 1992 年版。

91. 陈伟:《中国现代美学思想史纲》，上海：上海人民出版社 1993 年版。

92. 温儒敏:《中国现代文学批评史》，北京：北京大学出版社 1993 年版。

93. 王瑶主编:《中国文学研究现代化进程》，北京：北京大学出版社 1996 年版。

94. 陈鼓应:《易传与道家思想》，北京：生活·读书·新知三联书店 1996 年版。

95. 樊美筠:《中国传统美学的当代阐释》，北京：中国社会科学出版社 1997 年版。

96. 饶芃子等:《中西比较文艺学》，北京：中国社会科学出版社 1999 年版。

97. 邓晓芒、易中天:《黄与蓝的交响：中西美学比较论》，北京：人民文学出版社 1999 年版。

98. 涂光社:《中国古代美学范畴发生论》，北京：人民教育出版社 1999 年版。

99. 饶芃子:《比较诗学》，西安：陕西师范大学出版社 2000 年版。

100. 罗钢:《历史汇流中的抉择：中国现代文艺思想家与西方文学理论》，北京：中国社会科学出版社 2000 年版。

101. 汝信、王德胜主编:《美学的历史：20 世纪中国美学学术进程》，合肥：安徽教育出版社 2000 年版。

102. 刘绍瑾:《复古与复元古》，北京：中国社会科学出版社 2001 年版。

103. 陈文忠:《美学领域中的中国学人》，合肥：安徽教育出版社 2001 年版。

104. 邢建昌、姜文振:《文艺美学的现代性建构》，合肥：安徽教育出版社 2001 年版。

105. 章启群：《百年中国美学史略》，北京：北京大学出版社 2005 年版。

106. 袁济喜：《承续与超越：20 世纪中国美学与传统》，北京：首都师范大学出版社 2006 年版。

107. 刘悦笛、李修建：《当代中国美学研究（1949—2009）》，北京：中国社会科学出版社 2011 年版。

108. 姚文放主编：《审美文化学导论》，北京：社会科学文献出版社 2011 年版。

109. ［英］罗素著，何兆武、李约瑟译：《西方哲学史（上）》，北京：商务印书馆 1963 年版。

110. ［英］罗素著，马元德译：《西方哲学史（下）》，北京：商务印书馆 1976 年版。

111. ［美］梯利著，伍德增补，葛力译：《西方哲学史》，北京：商务印书馆 1995 年版。

112. ［德］康德著，邓晓芒译，杨祖陶校：《纯粹理性批判》，北京：人民出版社 2001 年版。

113. ［德］康德著，邓晓芒译，杨祖陶校：《判断力批判》，北京：人民出版社 2002 年版。

114. ［德］黑格尔著，朱光潜译：《美学》，北京：商务印书馆 1979 年版。

115. ［德］叔本华著，石冲白译，杨一之校：《作为意志和表象的世界》，北京：商务印书馆 1982 年版。

116. ［德］尼采著，周国平译：《悲剧的诞生》，桂林：广西师范大学出版社 2002 年版。

117. ［德］尼采著，张念东、凌素心译：《权力意志——重估一切价值的尝试》，北京：商务印书馆 1991 年版。

118. ［德］尼采著，卫茂平译：《偶像的黄昏》，上海：华东师范大学出版社 2007 年版。

119. ［德］海德格尔著，陈嘉映、王庆节合译，熊伟校、陈嘉映修订：《存在与时间》，北京：生活·读书·新知三联书店 1999 年版。

120. ［德］加达默尔著，洪汉鼎译：《真理与方法》，上海：上海译文出版社2004年版。

121. ［美］杜威著，高建平译：《艺术与经验》，北京：商务印书馆2005年版。

122. ［法］让·波德里亚著，刘成富、全志钢译：《消费社会》，南京：南京大学出版社2001年版。

123. ［加］马歇尔·麦克卢汉著，何道宽译：《理解媒介——论人的延伸》，北京：商务印书馆2000年版。

124. ［美］理查德·舒斯特曼著，彭锋译：《生活即审美：审美经验和生活艺术》，北京：北京大学出版社2007年版。

125. ［英］迈克·费瑟斯通著，刘精明译：《消费社会与后现代主义》，南京：译林出版社2000年版。

后 记

博士毕业整六年了。六年时间，别人可能都已完成了华丽蜕变，而我似乎仍然在原地踏步。再多的借口都无法为“慵堕”开脱，就不说了吧。幸蒙母校不弃，毕业后得以继续参与蒋述卓先生领衔的教育部重大项目“中国古典文艺美学的现代价值研究”，这本在博士论文基础上进一步生发研究的小书也被纳入蒋述卓、刘绍瑾两位先生主编的“中国古典文艺美学的现代价值研究丛书”出版，实在令人感念！为保证本书内容的相对完整性，业师刘绍瑾先生允我将研究生在读期间与其合作的两篇文章（《叶维廉比较诗学的庄子情结》，《文史哲》2003 年第 5 期；《二十世纪庄子文艺思想研究回顾》，《暨南学报》2003 年第 6 期）整合进本书，不再冠名。但我不敢掠美，在这里有必要做一下说明，两篇文章中精彩的论断皆出自先生之手，我当时的工作主要是收集整理资料，尚缺乏宏观的理论视野。

全书共分七章，最令我纠结的就是第七章——“庄子与当代审美文化”。“庄子与当代审美文化”的说法似乎还没有人提过，或许是因为在许多庄子美学研究者看来，《庄子》大众读物仅仅是一种流行现象，没必要加以专门的关注。《庄子》大众读物的确非常浅白、通俗，与经典阐释不可相提并论，但《庄子》大众读物又的确连通着古典与现代，在“当代审美文化”的境域中有它独特的存在方式，就这一点来讲，大众化的《庄子》确有研究的必要。然而，对于习惯于《庄子》经典阐释的人来说，多数《庄子》大众读物实在太过浅俗，简直无法卒读。由于存在精英与大众两种对立的立场，又没有可资借鉴的研究成果，在思考过程中，常会出现两种观念拉锯的状况，有时候真有些苦不堪言。即使如此，我仍然认为“庄子与当代审美文化”有研究的必要性，关键是需要一种理解大众文化的心态。很多大众文化现象需要批判，而批判的时候也需要看看我们的“武器”是否顺手，如果一味地站在旧有阵地摇旗呐喊，罔顾文化发展的事实，这种批判只能是一曲无奈的“挽歌”。如果一种文化现象的发展无法人为地加以遏抑，如何恰当地看待这一现象才是文化批判真正应该去做的事情，这也是我坚持写这一章的根本原因。

书中提及前辈学人均未加“先生”二字，绝非不敬，只是考虑到加上“先生”二字，本书会凭空多出几千字。为避行文冗赘，故略去此二字，而我在心中是不敢怀丝毫怠慢之情的。我深知，自己的这一点成果是建立在诸位学界前辈研究的基础之上的，在此，请让我向诸位前辈恭敬地称呼一声：“先生！”

暨南大学受教六年，广州工作六年，十二年间，没有刘绍瑾先生的耳提面命、奖掖扶持，难有我今天的小小成果。自觉与先生已亲如家人，感谢的话似已多余，就让这“谢”字长久地留在心中吧！

感谢暨南大学出版社总编辑史小军教授和李艺编辑为本书的出版付出的辛勤劳动！

感谢家人长期以来的理解与支持！

侣同壮

2013 年 6 月 21 日于广州滨江东寓所